So könnt ihr mit „wortstark" arbeiten:

❶ Schwarze Aufgaben behandeln alle wichtigen Inhalte eines Kapitels. Ihr solltet sie auf jeden Fall bearbeiten.

❶ Gelbe Aufgaben sind etwas schwieriger. Versucht auch sie zu lösen, wenn ihr mit den schwarzen Aufgaben gut klargekommen seid.

Wähle **A** oder **B**   Aufgaben mit A, B, C ... sind **Wahlaufgaben**. Aus diesen Aufgaben könnt ihr auswählen. Gelbe Wahlaufgaben sind etwas schwieriger.

▶   Das **Dreieck** zeigt euch: So könnt ihr am Thema weiterarbeiten.

Hilfen und Tipps   Bei manchen Aufgaben bekommt ihr zusätzliche Hilfestellungen. Diese Hilfen sind grau gedruckt. Nutzt die Hilfen, wenn ihr sie braucht.

Grüne Zettel helfen euch mit passenden Wörtern oder Satzanfängen. Seiten mit der Überschrift **Wörter sammeln und ordnen** trainieren euren Wortschatz zusätzlich – so werdet ihr **wortstark**!

→ Seite ...   **Blaue Zettel** verweisen auf andere Seiten im Buch: Dort könnt ihr etwas nachlesen, was euch bei der Bearbeitung eurer Aufgabe hilft.

→ Medienpool   Blaue Zettel weisen auch auf Hörtexte, Filme oder Texte im Medienpool hin, die ihr für eine Aufgabe braucht. Im Internet findet ihr den Medienpool hier: **www.westermann.de/124700-medienpool**.

WISSEN UND KÖNNEN ▶   In den **Kästen mit dem roten Streifen** steht,
– was ihr euch merken sollt (Wissen und Können),
– wie ihr etwas machen könnt (Methode),
– worauf ihr beim Sprechen oder Schreiben achten müsst (Checkliste).
Am Ende des Buchs ist das Merkwissen noch einmal übersichtlich zusammengefasst (Seite 250 – 259).

   Wenn ihr das **Lautsprecher-Symbol** neben einem Lesetext im Buch seht, könnt ihr euch den Text mit der **wortstark Zoom Hör-App** anhören. Hier könnt ihr die App herunterladen: www.westermann.de/124700-medienpool.

westermann

wortstark 5

DEUTSCH

Erarbeitet von

Annika Blanke
August Busse
Holger Döding
Irmgard Honnef-Becker
Peter Kühn
Julia Reisch
Anna Werner
Fritz Wiesmann

wortstark 5

DEUTSCH

Zusatzmaterialien zu wortstark 5

Für Lehrerinnen und Lehrer:

Materialien für Lehrerinnen und Lehrer	978-3-14-124724-4
BiBox für Lehrerinnen und Lehrer (Einzellizenz)	WEB-14-124730
BiBox für Lehrerinnen und Lehrer (Kollegiumslizenz)	WEB-14-124742
Online-Diagnose zu wortstark 5	www.onlinediagnose.de
kapiert.de zu wortstark 5	www.kapiert.de/schule

Für Schülerinnen und Schüler:

Arbeitsheft	978-3-14-124706-0
Förderheft	978-3-14-124718-3
Interaktive Übungen	WEB-14-124712
Interaktive Übungen (Förderausgabe)	WEB-14-124772
BiBox (Einzellizenz für 1 Schuljahr)	WEB-14-124748

westermann GRUPPE

© 2019 Bildungshaus Schulbuchverlage Westermann Schroedel Diesterweg Schöningh Winklers GmbH
Braunschweig, www.westermann.de

Druck A^2 / Jahr 2021
Alle Drucke der Serie A sind im Unterricht parallel verwendbar.

Redaktion: Stefan Bicker
Layout: Independent Medien-Design, München
Umschlaggestaltung: Janssen Kahlert Design & Kommunikation, Hannover
Druck und Bindung: Westermann Druck GmbH, Braunschweig

ISBN 978-3-14-**124700**-8

Dieses Symbol im Buch zeigt
Kapitel oder Teilkapitel an,
in denen Medienkompetenzen
besonders gefördert werden.

Inhaltsverzeichnis

SPRECHEN UND ZUHÖREN

BASIS

8   Im Unterricht miteinander sprechen
9   Über Unterrichtsgespräche nachdenken
10   In Gesprächen zuhören
12   Miteinander sprechen und sich einigen

BASIS

14   Hinhören und zuhören
15   Hören und verstehen, worum es geht
16   Informationen heraushören
18   Zuhören und Informationen nutzen

20   Mündlich erzählen
21   Das mündliche Erzählen ausprobieren
22   Lebendig erzählen und aufmerksam zuhören
24   Wörter sammeln und ordnen • wortstark!
25   Gesprächswörter verwenden: Interjektionen • Sprache untersuchen
26   Gemeinsam besser erzählen lernen

28   Ein Interview hören und bearbeiten
29   Verstehen, worum es geht
30   Informationen heraushören
31   Informationen weiter nutzen
32   Wörter sammeln und ordnen • wortstark!
33   Fragen stellen • Sprache untersuchen
34   Ein Interview Schritt für Schritt bearbeiten

36   Einen Kurzvortrag halten
37   Den Kurzvortrag vorbereiten
39   Den Kurzvortrag halten
40   Ein Plakat gestalten
42   Wörter sammeln und ordnen • wortstark!
43   Trennbare Verben erkennen und gebrauchen • Sprache untersuchen

44   Theater spielen mit Standbildern
45   Ausdrucksmöglichkeiten des Körpers erproben
46   Situationen darstellen
47   Zu Texten spielen

SCHREIBEN

BASIS

50 Mit Stift und Computer schreiben und gestalten

51   Über die Handschrift nachdenken
52   Die Handschrift trainieren
53   Texte abschreiben
54   Leserfreundlich und übersichtlich schreiben
55   Mit Schrift gestalten und spielen

56 Persönliche Briefe schreiben

57   Einen persönlichen Brief untersuchen
58   Briefe planen, entwerfen und schreiben
60   Einen Brieftext formulieren
62   Personalpronomen erkennen und einsetzen • Sprache untersuchen
63   Anredepronomen in Briefen verwenden • Sprache untersuchen
64   Wörter sammeln und ordnen • wortstark!
65   Einen Brief überarbeiten • Zeige, was du kannst

66 Geschichten schreiben

67   Wovon ich erzählen will – das Schreiben planen
68   Die Geschichte aufschreiben
71   Erzählwörter verwenden • Sprache untersuchen
72   Wörter sammeln und ordnen • wortstark!
73   Eine Geschichte ergänzen • Zeige, was du kannst

74 Tiere beschreiben

75   Über Tiere informieren
77   Wörter sammeln und ordnen • wortstark!
78   Mit Adjektiven Tiere beschreiben • Sprache untersuchen
79   Über Tiere unterschiedlich informieren
80   Eine Tierbeschreibung überarbeiten
81   Fantasietiere beschreiben und zeichnen
82   Sich in ein Bild hineinschreiben
83   Ein Tier beschreiben • Zeige, was du kannst

84 Anleitungen schreiben

85 Bausteine einer Anleitung erkennen

86 In der richtigen Reihenfolge beschreiben

87 Auffordern: Imperativ, Grundform, Du-Form • Sprache untersuchen

88 Eine Anleitung ergänzen

89 Wörter sammeln und ordnen • wortstark!

90 Anleitungen vergleichen

91 Eine eigene Anleitung schreiben • Zeige, was du kannst

92 Wünsche äußern, Anliegen vorbringen

93 Wünsche schriftlich formulieren

94 Eine Einladung schreiben

97 Wörter sammeln und ordnen • wortstark!

98 Sätze mit sollen, müssen, können, wollen • Sprache untersuchen

99 Andere von etwas überzeugen • Zeige, was du kannst

TEXTE UND MEDIEN

BASIS

100 Flüssig lesen lernen

101 Wortbilder erkennen

102 Wort- und Satzgrenzen erkennen

103 Die Augen beim Lesen wandern lassen

104 Gemeinsam lesen üben

BASIS

106 Im Internet recherchieren

107 Informationen suchen und finden

108 Recherchieren – an einem Beispiel üben

111 Aufgepasst im Internet!

112 Märchen erzählen und schreiben

113 Ein Märchen hören und nacherzählen

115 Merkmale von Märchen erkennen

118 Wörter sammeln und ordnen • wortstark!

119 Das Präteritum in Märchen gebrauchen • Sprache untersuchen

120 Ein Märchen weiterschreiben

122 Ein Märchen weiterschreiben • Zeige, was du kannst

124 Ein Jugendbuch lesen

125 Ein passendes Buch finden
126 Bücher besorgen
127 Ein Buch kennenlernen
128 Ein Buch selbstständig lesen
134 Mit dem Buch weiterarbeiten
135 Das Buch bewerten – für mich und für andere

136 Gedichte lesen und vortragen

137 Gedichte mit Gefühl vorlesen
138 Wörter sammeln und ordnen • wortstark!
139 Betont und mit Sprechpausen vortragen
140 Sprechweisen ausprobieren
141 Sätze in Gedichten: Zeilensprünge entdecken • Sprache untersuchen
142 Ein Gedicht verstehen und vortragen
144 Zuhörern ein Gedicht präsentieren

146 Geschichten lesen und verstehen

147 Figuren beschreiben und charakterisieren
149 Beziehungen zwischen Figuren verstehen
152 Wörter sammeln und ordnen • wortstark!
153 Wörtliche Rede erkennen und gebrauchen • Sprache untersuchen
154 Eine Geschichte untersuchen • Zeige, was du kannst

156 Sachtexte lesen und verstehen

157 Vor dem Lesen: Vermutungen anstellen
158 Sachtexten Informationen entnehmen
160 Über Sachtexte nachdenken
162 Einen Sachtext lesen – Schritt für Schritt
164 Wörter sammeln und ordnen • wortstark!
165 Adjektive in Texten gebrauchen • Sprache untersuchen
166 Einen Sachtext untersuchen • Zeige, was du kannst

168 Über Medien nachdenken

169 Wörter sammeln und ordnen • wortstark!
170 Medien unterscheiden
171 Medien nutzen – wozu? • Sprache untersuchen
172 Den Mediengebrauch vergleichen
174 Ein Diagramm lesen und verstehen
176 Informationen vergleichen und bewerten • Zeige, was du kannst

178 Mit Hörbüchern arbeiten

179 Die Hauptfiguren kennenlernen

180 Eine Hörszene nacherzählen

182 Verstehen, was die Figuren denken und fühlen

183 Mit einer Hörszene weiterarbeiten

185 Eine Hörszene selbstständig bearbeiten

186 Sprache untersuchen

187 Nomen und ihre Begleiter erkennen

189 Zusammensetzungen bilden

190 Verben erkennen und gebrauchen

191 Präsens und Präteritum gebrauchen

192 Das Perfekt gebrauchen

193 Adjektive erkennen und gebrauchen

194 Mit Pronomen Wiederholungen vermeiden

195 Satzglieder bestimmen

196 Umstellproben machen

197 Das Subjekt erkennen

198 Prädikate bestimmen

199 Objekte ermitteln

201 Punkte am Satzende setzen

202 Satzschlusszeichen verwenden

203 Wörtliche Rede kennzeichnen

204 Richtig schreiben

204 Ein Wörterbuch nutzen

210 Rechtschreibstrategien kennenlernen

216 Rechtschreibregeln entdecken

234 Rechtschreibstrategien nutzen

238 Methoden üben und anwenden

238 Arbeitsaufträge verstehen

244 Aufgaben gemeinsam bearbeiten

248 Im Schulbuch nachschlagen

SPRACHE UNTERSUCHEN

RICHTIG SCHREIBEN

METHODEN

Im Unterricht miteinander sprechen

Das kennt ihr alle: Im Unterricht wird etwas besprochen.
Einige reden viel, andere sagen gar nichts.
In diesem Kapitel denkt ihr darüber nach, woran das liegen kann.
Ihr übt auch, euch am Unterrichtsgespräch aktiv zu beteiligen.

SPRECHEN UND ZUHÖREN

1 Schaut euch das Bild an und lest, was in den Sprech- und Denkblasen steht. Worum geht es?

2 Sprecht über ähnliche Situationen, die ihr aus dem Unterricht kennt. Erzählt, wie es euch manchmal geht.

3 Erklärt, warum nicht alle im Unterricht zu Wort kommen. Macht Vorschläge, was man verbessern könnte.

Über Unterrichtsgespräche nachdenken

Manchmal beteiligt ihr euch wenig an Gesprächen im Unterricht. Wenn ihr versteht, woran das liegt, gelingt es besser, im Unterricht mitzumachen.

1 Hört das Gespräch in der Klasse. Sprecht anschließend darüber, worum es geht.

→ *Medienpool: Gespräch in der Klasse*

2 Hört das Gespräch noch einmal. Lest vorher die Aufgaben a) und b), damit ihr wisst, worauf ihr achten sollt:
   a) Warum beteiligen sich die Schülerinnen und Schüler so unterschiedlich am Gespräch? Sammelt ihre Begründungen.
   b) Vergleicht eure Ergebnisse.

3 Denkt über das Unterrichtsgespräch nach:
   a) Findet ihr es richtig, dass Herr Müller Lukas und Lena einfach aufruft? Begründet eure Meinung.
   b) Sollte das Dazwischenreden grundsätzlich verboten werden? Warum? Warum nicht? Begründet eure Meinung.
   c) Formuliert auf einem Plakat Ratschläge und Tipps, wie ihr im Unterricht miteinander sprechen wollt. Denkt auch an den Lehrer oder die Lehrerin.

▶ Nehmt euren Unterricht auf. Sprecht anschließend darüber:
   – Was fällt euch am Unterrichtsgespräch auf?
   – Welche Ratschläge habt ihr befolgt? Was könnt ihr noch besser machen?

Tipps für Gespräche
1. Frage nach, wenn du etwas nicht verstehst!
2. Trau dich, ...
3. ...

In Gesprächen zuhören

In Gesprächen kommt es nicht nur darauf an, selbst etwas zu sagen. Ihr müsst auch genau zuhören können! Das könnt ihr hier üben.

1 Führt ein **Echospiel** durch. Das Thema lautet:
„Was uns im Unterricht wichtig ist".
Beim Echospiel kommt es darauf an, dass ihr zunächst wiederholt, was euer Gesprächspartner gesagt hat. Danach sagt ihr erst eure Meinung.

a) Überlege dir zuerst, was für dich im Unterricht wichtig ist.
Die Sprechblasen geben dir Ideen:

> Wir sollten im Unterricht nicht nur Deutsch sprechen.

> Ich hätte gern jeden Tag Sport!

> Ich bin für mehr Unterricht außerhalb des Klassenzimmers.

>  ...

b) Führt nun das Echospiel durch. Arbeitet zu zweit:
  – Ein Schüler äußert seine Meinung.
  – Der Partner wiederholt, was der Vorredner gesagt hat.
    Erst danach äußert er seine eigene Meinung.
  – Tauscht dann die Rollen.

> Ich möchte mein Smartphone im Unterricht dabei haben!

> Du willst dein Smartphone im Unterricht dabei haben.
> Ich denke aber ...

> Ich mache am liebsten Gruppenarbeit, weil ich dann nicht alles allein machen muss.

> Du hast gesagt ...

2 Sprecht über das Bild.
- Welche Situation ist dargestellt?
- Was fällt euch auf?
- Wie verhalten sich die Zuhörer?

3 Beim **Zuhörspiel** kommt es darauf an, genau zuzuhören. Zeigt eurem
Gesprächspartner vor allem, dass ihr euch für seinen Beitrag interessiert.
a) Teilt die Klasse in Dreiergruppen. Bestimmt in jeder Gruppe einen
   Sprecher, einen Zuhörer und einen Beobachter.
   Jeder Sprecher überlegt sich ein Thema, über das er sprechen will:
   ein spannendes Buch, einen spannender Film, die Lieblingsband,
   einen Besuch beim Fußballspiel …
b) Führt nun das Zuhörspiel durch:
   - Der Sprecher spricht zwei Minuten über sein Thema.
   - Der Zuhörer hört aufmerksam und interessiert zu. ◄

     Ihr könnt euch während des Spiels Notizen machen.

     Er kann dem Sprecher auch Fragen stellen:
     Gute Zuhörer sind auch gute Fragesteller!
   - Der Beobachter verfolgt das Gespräch und sagt danach, was Sprecher
     und Zuhörer gut gemacht haben und was sie verbessern können.
     Der Zuhörer hat den Sprecher genau angeschaut …

4 Wertet eure Zuhörspiele gemeinsam aus.
- Woran habt ihr erkannt, dass der Zuhörer gut zugehört hat?
- Was hat dir beim Zuhören geholfen?
Tragt eure Ergebnisse auf einem Plakat zusammen.

Ein guter Zuhörer …
- *schaut den Sprecher an,*
- *nickt ihm zustimmend zu,*
- *…*

Miteinander sprechen und sich einigen

In vielen Situationen sprecht ihr über ein Thema und sollt euch einigen, obwohl ihr ganz verschiedener Meinung seid. Hier denkt ihr darüber nach, wie ihr zu einem Ergebnis kommen könnt.

1 Die Klasse plant eine Exkursion. Lest das Gespräch, das einige Schülerinnen und Schüler dazu geführt haben.

🔊 **Leonie:** Also, ich finde, wir sollten eine Exkursion in den Wald machen. Unser Nachbar kennt einen Förster …

Bettina: Och, du immer mit deinem blöden
5 Wald, das ist doch langweilig. Wir fahren zur Feuerwehr! Das ist interessant! Ich wollte schon immer mal …

Felix: Mensch Bettina, das ist total langweilig! Das haben wir mal in der 3. Klasse gemacht.
10 Mein Bruder hat mit seiner Klasse einen Museumsbesuch gemacht. Das finde ich prima!

Luka: Du Streber! Museum … nein.

Emma: Museum finde ich auch blöd. Wir sollten besser eine Wanderung machen – ich kenne da
15 eine tolle Höhle …

Ben: Höhle? Du spinnst wohl?

Lara: Tim, warum sagst du denn nichts?

Tim: Bei uns reden ja doch nur immer dieselben.

Gesprächsregeln
– Wir lassen den anderen ausreden und reden nicht dazwischen.
– Ich höre zu, wenn …
– …

2 Untersucht das Gespräch:
  – Wie bringen die Gesprächsteilnehmer ihre Vorschläge ein?
  – Wie reagieren die anderen Schülerinnen und Schüler?
  – Warum kommt eigentlich kein Gespräch zustande?

3 Gestaltet ein Plakat mit Tipps und Regeln, die ihr beim Gespräch beachten müsst.

4 Führt in eurer Klasse ein Gespräch über eine Exkursion.
Ihr sollt euch einigen, wohin die Reise geht ...

a) Bereite dich auf das Gespräch vor: Wähle ein Ziel für die Exkursion.
Überlege dir auch Gründe, warum du dorthin fahren willst:

> Mein Ziel: ...
>
> Meine Gründe: ...

b) Führt das Gespräch in der Klasse.
  – Bestimmt einen Gesprächsleiter,
    der das Gespräch eröffnet.
  – Beteilige dich am Gespräch:
    Beachte dabei deine Interessen, gehe
    aber auch auf deine Gesprächspartner ein.
  – Versucht euch auf einen Vorschlag zu einigen.
    Der Gesprächsleiter fasst das Ergebnis
    zusammen.

wortstark!

Ich schlage vor, dass ...
Ich finde deinen Vorschlag
gut/nicht so gut, weil ...
Ich habe noch eine Frage zu
deinem Vorschlag: ...
Ich bin auch dafür/dagegen,
weil ...
Vielleicht können wir uns
darauf einigen, ...

> So verhalte ich mich im Gespräch:
> – Ich stelle meine Ideen vor.
> – Ich begründe meine Meinung.
> – Ich gehe auf die anderen ein:
>   stimme zu oder widerspreche.
> – Ich frage nach, wenn ich mehr
>   dazu wissen will.
> – Ich versuche, mich mit den
>   anderen zu einigen.

5 Sprecht über euer Gespräch:
  – Was hat gut geklappt? Was müsst ihr verbessern?
  – Was ist dir leicht, was ist dir schwer gefallen?
  – Was hat dir am Gesprächsverhalten der anderen gefallen
    oder nicht gefallen?

Hinhören und zuhören

Wir hören im Alltag auf ganz verschiedene Weise zu.
Das aufmerksame Zuhören könnt ihr in diesem Kapitel üben.

SPRECHEN UND ZUHÖREN

Beim ersten Hören hört ihr entspannt zu, um den Text kennenzulernen.

Dann lest ihr die Aufgaben, hört den Text noch einmal und bearbeitet die Aufgaben.

Danach besprecht ihr eure Ergebnisse.

→ Medienpool:
Abc-Rap

1 a) Hört den Abc-Rap. Hört einfach einmal ganz entspannt zu.
Was fällt euch beim Hören auf?

b) Lest die blauen Aufgaben. Hört den Rap dann noch einmal.

– Notiert die Merkwörter zu jedem Buchstaben.
– Vergleicht eure Ergebnisse.

c) Hört den Abc-Rap ein drittes Mal und rappt mit.

→ Medienpool:
Das Lied von den
seltsamen Einkaufs-
zetteln

2 a) Hört das Lied. Hört einmal entspannt zu. Erzählt, worum es geht.

b) Lest nun die blauen Aufgaben. Hört das Lied dann noch einmal.

– Wer schreibt alles einen Einkaufszettel? Schreibt die Personen auf.
Pirat, G..., F..., K...
– Arbeitet in Gruppen: Jede Gruppe wählt eine Person und notiert,
was diese eingekauft hat. Ihr könnt auch passende Bilder malen.

3 Sprecht darüber: Wie ist es euch beim Zuhören ergangen?

Das Zuhören hat Spaß gemacht, weil ...

Beim ersten Hören habe ich nicht alles verstanden, weil ...

Hören und verstehen, worum es geht

Beim Hören bekommt ihr viele Informationen.
Erst einmal müsst ihr aber verstehen, worum es überhaupt geht.

1 Ihr hört verschiedene Hörszenen. Achtet auf die Geräusche und auch darauf, was gesprochen wird. Schreibt auf Kärtchen:
- Wo befinden sich die Menschen?
- Wer spricht? Worüber?

→ *Medienpool:*
Hörszenen 1-6

> Szene 1
> auf dem Bahnhof/auf dem Bahnsteig
> Durchsage: ...

2 Hört das Gespräch.
a) Beantworte die Fragen:
- Wo findet das Gespräch statt?
- Wer spricht mit wem?
- Worum geht es?
b) Male den Koffer.
Schreibe die Gegenstände hinein,
die im Koffer sind.

→ *Medienpool:*
Wo ist mein Koffer?

3 Hört das Berufe-Rätsel.
Jeff, Lisa, Maher und Eske stellen ihre Lieblingsberufe vor.
Erratet, welche Berufe gemeint sind.
Legt dazu eine Tabelle an:

→ *Medienpool:*
Berufe-Rätsel

Schüler/Schülerin	Beruf
Jeff	
Lisa	
Maher	
Eske	Ich habe einen Beruf, den es noch gar nicht gibt. ...

▶ Macht eigene Berufe-Rätsel in eurer Klasse.

Informationen heraushören

**Manchmal wollt ihr etwas genau wissen. Zum Beispiel wenn ihr
ein Museum besucht und euch für bestimmte Themen interessiert.
Dann müsst ihr ganz genau hinhören.**

1 Schaut euch das Foto und die Seite aus dem Prospekt an: Wo könnt ihr viel
über Schokolade erfahren? Was kann man dort alles erleben?

HERZLICH WILLKOMMEN!

Folgen Sie der Linie in dieser Broschüre.
- 15 „S"-Stationen, 15 Ausstellungshighlights
  zur Geschichte der Schokolade!
- Dauer Ihrer Reise: 60–90 Minuten
- Naschen Sie am Schokoladenbrunnen!
- Gestalten Sie Ihre eigene Schokoladentafel!

Viel Spaß!

→ *Medienpool:
Schokoladen-
museum Köln*

2 a) Hört den kurzen Informationstext über das Schokoladenmuseum einmal
   an. Sprecht darüber, was ihr behalten habt.
   b) Hört den Text noch einmal. Hört nun ganz konzentriert zu.
   Entscheidet, welche Antworten richtig sind:

1. Das Museum wurde
   a. 1893 gegründet.   b. 1993 gegründet.
2. Im Museum erfährt man etwas über
   a. die Geschichte der Schokolade.
   b. verschiedene Sorten Schokolade.
3. Das Schokoladenmuseum befindet sich
   a. am Rheinufer.   b. direkt am Dom.
4. Im Museum finden jedes Jahr ungefähr
   a. 4 000 Führungen statt.   b. 40 000 Führungen statt.
5. Das Museum ist
   a. sehr beliebt.   b. wenig bekannt.

3 Nun hört ihr eine Führung durch das Schokoladenmuseum.
Hört zunächst einmal den ganzen Text.

→ Medienpool:
Führung durch
das Schokoladen-
museum

– Was ist das Besondere am Schokoladenmuseum in Köln?
– Was habt ihr alles behalten?

Das alles kann man im Schokoladenmuseum sehen: Kakaobäume …

4 Hört die Führung noch einmal. Nach dem Hören sollt ihr die Fotos für eine
Wandzeitung über das Schokoladenmuseum beschriften.

– Hört genau zu und notiert die fehlenden Informationen.
– Schreibt die vollständigen Texte zu den Fotos ab.

Ihr könnt den Text zu den einzelnen Fotos auch mehrmals hören.

Wie sieht eine Kakaobohne eigentlich aus?
Im … können die Besucher sich … anschauen.

Hier kann man sehen, wie Schokolade
gemacht wird: … werden zu … verarbeitet.

Am Ende der Anlage wartet dann der … auf die
Besucher. Hier kann man die Schokolade …!

Im Schokoladenatelier kann man seine ganz
eigene Schokolade … lassen. Man sucht aus,
welche … man will: …

Zuhören und Informationen nutzen

Wenn ihr Informationen zu einem Thema sucht, könnt ihr auch Hörtexte nutzen. Im Internet findet man viele solcher Texte.

Oft ist es nützlich, während des Hörens die Informationen festzuhalten: kleine Zeichnungen oder Notizen helfen dabei, sich an den Inhalt zu er-innern. Nach dem Hören arbeitet ihr dann mit euren Ergebnissen weiter.

1 Schaut euch vor dem Hören den Plan des Zoos an.
  – Welche Tiere kann man dort sehen? Nenne drei Beispiele.
  – Welches Gehege würdest du gern besuchen? Warum?

**Marius führt euch jetzt durch den Zoo und stellt die Tiere vor,
die er besonders mag.**

→ *Medienpool:
Rundgang durch
den Zoo*

2 Hört den Text einmal: Was hat Marius im Zoo erlebt?
– Wie findet Marius den Zoo? Warum?
– Welche Tiere stellt er vor?

3 Hört den Text noch einmal und macht euch Notizen.
– Notiere während des Hörens, welchen Weg Marius gegangen ist.
  Schreibe die Stationen (Zahlen) auf.
Du kannst den Zooplan auch kopieren und den Weg während des Hörens
einzeichnen.

4 Arbeitet mit den Informationen weiter.
– Wähle Aufgabe **A**, **B** oder **C** aus.
– Höre den Text noch einmal.
  Achte besonders auf die Informationen,
  die du für deine Aufgabe brauchst.

A Gehe noch einmal den Weg von Marius ab.
Erzähle, was man auf diesem Weg sehen und erleben kann.

B Schreibe einen Artikel für die Klassenzeitung „Warum nicht mal wieder in
den Zoo!" Suche dir Tiere aus, über die du ausführlicher berichten willst.

> **Warum nicht mal wieder in den Zoo!**
>
> Ich schreibe euch hier von meinem letzten Zoobesuch.
> Ihr werdet überrascht sein, was man dort alles
> machen kann. ...

C Was findest du in diesem Zoo interessant?
Schreibe einem Freund und schlage ihm vor, mit dir dorthin zu gehen.
Begründe deine Vorschläge.

Mündlich erzählen

Menschen erzählen sich in vielerlei Situationen etwas.
Es ist ein schönes Gefühl, wenn andere dir aufmerksam zuhören.
Wie gestaltest du deine Erzählung so, dass du deine Zuhörer fesselst?
Wie bereitest du dich darauf vor? Und wie wirst du zu einem guten
Zuhörer? Darum geht es in diesem Kapitel.

SPRECHEN UND ZUHÖREN

❶ Beschreibt, was auf den Fotos zu sehen ist.

❷ Was könnt ihr aus den Gesichtern und aus der Körperhaltung von Erzählern
und Zuhörern ablesen? Wird etwas erzählt, das lustig oder traurig, interessant oder langweilig ist? Woran merkt man das?

❸ Erzählt ihr gern Geschichten?
Wem erzählt ihr sie?
Und gibt es Geschichten, von denen
ihr besonders gern erzählt?
Berichtet von euren Erfahrungen
mit dem Erzählen.

Das mündliche Erzählen ausprobieren

1 Die Erzählübungen helfen euch, um „ins Erzählen zu kommen".
Lest sie euch durch und wählt aus.

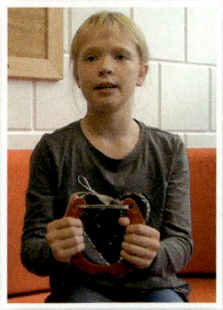   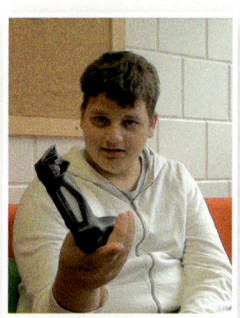

A Mein Gegenstand

a) Bring einen Gegenstand mit, zu dem du etwas erzählen kannst:

– Wie bist du zu diesem Gegenstand gekommen?

– Warum ist er dir wichtig?

– Was hast du mit diesem Gegenstand erlebt?

b) Erzähle deinen Mitschülerinnen und Mitschülern von deinem Gegenstand. Sie können dir anschließend Fragen stellen und melden dir
zurück, wie ihnen deine Erzählung gefallen hat.

B Hoffentlich merkt es keiner!

a) Überlegt euch in Gruppen drei kurze Geschichten: Zwei davon sind wirklich passiert, eine denkt ihr euch aus.

b) Stellt die Geschichten euren Mitschülern vor. Sie sollen herausfinden:
Welche eurer Geschichten ist erfunden?

C Wie kam es dazu?

An der Tafel lest ihr merkwürdige Sätze, zum Beispiel:

– Auf dem Schulhof stand plötzlich ein Nilpferd!

– Als ich zurückkam, war mein Fahrrad weg. Dort, wo es gestanden hatte,
lag ein Zettel: „Das hast du davon, dass du meine Maus gestreichelt
hast …"

a) Überlegt in Gruppen: Wie kam es zu dieser Situation?

b) Erzählt den anderen eure Geschichten.

c) Sprecht darüber, was euch an den Geschichten gut gefallen hat.

Lebendig erzählen und aufmerksam zuhören

→ Medienpool:
Mündlich erzählen

1 Seht euch gemeinsam das Video an.
– Stoppt das Video, wenn eine Frage eingeblendet wird.
   Was meint ihr: Wie geht die Geschichte jetzt wohl weiter?
– Lasst das Video weiterlaufen: Stimmt eure Vermutung?

2 Schaut euch das Video noch einmal oder mehrmals an.
Achtet dabei auf folgende Punkte:
1. Wie erzählt die Erzählerin ihre Geschichte, was fällt euch daran auf?
2. Woran merkt man, dass die Zuhörer aufmerksam sind?
3. Wie schafft es die Erzählerin, dass die Zuhörer aufmerksam bleiben?

– Wenn ihr etwas sagen wollt, klopft ihr auf den Tisch.
   Das Video wird angehalten und ihr sagt, was euch aufgefallen ist.
– Schaut euch den Abschnitt dann noch einmal an.
   Überprüft, ob die Beobachtung stimmt.
– Sammelt eure Beobachtungen in einer Tabelle:

Erzählerin	Zuhörer
– Schaut einzelne Personen an.	– Schauen nicht in der Gegend herum, schauen die Erzählerin an.
– ...	– ...

3 a) Schaut euch eure Tabelle noch einmal an:
   – Was sollte ein guter Erzähler und ein guter Zuhörer tun?
   – Wollt ihr etwas ergänzen, das noch dazugehört?

   b) Macht aus der Tabelle eine Checkliste für das mündliche Erzählen:

CHECKLISTE **Mündlich erzählen**

Erzähler/Erzählerin:
✔ Ich schaue meine Zuhörer an.
✔ Ich verändere meine Stimme passend zum Inhalt:
   werde lauter oder leiser, noch leiser …
✔ Ich verwende wörtliche Rede.
✔ …

Zuhörer/Zuhörerin:
✔ Ich schaue den Erzähler/die Erzählerin an.
✔ Ich höre aufmerksam zu.
✔ …

---

4 Das folgende **Erzählspiel** könnt ihr in kleineren oder größeren Gruppen spielen:

– Der Erste denkt sich einen guten ersten Satz für die Geschichte aus:
– Gestern habe ich meine Freunde getroffen.
– Mein letzter Urlaub war einfach nur unglaublich!
– Ihr glaubt nicht, was meiner Katze gestern Abend passiert ist!
– …

– Der Zweite setzt die Geschichte fort, indem er einen weiteren Satz dranhängt. So entsteht reihum eine Geschichte, die spannend, lustig oder einfach nur schön sein kann. Und wer weiß, vielleicht ergibt sich ja auch die ein oder andere Überraschung …

– Zum Schluss erzählt jemand die Geschichte noch einmal im Zusammenhang – und beachtet dabei die Tipps für einen guten Erzähler.
Die anderen hören zu und geben anschließend eine Rückmeldung.
Nutzt dazu die Checkliste „Mündlich erzählen".

wortstark!

Wörter sammeln und ordnen

1 Wann gebrauchst du diese Redensarten?

Ich gebrauche diese Redensart,	wenn ich ...
a. Mir rutschte das Herz in die Hose!	Angst habe
b. Ich nahm mein Herz in beide Hände.	
c. Ich ließ die Ohren hängen.	aufpasse
d. Ich wollte mir die Haare raufen.	
e. Ich bekam eine Gänsehaut.	traurig bin
f. Ich war völlig am Ende.	
g. Ich zitterte wie Espenlaub.	verzweifelt bin
h. Es war zum Weinen.	
i. Ich kämpfte wie ein Löwe.	mutig bin
j. Ich habe aufgepasst wie ein Luchs.	

2 Erzähle von Situationen, in denen du diese Redensarten schon einmal gehört hast.

3 Wähle eine Redensart aus und erzähle eine kleine Geschichte dazu – selbst erlebt oder frei erfunden.

Es war abends und stockfinster. Ich war allein unterwegs. Plötzlich hörte ich ein verdächtiges Geräusch hinter einer Mauer ...
Ich zitterte wie Espenlaub: ...

Ist euch auch schon mal das Herz in die Hose gerutscht? Bestimmt!
Bei mir war das so: ...

Kennst du das auch?
Du bist ziemlich verzweifelt und lässt die Ohren hängen – aber plötzlich nimmst du dein Herz in beide Hände – und kriegst die Kurve ...
Davon will ich euch erzählen ...

Gesprächswörter verwenden: Interjektionen

Also, mein Lieblingsplatz ist 'ne Bank im Park. Da sitz ich oft. Ich geh hin und chill. Eigentlich passiert nie was. Nur einmal ... wow ... einmal ist da einer vorbeigekommen, Aaaalter!!!

1 Tom erzählt von seinem Lieblingsplatz. Woran erkennt ihr, dass er spricht, ohne lange zu überlegen? Nutzt die Hinweise im Kasten.

WISSEN UND KÖNNEN ▸ **Wir sprechen anders als wir schreiben**

Wenn wir sprechen, haben wir meist keine Zeit, um lange zu überlegen.
Wir planen nicht lange, sondern sprechen spontan:
– Wir benutzen häufig kurze Sätze.
– Wir kürzen Wörter am Anfang oder Ende ab: Ich geb statt ich gebe,
  mit 'nem statt mit einem.
– Wir wiederholen oft Wörter.
– Wir verwenden Empfindungswörter (Interjektionen): aha, pfui, hm ...

---

2 Ergänze in den Sätzen a-g passende Empfindungswörter.
Es gibt mehrere Möglichkeiten.

ach aha buh haha hm herrje igitt juche juhu naja nanu oh
oje pfui uff ups o weh wow zack ätsch mhm psst aua verdammt

a. „   ", sagte ..., „das tut man nicht!"

b. „   , sei bitte mal ganz leise!"

c. „   , wir haben es endlich geschafft!"

d. „   , das hat aber weh getan!"

e. „   , das fühlt sich aber eklig an!"

f. „   , da saßen wir ja schön in der Patsche!"

g. „   , das ist noch einmal gut gegangen!"

Wow, ich hab's geschafft! Bin im Fernsehen ...

3 Suche dir drei weitere Empfindungswörter aus und formuliere Sprechblasen wie im Beispiel.

Gemeinsam besser erzählen lernen

Hier könnt ihr das mündliche Erzählen üben. Nutzt dabei alles, was ihr schon über das Erzählen und Zuhören gelernt habt. Wenn ihr die Möglichkeit habt, könnt ihr beim Erzählen ein Video aufnehmen.

1 Wählt aus den Erzählideen **A – D** aus. Nutzt zur Vorbereitung, Durchführung und Rückmeldung den Methodenkasten.

> **METHODE** **Erzählen, zuhören, Feedback geben**
>
> So könnt ihr das mündliche Erzählen üben:
> 1. Jeder sucht sich eine Erzählidee aus und bereitet sich vor:
>   – Wie fängt die Geschichte an?
>   – Wie ging es weiter? Was passierte dann/plötzlich?
>   – Wie endet die Geschichte?
> 2. Ihr erzählt den Zuhörern eure Geschichte.
> 3. Die Zuhörer geben den Erzählern eine Rückmeldung:
>   Was war gut, was könnte man vielleicht noch besser machen?

Nutzt die Checkliste von Seite 23: als Erzähler zur Vorbereitung und als Zuhörer für das Feedback.

A Zu einer vorgegebenen Geschichte erzählen
Erzähle eine Geschichte zu den Erzählbausteinen.

Wie es anfing:
Ihr glaubt nicht, was mir in den letzten Sommerferien passiert ist! Wir wollten in den Urlaub fahren …

Was plötzlich passierte:
Auf einmal kam Rauch aus dem Motor unseres Autos! Dann hat Papa …

Wie es ausgegangen ist:
So sind wir wieder nach Hause gekommen. Dort haben wir …

B Eine Geschichte zu einem vorgegebenen Ende hin erzählen

Schau dir den Anfang und den Schluss der Geschichte an. Denke dir einen passenden Mittelteil aus und erzähle deine Geschichte.

?

Wie es anfing:
Letzten Sonntag spielten wir mit Kitty. Das ist unsere Katze …

Was plötzlich passierte:
…

Wie es ausgegangen ist:
Da kam Papa mit einem langen Apfelpflücker …

C Einen Geschichtenanfang unterschiedlich weitererzählen

Was meinst du: Wie sollte die Geschichte weitergehen?

Suche dir ein Bild aus und erzähle deine Geschichte.

D Eigene Erzählideen ausgestalten

Erzähle eine Geschichte, die du wirklich erlebt hast.
Oder denke dir eine Geschichte aus.

Ein Interview hören und bearbeiten

In diesem Kapitel hört ihr Interviews mit Experten und arbeitet mit diesen Hörtexten weiter.

Wie können Hunde Menschen helfen? Was müssen Hunde dabei alles lernen? Das wollten Kinderreporter wissen und haben ein Interview mit einer Expertin geführt.

SPRECHEN UND ZUHÖREN

1 Macht euch vor dem Hören des Interviews mit dem Thema vertraut. Schaut euch die Fotos an und sprecht darüber, warum die Hunde für die Menschen wichtig sind.

– Wie helfen die Hunde den Menschen?

– Habt ihr eigene Erfahrungen mit diesem Thema? Erzählt davon.

METHODE   **Ein Interview bearbeiten**

Bearbeite ein Interview Schritt für Schritt:

– Mach dich **vor dem Hören** mit dem Thema vertraut.

– **Höre** den Text **ein erstes Mal** und lerne ihn dabei kennen. Nach dem Hören weißt du, worum es geht.

– **Höre** den Text **noch einmal** und arbeite Informationen heraus.

– Arbeite **nach dem Hören** mit den Informationen weiter.

Verstehen, worum es geht

**Wenn du mit einem Hörtext arbeitest, hörst du ihn meistens mehrmals.
Beim ersten Hören findest du heraus, worum es geht.**

radiofuechse.de
ist eine Webseite von
Kindern für Kinder.
Die Radiofüchse aus
Hamburg ziehen wie
echte Radio-Reporter
mit Mikrofon und Auf-
nahmegerät los und
sammeln Stimmen zu
den verschiedensten
Themen in ihrer Stadt.
Daraus entstehen tolle
Reportagen und In-
terviews, die du dann
im Internet anhören
kannst.

1 Hört das Interview der „Radiofüchse" ein Mal. Hört entspannt zu.

→ Medienpool:
Was macht
eigentlich ein
Assistenzhund?

2 Sprecht nach dem Hören darüber, worum es im Interview geht.
Bearbeitet dazu die Aufgaben a) – c).

a) Was ist Sina Rademacher von Beruf? Nenne die richtige Antwort.
   a. Pflegerin im Tierheim
   b. Betreuerin von Filmhunden
   c. Hundetrainerin

b) Worum geht es im Interview? Nenne die richtige Antwort.
   a. Es geht um Hunde, die ganz besondere Kunststücke können.
   b. Es geht um Hunde, die Menschen helfen.
   c. Es geht um kranke Hunde, die Hilfe brauchen.

c) Welche Fotos auf Seite 28 passen zum Interview?
   – Nenne die richtigen Zahlen.
   – Warum passt das Foto deiner Meinung nach zum Interview?
   – Gib wieder, was du im Interview darüber gehört hast.

Informationen heraushören

**In einem Experteninterview hört ihr sehr viele Informationen.
Es ist wichtig, dass ihr euch vor dem Hören klar macht,
welche Informationen ihr heraushören sollt.**

1 a) Was wollen die Kinderreporter von der Hundetrainerin wissen?
Lies dir zunächst ihre Fragen durch.

b) Welche von diesen Interviewfragen interessiert
dich am meisten? Wähle eine Frage aus.

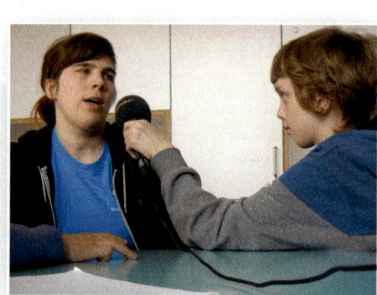

> Das wollen wir von der Hundetrainerin wissen:
> 1. Was ist ein Assistenzhund?
> 2. Was müssen die Hunde genau lernen?
> 3. War ein Hund dabei, der dir besonders in
>   Erinnerung geblieben ist?
> 4. Wie trainierst du Hunde und wie lernen
>   die Hunde, dass sie eine Aufgabe haben?
> 5. Wie merkt ein Hund, dass ein kranker Mensch Hilfe braucht?
> 6. Wie helfen Hunde eigentlich Gehörlosen, wenn sie nicht hören
>   können, was ihnen der Hund sagen will?
> 7. Was muss denn ein Blindenhund können?
> 8. Und wenn ein Mensch im Rollstuhl sitzt und einen Hund hat,
>   was macht der Hund dann für den Rollstuhlfahrer?

→ Medienpool:
Was macht
eigentlich ein
Assistenzhund?

2 Hört das Interview nun noch einmal.
– Achte genau darauf, was die Expertin auf deine Frage antwortet.
– Du kannst dir dazu Notizen machen.

3 Suche dir einen Partner, der dieselbe Frage beantwortet hat.
Vergleicht eure Notizen: Ergänzt und korrigiert sie.

4 Informiert die anderen mündlich über eure Ergebnisse.
Nutzt dazu eure Notizen.

5 Sprecht über das Interview.
– Was findet ihr besonders interessant? Warum?
– Worüber wundert ihr euch?

Informationen weiter nutzen

Nachdem ihr den Text gehört habt, arbeitet ihr mit den Ergebnissen weiter. Ihr haltet zum Beispiel einen Kurzvortrag. Ihr könnt auch einen Text schreiben, in dem ihr wichtige Informationen zusammenfasst. Es ist auch wichtig, dass ihr eure eigene Meinung über den Text formuliert.

1 Arbeite mit den Ergebnissen von Seite 30 weiter.
Wähle Aufgabe **A** oder **B** aus.

A Halte einen Kurzvortrag. Suche dir dazu einen Assistenzhund aus der Tabelle als Thema aus.
– Ergänze, wie der Hund hilft.
– Du kannst für deinen Kurzvortrag die Formulierungen auf dem wortstark!-Zettel nutzen.

Assistenzhunde	wie die Hunde helfen
Hunde, die Gehörlosen helfen	– zeigen Geräusche an –
Hunde, die Rollstuhlfah-rern helfen	– –
Hunde, die Blinden helfen	– –
Hunde, die Menschen mit Diabetes helfen	– –

wortstark!

zeigen Geräusche an
machen Lichtschalter an
öffnen Türen
heben Sachen von der Erde auf
stupsen mit der Nase
bleiben vor einer Treppe stehen
zeigen Unterzucker an
zeigen die Türklingel an
heben Schlüssel von der Erde auf
holen Sachen aus dem Regal
bellen und holen Hilfe
riechen, wenn Blutwerte nicht stimmen
warnen vor einem Bordstein

B Schreibe einen Informationstext über Assistenzhunde.

Orientiere dich an den Fragen:
– Was ist ein Assistenzhund?
– Warum gibt es Assistenzhunde?
– Wie helfen Assistenzhunde den Menschen? Erkläre es an einem Beispiel.
– Wie findest du Assistenzhunde?

Wörter sammeln und ordnen

der Reporter/die Reporterin   der Interviewer/die Interviewerin
das Mikrofon   die Frage   die Antwort   der Experte/die Expertin
das Interview   das Thema   der Gesprächspartner   die Zuhörer

interviewen   antworten   nachfragen   befragen
sich vorstellen   sich informieren über   sich bedanken für
etwas erfahren über   sich interessieren für

1 Beschreibe die Situation auf dem Bild. Nutze dazu die Wörter daneben:
Eine Reporterin interviewt einen ...

2 Welche Wörter gehören zusammen? Schreibe die passenden Wortverbindungen auf: eine Frage stellen, Fragen beantworten ...
Zu einigen Nomen in der linken Spalte passen mehrere Verben.

eine Frage/Fragen	geben führen stellen aufnehmen
eine Antwort/Antworten	beantworten vorbereiten
ein Interview/Interviews	beenden machen planen
Notizen über ein Thema	auswerten aufschreiben

3 Die „Radiofüchse" wollen ein Interview führen.
Überlegt, was sie alles machen müssen. Erstellt eine Checkliste:
ein Thema wählen, das Interview planen, einen Experten aussuchen,
das Interview vorbereiten ...

4 Was ist ein Experteninterview? Vervollständige die Bedeutungserklärung
und schreibe sie ab. Nutze das Material aus Aufgabe 1 und 2.

> Bei einem Interview befragt ein _____ oder eine _____ eine andere
> Person. Bei einem Experteninterview ist die interviewte Person ein
> _____ oder eine _____ . Diese Person kennt sich also mit einem _____
> sehr gut aus. Sie _____ die Fragen. Wir können das Interview im
> Internet _____ oder im Radio _____ .

Fragen stellen

🔊 Ein seltsames Interview ...

„Dürfen wir dich etwas fragen" – „Ja."

„Bist du neu in der Klasse?" – „Ja."

„Sprichst du immer so wenig?" – „Ja."

„Kommst du aus Italien?" – „Nein."

„Kommst du aus Spanien?" – „Nein."

„Kommst du aus der Türkei?" – „Nein."

„Kommst du aus Polen?" – „Nein."

❶ Warum ist das Interview seltsam? Begründe.

❷ Untersucht die letzten vier Fragen genauer.

– Überlegt, wie ihr das Herkunftsland schneller erfragen könnt.

– Schreibt diese Frage auf.

❸ Formuliert die Fragen so um, dass ihr ausführlichere Antworten erhaltet.

Schreibt die veränderten Fragen auf. Nutzt die Hinweise im Kasten.

❹ Vergleicht die beiden Arten von Fragesätzen (a und b).

Erklärt die Unterschiede. Nutzt die Hinweise im Kasten.

a. Kommst du aus Italien?   b. Woher kommst du?

WISSEN UND KÖNNEN ▶ **Fragesätze verwenden**

Fragesätze verwendet man, wenn man etwas wissen will.

Man unterscheidet:

– **Ja-Nein-Fragen** (Entscheidungsfragen): Kommst du aus Italien?

– **W-Fragen** (Ergänzungsfragen) mit Fragewörtern:

Wer? Was? Wann? Wo? Wie? Warum? Woher? ...

▶ Zu zweit könnt ihr selbst Experten interviewen:

Feuerwehrleute, Polizistinnen und Polizisten, Autorinnen und Autoren ...

– Überlegt euch Fragen und schreibt sie auf.

– Führt das Interview, nehmt es auf und spielt es in der Klasse vor.

Ein Interview Schritt für Schritt bearbeiten

Stellt euch vor, ihr möchtet ein Tier filmen und dann kommt es plötzlich auf euch zugerannt und greift euch an! Das ist dem Tierfilmer Thoralf Grospitz in Sri Lanka mit einem Elefanten passiert. Aber er hat noch viel mehr spannende Erlebnisse mit Tieren gehabt. Thoralf Grospitz ist nämlich einer der besten deutschen Tierfilmer.

Auch in Hamburg hat er wilde Tiere aufgespürt und musste dafür ganz tief in die Kanalisation kriechen und ganz hoch auf Kirchtürme klettern. Auch Füchse hat er in Hamburg beobachtet und gefilmt, deshalb wollten wir Radiofüchse natürlich wissen: Sind Füchse wirklich so schlau? Die Antwort und noch viel mehr spannende Erlebnisse erfahrt ihr in unserem Interview mit Thoralf Grospitz.

1 Mache dich mit dem Thema vertraut.

Lies den Text, den die Radiofüchse ins Netz gestellt haben, und beantworte die Fragen dazu:

– Wer ist Thoralf Grospitz?
– Was erfährst du über ihn?
– Wo überall hat Thoralf Grospitz Tiere gefilmt?

→ *Medienpool: Interview mit dem Tierfilmer Thoralf Grospitz*

2 Mach dir klar, worum es im Interview geht.

Höre das Interview zum ersten Mal. Nach dem Hören sollst du nur verstehen, worum es geht. Welche Antwort auf die drei Fragen ist richtig?

Worum geht es in dem Interview?
a. Erlebnisse eines Tierfilmers
b. die Ausbildung zum Tierfilmer

Was denkt Thoralf Grospitz über Tiere?

a. Vor manchen Tieren hat er Angst.

b. Er mag eigentlich alle Tiere.

Was denkt Thoralf Grospitz über seinen Beruf?

a. Er findet seinen Beruf interessant und spannend.

b. Er will bald einen anderen Beruf wählen.

3 Höre Informationen heraus.

Lies zuerst die Fragen. Höre das Interview dann noch einmal
und beantworte die Fragen.

a. Wie und wo filmt Thoralf Grospitz?

b. Von welchen gefährlichen Situationen erzählt der Tierfilmer?

c. Was ist beim Filmen der Tiere schwierig?

d. Was sagt der Tierfilmer über verletzte Tiere?

e. Was erzählt er über das Tierfilmen in Hamburg?

f. Was will er in Zukunft noch alles machen?

> Ihr könnt das Interview
> auch gemeinsam
> bearbeiten und euch
> die Fragen aufteilen.

4 Nutze die Informationen.

Arbeite mit den Informationen weiter. Nutze deine Ergebnisse aus Aufgabe 3.
Wähle Aufgabe **A** oder **B** aus.

A Formuliere deine Meinung zum Interview. Nutze die Sprechblasen.
Begründe deine Meinung.

Ich finde besonders interessant, was er über die Tiere in
Hamburg erzählt: ...

Mich hat gewundert, wel-
ches Tier am schwierigsten
zu filmen war: ...

Ich habe nicht gedacht,
dass Elefanten so ...

B Schreibe einen Brief an den Tierfilmer Thoralf Grospitz.

– Schreibe auf, was du besonders interessant findest.

– Worüber hast du dich gewundert und was war neu für dich?

– Was würdest du noch gern wissen?

– Wie findest du die Arbeit des Tierfilmers?

Einen Kurzvortrag halten

Häufig werdet ihr im Unterricht dazu aufgefordert, Ergebnisse einer Partner- oder Gruppenarbeit als Kurzvortrag zu präsentieren.
In diesem Kapitel lernt ihr, einen Kurzvortrag Schritt für Schritt vorzubereiten und zu halten. Denn auch hier gilt: Übung macht den Meister!

SPRECHEN UND ZUHÖREN

1 Was ist auf dem Foto zu sehen?
Beschreibt die Situation.

2 Bestimmt habt ihr auch schon mal
einen kurzen Vortrag gehalten.
Berichtet davon.

Den Kurzvortrag vorbereiten

Was gibt es an eurer Schule zu entdecken: interessante Personen, außergewöhnliche Räume, Lieblingsorte, besondere Aktionen …? In einem Kurzvortrag sollt ihr eure Mitschülerinnen und Mitschüler darüber informieren.

1 Bereitet eure Kurzvorträge vor. Bearbeitet dazu die Schritte 1 – 4.

Ich möchte meine Mitschüler über unsere „bewegte Pause" informieren.

Ich finde unser Projekt „Müllfreie Schule" interessant für einen Kurzvortrag.

Ich finde die Schülerbücherei gut. Die sollten alle kennen.

Schritt 1: Themenvorschläge sammeln
Sammelt gemeinsam in der Klasse Themenvorschläge für eure Kurzvorträge.

Schritt 2: Gruppen bilden und Themen festlegen
a) Bildet Kleingruppen von drei bis vier Personen.
b) Worüber möchtet ihr von eurer Schule berichten?
   Einigt euch in eurer Gruppe auf ein Thema.
c) Überlegt, was für eure Mitschülerinnen und Mitschüler
   an eurem Thema interessant sein könnte.

Ihr könnt auch das Thema „Schülerbücherei" bearbeiten: Nehmt die Beispiele von Seite 38 (Cluster und Karteikarten) und passt sie für eure Schule an.

Schritt 3: Informationen sammeln
a) Informiert euch zunächst in der Schule zu eurem Thema.
   Ihr könnt Orte und Personen aufsuchen, Fragen stellen, Notizen und Fotos
   machen oder auf der Schulhomepage recherchieren.
b) Sammelt die Informationen zu eurem Thema in Form eines Clusters.

Wie das geht, steht auf Seite 38.

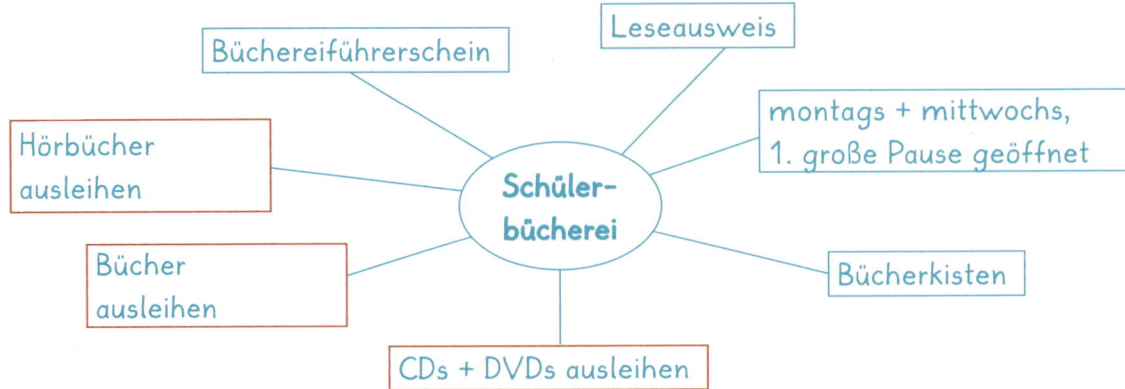

METHODE **Informationen in einem Cluster sammeln**

1. Nehmt ein Blatt Papier ohne Linien.
2. Notiert in der Mitte euer Thema und kreist es ein.
3. Schreibt alle Informationen zum Thema in Stichpunkten dazu.
4. Verbindet die Stichpunkte mithilfe von Linien mit eurem Thema.

Schritt 4: Informationen für den Vortrag ordnen

Nachdem ihr alle Informationen zu eurem Thema gesammelt habt,
ordnet ihr sie. Das könnt ihr mit Karteikarten machen.

a) Markiert im Cluster die Stichpunkte, die inhaltlich zusammengehören,
   in einer Farbe. Findet passende Überschriften.
b) Schreibt jede Überschrift auf eine Karteikarte.
c) Notiert wichtige Informationen in Stichpunkten unter den Überschriften.
d) Ordnet und nummeriert die Karteikarten für den Vortrag.
e) Teilt die Karteikarten unter euch auf. Überlegt gemeinsam:
   – Wollt ihr während des Vortrags etwas zeigen,
     z. B. Fotos oder Gegenstände, die zum Thema passen?
   – Wollt ihr eure Ergebnisse auf einem Plakat präsentieren?
     Wie ihr ein Plakat erstellt, lernt ihr auf S. 40/41.

Verwende die Kartei-
karten während deines
Vortrags. Dadurch wirst
du dich sicherer fühlen.

Leseausweis   ②   Büchereiführerschein   ③

Angebote der Schülerbücherei ①
 – Bücher ausleihen
 – CDs und DVDs ausleihen
 – Hörbücher ausleihen
 – ...

...

Den Kurzvortrag halten

**Vor dem Vortrag seid ihr vielleicht ein wenig unsicher:
Wird alles klappen wie geplant? Fallen mir die richtigen Worte ein?
Gut vorbereitet wird euch der Vortrag aber bestimmt gelingen ...**

Ich habe mich gut vorbereitet.

Meine Karteikarten helfen mir beim Vortragen

Die Zuhörer werden mir anschließend Tipps geben.

❶ Betrachtet die Abbildung:
 – Warum glauben die Schülerinnen und Schüler, dass ihnen der Vortrag gelingen wird?
 – Was kann euch außerdem Sicherheit geben?

❷ Probiert euren Kurzvortrag mit den Karteikarten einmal aus.
Die Satzbausteine auf dem wortstark!-Zettel helfen euch dabei.

❸ a) Haltet euren Kurzvortrag.
 b) Lasst euch danach ein Feedback von euren Zuhörern geben:
  – Was war gut?
  – Was könnte man beim nächsten Mal besser machen?

wortstark!

So fange ich an:
– Das Thema unseres Vortrags lautet ...
– Wir möchten euch davon berichten, weil ...
– Unsere Informationen haben wir ...

So mache ich weiter:
– Zunächst möchten wir euch ...
– Wir wussten auch nicht, dass ...
– Besonders interessant fanden wir, ...

So höre ich auf:
– Zusammenfassend kann man sagen ...
– Habt ihr noch Fragen?
– Danke fürs Zuhören!

Ein Plakat gestalten

Auf einem Plakat könnt ihr euer Thema für alle sichtbar darstellen. Ihr könnt an passenden Stellen auf Überschriften, Stichpunkte und Bilder zeigen und damit euren mündlichen Vortrag unterstützen.

Plakat 1

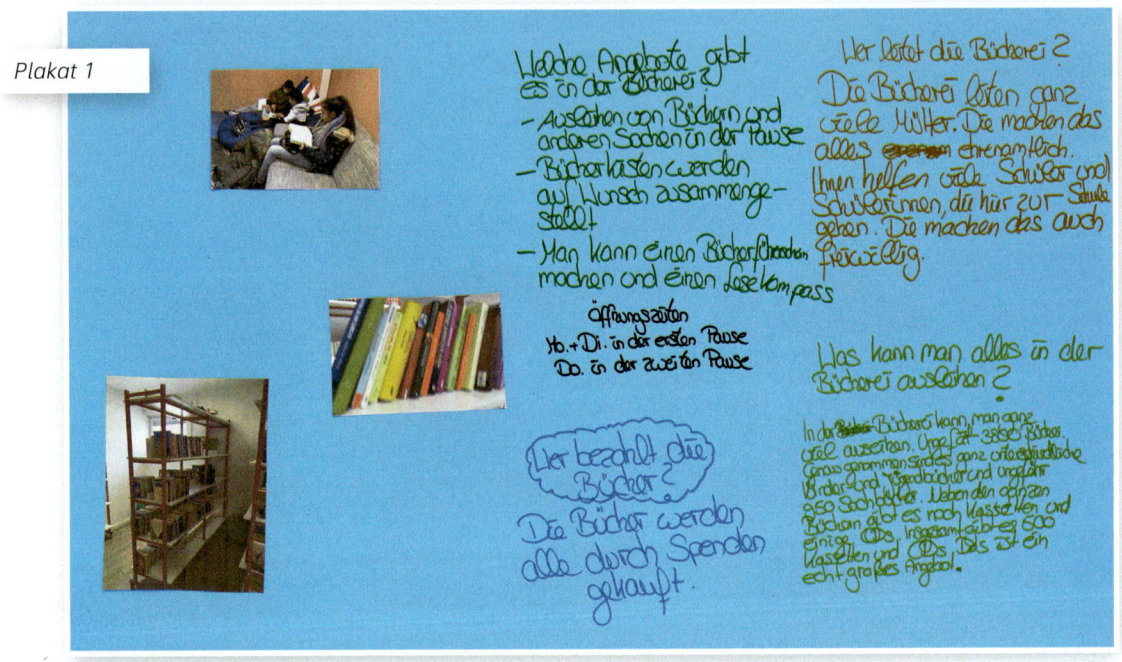

Plakat 2

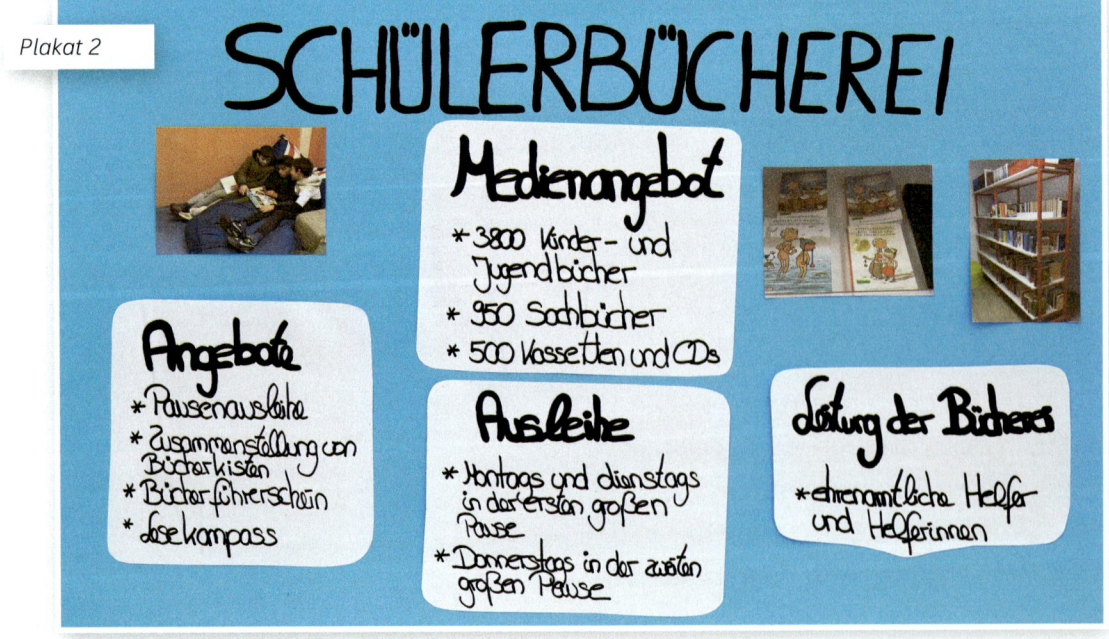

Hier sind die Texte nicht sauber geschrieben und voller Rechtschreibfehler.

Texte und Bilder sind sehr übersichtlich angeordnet.

Auf dem Plakat ist viel zu viel Text.

Die wichtigsten Informationen wurden in Stichpunkten übersichtlich dargestellt.

Die Bilder veranschaulichen das Thema gut.

Die Überschrift fehlt.

Die Texte sind auch aus der Entfernung noch gut lesbar.

1 a) Betrachtet die beiden Plakate und lest die Aussagen der beiden Schüler. Ordnet sie den Plakaten zu.

b) Was ist gut gelungen? Was kann man noch verbessern? Sammelt gelungene und weniger gelungene Merkmale der Plakate.

c) Vergleicht eure Ergebnisse.

2 Was müsst ihr bei der Gestaltung eures Plakats beachten? Ergänzt die Checkliste mit weiteren wichtigen Punkten.

> **CHECKLISTE** **Ein Plakat gestalten**
>
> ✔ Ich habe die Überschrift deutlich hervorgehoben.
> ✔ ...

Schreibt die Texte zunächst auf Zettel. Verschiebt die Zettel so lange auf dem Plakat, bis euch die Anordnung gefällt. Klebt sie dann erst auf.

3 Wollt ihr in eurer Gruppe mit einem Plakat arbeiten? Dann gestaltet das Plakat zu eurem Kurzvortrag. Beachtet die Checkliste.

wortstark!

Wörter sammeln und ordnen

Wörter werden oft abgekürzt und nicht ganz ausgeschrieben.

1 Lies die Nachricht von Adriana.
- Was bedeuten die Abkürzungen?
- Schreibe die Nachricht ohne Abkürzungen ab.

> Hallo Katy, wobidu?
> Rumia! Alles ok?
> Biba LG Adriana

2 In Texten kommen oft Abkürzungen vor.
Schreibe die Abkürzungen und ihre Bedeutungen aus der Tabelle ab.

Die Bedeutungen wichtiger Abkürzungen findest du in deinem Schulwörterbuch:

usw.
Abkürzung für: *und so weiter.*
Diese → Abk. kannst du immer verwenden, wenn du von einer Vielzahl von Dingen nicht alle aufzählen möchtest: *Es gibt sehr viele Ballspiele: Fußball, Handball, Völkerball usw.*

Abkürzungen		Bedeutungen	
Abk.	S.	zum Beispiel	Doktor
bzw.	Str.	Nummer	circa
ca.	u.a.m.	Hauptbahnhof	Meter
d.h.	usw.	Seite	Straße
Dr.	vgl.	und so weiter	und andere mehr
m	z. B.	vergleiche	beziehungsweise
Mill.	Hbf.	Abkürzung	das heißt
Nr.	u.a.	Million	unter anderem

3 Lies den Kurzvortrag von Kia über Cornelia Funke.
Ersetze beim Vorlesen die Abkürzungen durch die ganzen Wörter.

Cornelia Funke (CF) hat viele Bücher geschrieben, z. B. „Drachenreiter", „Tintenherz" u.a.m. Die Gesamtauflage ihrer Bücher (B) beträgt 20 Mill. Die B wurden in ca. 40 Sprachen übersetzt, u.a. ins Engl., Span. oder Schwed. Mehr zu ihrem Lebenslauf vgl. auf ihrer Homepage im Internet. Sie sagt, dass sie in ihren Geschichten Dinge erlebt, von denen sie schon immer geträumt hat (z. B. auf einem Drachen reiten).

4 Welche Abkürzungen stehen im Wörterbuch?
Welche hat Kia sich selbst für ihren Vortrag überlegt?

5 Sprecht darüber: Warum sind Abkürzungen beim Notizenmachen sinnvoll?
Nennt Beispiele.

SPRACHE UNTERSUCHEN

Trennbare Verben erkennen und gebrauchen

Wir bereiten den Vortrag doch zusammen vor, oder?

Das Thema wählen wir doch zusammen aus. Ich stelle schon mal ein paar Vorschläge zusammen.

Klar, aber wer legt das Thema fest?

Gut. Wir fangen ja erst morgen mit der Arbeit an!

Prädikat	Grundform
ich stelle … vor	vorstellen

1 Jens und Dilara sollen zusammen ein Kurzreferat halten.
  – Unterstreiche alle Prädikate in den Sprechblasen (Folie). Was fällt dir auf?
  – Schreibe die Prädikate mit den Grundformen der Verben in die Tabelle.

> **WISSEN UND KÖNNEN**   **Trennbare Verben erkennen**
>
> Nomen kommen häufig mit den gleichen Verben vor. Nomen und Verb
> gehören zusammen: einen Vortrag vorbereiten, üben oder halten.
> Die Grundformen der Verben stehen im Wörterbuch: üben, halten …
> Im Satz sehen die Verben in einer Personalform. Du musst die Verben
> konjugieren: Dilara hält einen Vortrag.
> Das Prädikat kann aus zwei Teilen bestehen: Dilara legt das Thema fest.

Du findest die trennbaren Verben, wenn du sie in die Personalform setzt.

2 Suche zu den Nomen passende Verben.
  – Schreibe so ab: ein Thema festlegen, Informationen …
  – Markiere die Verben, die aus zwei Teilen bestehen.

ein Thema	auswählen
Informationen	anlegen
eine Karteikarte	festlegen

Ergebnisse	aufkleben
Bilder	gestalten
ein Plakat	vorstellen

einem Vortrag	zuhören
sich Notizen	geben
ein Feedback	machen

3 Wie gehst du vor, wenn du einen Vortrag halten sollst?
Beschreibe Schritt für Schritt. Schreibe Sätze in der Ich-Form.
Zuerst wähle ich das Thema aus. Dann … Als Nächstes …
Anschließend … Daraufhin … Schließlich … Zum Schluss …

Theater spielen mit Standbildern

Theater spielen, in andere Rollen schlüpfen - das macht Spaß!
Ihr lernt in diesem Kapitel die Ausdrucksmöglichkeiten eures Körpers besser kennen und drückt mit Standbildern Situationen und Gefühle aus. Standbilder helfen euch auch dabei, eine Erzählpantomime oder ein Erzähltheater zu gestalten.

1 Schaut euch die vier Bilder an:
- Was könnten die Kinder auf den Bildern darstellen?
- Was fällt euch an der Körperhaltung und am Gesichtsausdruck auf?

Ausdrucksmöglichkeiten des Körpers erproben

1 a) Lest die folgenden Übungen. Erklärt sie mit eigenen Worten.
b) Welches Bild auf Seite 44 passt zu welcher Übung? Begründet.

Sich ungewöhnlich begrüßen
Geht durch den Raum und begrüßt euch auf unterschiedliche Weise. Zum Beispiel: Ellenbogen an Ellenbogen, gegenseitig am Ohrläppchen anfassen, vorsichtig mit den Nasen berühren … Euch fallen bestimmt noch andere Begrüßungen ein.
→ Welche Begrüßungen sind euch eingefallen? Welche gefielen euch am besten?

Gefühle mit dem Körper ausdrücken
Bewegt euch nach Musik durch den Raum. Wenn die Musik stoppt, bleibt ihr regungslos stehen und stellt ein vorgegebenes Gefühl dar (z. B. Wut, Angst, Schüchternheit). Welches Gefühl stellt wohl die Gruppe auf dem Foto dar?
→ Welches Gefühl ist leicht darzustellen, welches schwer? Warum ist das so?

Gefühle darstellen und erraten
Bildet drei Gruppen. Zwei Gruppen stehen sich in Reihen gegenüber, die dritte Gruppe schaut zu.
Der Spielleiter hält eine vorbereitete Karte hoch, auf der gut lesbar ein Gefühl steht (z. B. Freude, Neugier, Wut).
Die Zuschauergruppe zählt bis 10. Die beiden anderen Gruppen stellen gleichzeitig spontan das Gefühl dar.
Die Zuschauergruppe errät das Gefühl.
Die Gruppe, die ihr besser gefallen hat, bekommt einen Punkt.
Danach wird im Uhrzeigersinn gewechselt.
→ Welches Gefühl war leicht darzustellen?
→ Welches Gefühl war leicht zu erraten?

Standbilder darstellen und erraten
Zieht einen Zettel mit vorbereiteten Begriffen (z. B. Sportarten oder Berufe). Stellt die Begriffe allein oder in Gruppen als Standbild dar. Die anderen in der Klasse sollen erraten, was ihr darstellt.
Welches Standbild stellt die Schülerin auf dem Foto? Wie stellt sie es dar?
→ Was ist bei der Darstellung eines Standbilds wichtig?

2 a) Nun seid ihr dran! Führt die Übungen gemeinsam durch.
b) Sprecht anschließend mit Hilfe der Fragen (→) darüber, wie die Übungen gelaufen sind.

Situationen darstellen

Standbildketten bauen
- Mehrere Schülerinnen und Schüler bilden einen Kreis.

- Ein Spieler tritt in die Mitte und stellt sich in einer bestimmten Haltung auf (z. B. mit ausgestreckter Hand). Er erstarrt zu einem Standbild. Ein zweiter und ein dritter Spieler stellen sich dazu – in einer passenden Körperhaltung.
- Nun entfernt sich der erste Spieler und ein neuer Spieler stellt sich dazu.
  Der zweite Spieler entfernt sich und wieder kommt ein neuer dazu usw.
  In raschem Wechsel treten Spieler in die Standbildkette hinein und wieder heraus.
- <u>Variante:</u> Bevor ein Spieler das Standbild verlässt, darf er noch einen Satz sagen.
- Wenn ein besonders schönes Standbild entsteht, könnt ihr „Stopp!" rufen, das Standbild beschreiben und gemeinsam überlegen, was es bedeuten könnte.

Streitsituationen darstellen und lösen
- Ihr bildet Zweier- oder Dreiergruppen. Jede Gruppe zieht einen vorbereiteten Zettel mit einer Streitsituation: in der Schule, zu Hause oder in der Freizeit. Nach einer kurzen Absprache stellt jede Gruppe die Situation als Standbild dar.
- Die Standbilder werden nacheinander der Klasse vorgestellt.
  Dabei geht ihr immer in der gleichen Reihenfolge vor:
  – Zunächst beschreiben die Zuschauer, was sie sehen.
  – Danach sagen sie, welche Streitsituation dargestellt ist.
    Sie sollen auch erraten, welche Personen daran beteiligt sind.
  – Dann klopfen sie den Spielern nacheinander auf die Schulter: Jeder Spieler sagt einen Satz, der zu seiner Rolle im Standbild passt.
  – Schließlich werden die Standbilder von den Zuschauern umgeformt, um eine Lösung für den Konflikt zu finden.

Zu Texten spielen

Mit Standbildern könnt ihr Situationen aus Texten darstellen und besser verstehen. Ihr könnt sie auch in kleine Inszenierungen, zum Beispiel von Märchen, einbauen.

1 Schaut euch die Texte und Spielanregungen auf den folgenden Seiten an. Entscheidet euch dann für **A** oder **B**.

A Ein Streitgespräch als Erzählpantomime darstellen

Peter Härtling
Wie Bernd und Frieder miteinander reden

Bernd: Geh mir mal aus dem Weg!

Frieder: Warum?

Bernd: Weil du mir im Weg stehst.

Frieder: Aber du kannst doch an mir vorbeigehn. Da ist eine Menge Platz.

5 **Bernd:** Das kann ich nicht.

Frieder: Warum?

Bernd: Weil ich geradeaus gehen will.

Frieder: Warum?

Bernd: Weil ich das will. Weil du jetzt mein Feind bist.

10 **Frieder:** Warum?

Bernd: Weil du mir im Weg stehst.

Frieder: Darum bin ich jetzt dein Feind?

Bernd: Ja. Darum.

Frieder: Und wenn ich dir aus dem Weg gehe, bin ich dann auch noch dein Feind?

15 **Bernd:** Ja. Weil du dann ein Feigling bist.

Frieder: Was soll ich dann machen?

Bernd: Am besten, wir verkloppen uns.

Frieder: Und wenn wir uns verkloppt haben, bin ich dann auch noch dein Feind?

Bernd: Ich weiß nicht. Kann sein.

20 **Frieder:** Dann geh ich lieber aus dem Weg und bin ein Feigling.

Bernd: Ich hab gewusst, dass du ein Feigling bist. Von Anfang an hab ich das gewusst.

[...]

2 Bildet Gruppen mit vier Kindern und spielt das Gespräch zwischen Bernd und Frieder als Erzählpantomime mit Standbildern nach:

Auf einer Kopie des Textes könnt ihr am Rand notieren:
– Wie wollt ihr Textstellen vortragen: laut, leise, wütend, unsicher ...?
– Wo wollt ihr die Pausen machen?

– Zwei Erzähler sprechen den Text. Die beiden anderen spielen dazu ohne Sprache (pantomimisch).
– Die Erzähler lesen langsam den Dialog vor und machen an vorher vereinbarten Stellen Pausen. Hier erstarren die beiden Schauspieler kurz zu einem Standbild. Auch am Ende des Textes soll ein Standbild stehen.

3 Spielt nun die Geschichte noch einmal mit folgendem Ende:

Frieder: Wenn du es schon vorher gewusst hast, warum bist du dann nicht an mir vorbeigegangen?

– Was ist durch diesen Schluss anders? Wie könnte Bernd reagieren?
– Verändert sich auch etwas an der Erzählpantomime? Warum?

B Ein Märchen als Erzähltheater gestalten

4 Spielt das Märchen „Schneeweißchen und Rosenrot" in kleinen Gruppen als Erzähltheater mit Standbildern. Nutzt dafür die folgenden Spielhinweise.

METHODE ▶ **Erzähltheater mit Standbildern**

Ein Erzähler oder eine Erzählerin liest den Text vor und macht an bestimmten Stellen Pausen. In den Pausen stellen Spieler die Textstelle durch Standbilder szenisch dar.
Daran solltet ihr denken:
– Überlegt euch, wie ihr Textstellen durch Standbilder darstellen könnt.
– Verteilt die Rollen im Standbild.
– Der Erzähler spricht den Text langsam mit Pausen, in denen sich das Standbild durch langsame Bewegungen verändern kann.

5 Spielt das Erzähltheater den anderen Gruppen vor.
Besprecht anschließend:
– Was ist gelungen?
– Was könnte man anders machen?

🔊 Ein Märchen der Brüder Grimm, neu erzählt von Irma Krauß

Schneeweißchen und Rosenrot

Eine Witwe lebte mit ihren Töchtern glücklich und bescheiden.
Sie hießen Schneeweißchen und Rosenrot, wie die Blüten der
Rosen im Garten.

Eines Abends, als sie alle gemütlich beisammen saßen, klopfte
5 es an der Tür. Ein großer schwarzer Bär stand davor. Er wollte
sich bei ihnen wärmen, denn draußen war es kalt.

Bald verloren Schneeweißchen und Rosenrot alle Angst und
wollten mit ihm spielen. Von nun an erschien er jeden Abend;
doch als das Frühjahr kam, ging er fort und ließ die Mädchen
10 traurig zurück.

Eines Tages trafen Schneeweißchen und Rosenrot im Wald
einen Zwerg mit einem langen Bart. Das Ende war in eine
Baumspalte eingeklemmt, und der Kleine tobte vor Wut.
Schneeweißchen holte eine Schere hervor und schnitt das

15 Bartende ab. Jetzt war der Zwerg frei, doch er schimpfte noch
mehr und verschwand.

An einem Bach trafen die Mädchen ihn wieder. Er wollte
Angeln, doch diesmal hatte sich sein Bart mit der Angelschnur
verflochten. Der Zwerg fluchte und wäre fast ins Wasser
20 gefallen. Rosenrot nahm die Schere und schnitt noch ein
Stückchen Bart ab.

Der undankbare Kerl war auch darüber böse.

Bald danach sahen die Mädchen einen riesigen Adler.
Er hatte den Zwerg gepackt und wollte ihn in die Lüfte tragen.
25 Schneeweißchen und Rosenrot zerrten an seiner Jacke, bis der
Vogel ihn losließ. Jetzt schimpfte der Zwerg, weil seine Kleidung
kaputt war.

Da ertönte ein lautes Brummen. Der Bär erschien und gab dem
Zwerg einen mächtigen Schlag mit der Pranke. Die Bärenhaut
30 fiel von ihm ab, und ein schöner junger Prinz stand da.
Der Zwerg hatte ihm alle Schätze gestohlen und ihn in einen
Bären verwünscht, doch jetzt war der Fluch vorbei.

Schneeweißchen heiratete den Prinzen und Rosenrot seinen
Bruder, und jedes Jahr blühte es in ihrem Garten schneeweiß
35 und rosenrot.

Mit Stift und Computer schreiben und gestalten

Was wir schreiben, soll ohne Mühe – oft auch mit Freude – zu lesen sein. Wie du das in deiner eigenen Handschrift oder mit dem Computer immer besser schaffst, darum geht es in diesem Kapitel.

SCHREIBEN

1 Du schreibst zu unterschiedlichen Anlässen:
Einkaufszettel, Texte für die Hausaufgaben, einen Brief an den Opa ...
Setze die Reihe fort. Nutze dazu die Beispiele unten auf der Seite.

2 Zu welchen Anlässen schreibst du eher mit der Hand, zu welchen eher mit dem Computer? Schreibe sie auf.

3 Bei welchen Anlässen kommt es besonders darauf an, dass der Text gut aussieht und fehlerfrei ist? Nenne sie und begründe.

▶ Sammle Schriftproben von dir (z. B. aus alten Schulheften) und klebe sie untereinander. So siehst du, wie sich deine Schrift verändert hat.

POSTEINGANG

Von: pauline@abc.de	Gesendet: 11.7.20...
An: isa33@abc.de	
Betreff: Herzlichen Glückwunsch!	

Hallo Isa,
herzliche Glückwünsche zum Geburtstag! Ich kann nicht kommen, weil ich noch mit meinen Eltern im Urlaub an der Ostsee bin. Aber in zwei Wochen können wir uns treffen. Dann bring ich Geburtstagskuchen mit und dein Geschenk.
Dicke Grüße von Pauline

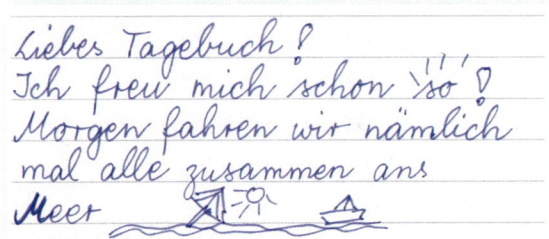

Liebes Tagebuch!
Ich freu mich schon so!
Morgen fahren wir nämlich
mal alle zusammen ans
Meer

Essen in der
Mikrowelle!
(Stufe 3)
Alex

Über die Handschrift nachdenken

Manche Wörter sind gut zu lesen. Bei anderen muss man raten, was sie bedeuten. Woran liegt das?

> Besonders schön an Schrift finde
> ich, dass man Geschichten
> schreiben kann.

> Besonders schön an Schreibschrift finde
> ich, dass man verschiedene Buchstaben
> anders schreiben kann

1 a) Schau dir die Schriftbeispiele an. Nenne alles, was dir auffällt.
  b) Markiere in den beiden Beispielen Buchstaben und Buchstaben-verbindungen, die gut oder nur schwer lesbar sind (Folie).
  c) Beschreibe sie mithilfe des Zettels.

> Sind die Buchstaben ...
> – eindeutig oder leicht zu verwechseln?
> – in der richtigen Größe, zu klein oder zu groß?
> – auf der Schreiblinie, über oder unter der Schreiblinie?
> – in eine Richtung oder kippen sie nach links oder rechts?
> – richtig verbunden oder an falscher Stelle (zu hoch, zu tief)?

2 Sprich mit jemandem – auch mit deiner Lehrerin oder deinem Lehrer – darüber, wie es dir beim Schreiben geht.
  – Schreibst du in einem Tempo, das für dich angenehm ist?
  – Fühlst du dich beim Schreiben entspannt oder eher verkrampft?
  – Bist du mit deiner Schrift zufrieden?

3 a) Wähle einen eigenen Text aus und überprüfe die Lesbarkeit der Buchstaben mithilfe des Zettels wie in Aufgabe 1.
  b) Notiere, was du an deiner Handschrift gern ändern möchtest.
  c) Sprich mit deiner Lehrerin oder deinem Lehrer darüber.

Die Handschrift trainieren

**Einzelne Buchstaben und Buchstabenverbindungen sollen
gut lesbar sein. Wie erreicht man das?**

1 Alex möchte das **a** und das **r** lesbarer schreiben:
Mit welchen Buchstaben kann man sie leicht verwechseln?

2 Was könnte Alex tun?
a) Probiere verschiedene Möglichkeiten und lass dich dabei beraten:
  – Sieh dir Musterbuchstaben an. Du findest sie im Medienpool.
  – Probiere verschiedene Verbindungen und Schreibweisen aus.
b) Formuliere nach den Versuchen Tipps für Alex.

*→ Medienpool:
Musterbuchstaben*

3 Gibt es in deiner Handschrift Buchstaben, die schwer lesbar sind?
a) Beschreibe, woran das liegt.
b) Suche nach einer Lösung. Gehe dabei so vor, wie in Aufgabe 2.
  Lass dich beraten.

*Übe mehrmals pro
Woche etwa
10 Minuten.*

4 Übe eine Zeitlang – immer in folgenden Schritten:

> **METHODE** **Die Handschrift trainieren**
>
> 1. Schreibe den Übungsbuchstaben mehrere Male hintereinander auf
>   eine Schreiblinie.
> 2. Schau jeden Buchstaben genau an. Markiere, wo du zufrieden bist.
> 3. Mache eine Abschreibübung: Schreibe immer den gleichen kurzen
>   Text ab. Nutze dazu die Abschreibregeln auf Seite 53.
> 4. Schau dir an, was du abgeschrieben hast.
>   Achte in jedem Wort vor allem auf deinen Übungsbuchstaben.
>   Markiere ihn, wenn du zufrieden bist.

*Schreibe zuerst lang-
sam. Werde nach
und nach schneller.*

▶ Schreibe das Abc auf ein Blatt
und verzaubere es, indem du
einzelne Buchstaben ganz unterschiedlich ausgestaltest.

Texte abschreiben

Das Abschreiben von Texten mit der Hand ist ein gutes Schrifttraining und auch eine besonders gute Rechtschreibübung. Wenn du es richtig und regelmäßig machst!

1 Worauf kommt es beim Abschreiben an? Lies die folgenden Regeln.

> **METHODE** **Richtig abschreiben**
>
> 1. Lies immer nur so viel, wie du dir merken kannst.
> 2. Markiere in Wörtern Stellen, die schwierig sind, und denke über Rechtschreibtricks nach.
> 3. Schreibe aus dem Kopf auf, was du dir gemerkt hast. Wenn du niemanden störst, sprich beim Schreiben halblaut mit.
> 4. Kontrolliere mit dem Abschreibtext, was du geschrieben hast. Berichtige ein fehlerhaftes Wort sofort.

2 Schreibe den folgenden Text ab. Beachte dabei die Abschreibregeln 1 – 4. Schreibe in deiner Handschrift.

> **Wusstest du das?**
> Jeder zehnte Deutsche schreibt mit der linken Hand.
> Die Vorliebe für eine Hand zeigt sich schon bei Babys im Bauch der Mutter: Die meisten lutschen nämlich im Bauch am rechten Daumen. Sie bewegen öfter ihren rechten Arm und den Kopf halten sie nach rechts gedreht.

3 Notiere die Arbeitsschritte beim Abschreiben in der richtigen Reihenfolge: aufschreiben, merken, kontrollieren, markieren.

▶ Legt für Abschreibübungen gemeinsam eine Sammelmappe mit Abschreibtexten an. Interessante Texte findet ihr z. B. in Jugendzeitschriften. Sucht auch im Internet.

Leserfreundlich und übersichtlich schreiben

Wie kann ich in meinem Text Informationen übersichtlich und in einer interessanten Form darstellen, damit sie den Leser ansprechen?

1 Lies, was Raphael für die Vorstellungswand in der Klasse über sich schreiben will.

> Ich heiße Raphael. Geboren bin ich am 16.5. Ich wohne in Hombach, Katthagen 5. Schwimmen und Geocaching sind meine Hobbys. Am liebsten esse ich Pizza und Spaghetti. Rosenkohl mag ich überhaupt nicht. Neue Freunde habe ich auch schon gefunden. Es sind Daniel und Jan. Ich spiele auch gerne mit
>
> meinem Hund Tobi. Gut finde ich an mir, dass ich witzig bin.

Das bin ich!

Name:	Aischa
Geburtstag:	25. Mai
Adresse:	Holbeinweg 17
Hobbys:	Lesen, Reiten
☺ Mag ich:	Bücher
	Spaghetti
☹ Mag ich nicht:	Spinat
	Menschen, die
	unehrlich sind
Lieblingstiere:	Pferde
Lieblingsfarbe:	Orange
Lieblingsspruch:	Man sieht nur
	mit dem Herzen
	gut.
Lieblingswitz:	???

2 Schreibe Raphaels Text so ab, dass er für die Vorstellungswand gut aussieht – übersichtlich mit Rand und Absätzen, in lesbarer Schrift.

3 Vergleiche deinen Text mit anderen: Sprecht darüber, wie euch eure Texte gefallen. Warum haben manche vielleicht eine ganz besondere Wirkung? Begründet.

4 Wähle Aufgabe **A** oder **B** aus:
A Ändere Raphaels Vorstellungstext. Schreibe ihn in zwei Spalten als Steckbrief auf, wie Aischa es gemacht hat – mit der Hand oder mit dem Computer. Beachte: Der Doppelpunkt steht immer direkt hinter dem vorhergehenden Wort.
Name: Raphael, Geburtstag: 16. Mai, Wohnort: Hombach, Hobbys: Schwimmen ...
B Schreibe mit Stift oder Computer über dich: einen Vorstellungstext oder einen Steckbrief. Male dazu oder füge Fotos ein.

Mit Schrift gestalten und spielen

In einem Text kann man Buchstaben und Wörter unterschiedlich gestalten und anordnen. Darum geht es hier.

1 Sina und Mark haben ihren Namen untereinander geschrieben.
Sieh dir beide Texte genau an. Was fällt dir auf?

Schlank **I**nteressiert **N**eugierig **A**lbern	**M**eine neue Schule gefällt mir **A**ber ich habe noch viele Fragen. **R**ichtig gut finde ich meinen Goldhamster. **K**eine Angst habe ich vor Spinnen.

2 Verändere beim Text von Sina oder Mark die ersten dick geschriebenen Buchstaben: durch eine besondere Schriftart, Schriftfarbe oder Schriftgröße – mit der Hand oder mit dem Computer.

3 Schreibe mit deinem Namen oder zu deinem Lieblingstier einen Text nach dem Muster von Sina oder Mark.

4 Vergleiche deine Lösungen mit anderen. Sprecht darüber, wodurch manche Texte vielleicht eine ganz besondere Wirkung haben.

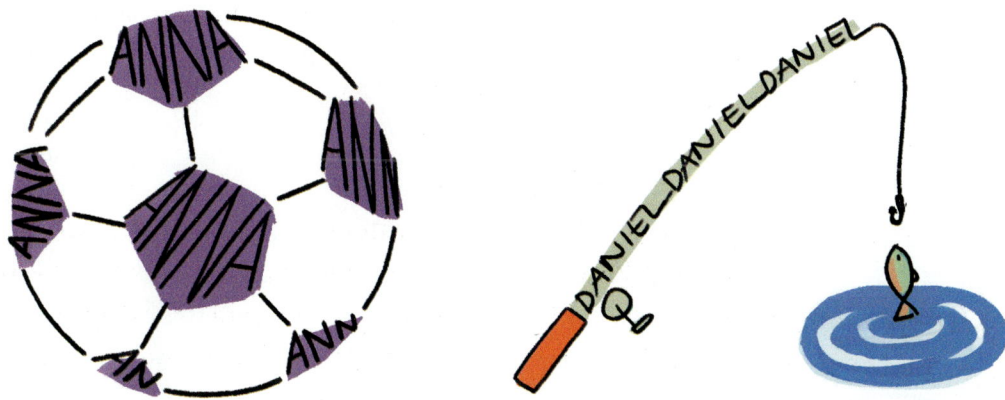

5 Anna liebt Fußball, Daniel geht gern Angeln. Gestalte aus deinem Namen ein Bild mit deinem Hobby oder etwas anderem, was dir wichtig ist.

Persönliche Briefe schreiben

Was ist typisch für einen persönlichen Brief?
Was ist wichtig, wenn du selbst einen persönlichen Brief schreibst?
Wie kannst du das Schreiben planen?
Darum geht es in diesem Kapitel.

SCHREIBEN

1 Schau dir an, was Isa, Paul und Arne geschrieben haben.
a) Wer bedankt sich, wer möchte eine Antwort, wer macht Komplimente?
b) Isa übermittelt ihre Botschaft auf einem Zettel. Welche Möglichkeiten gibt es noch?

2 Was geht dir durch den Kopf, wenn du an Briefe denkst?
Führe die folgenden Sätze mit deinen Gedanken zu Ende:
Manchmal ...   Besonders gern ...   Einmal habe ich ...

Bremen, 18.07. 20...

Hallo Opa,

danke für dein super Geburtstagsgeschenk!
Mit dem Gutschein für den Kletterwald hast du es
genau richtig getroffen.
Letzten Samstag bin ich gleich hingefahren.
Gut war, dass mein Freund Max mitgekommen ist.
Es war toll! Wir waren ganz hoch zwischen den
Bäumen. Mit einer Seilbahn bin ich von ganz oben
bis nach unten runtergerast. Dabei habe ich die ganze
Zeit laut geschrien.

Wie weit seid ihr in der Oldtimergruppe mit der
Reparatur bei dem alten Trecker gekommen?
Ist er schon fertig?

Noch mal vielen Dank
für dein Geschenk!

Liebe Grüße

Arne

ANDREAS STEINHÖFEL
RICO, OSKAR UND DIE TIEFERSCHATTEN

CARLSEN   MIT BILDERN VON PETER SCHÖSSOW

Hi Mark,
dein Buch war toll!
Ganz super fand ich,
als Rico die Fundnudel
gesehen hat.
Danke
Isa

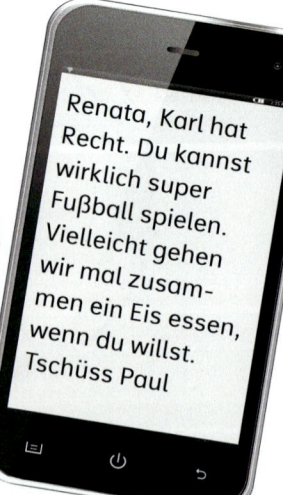

Renata, Karl hat
Recht. Du kannst
wirklich super
Fußball spielen.
Vielleicht gehen
wir mal zusam-
men ein Eis essen,
wenn du willst.
Tschüss Paul

Einen persönlichen Brief untersuchen

Was ist das Besondere an einem persönlichen Brief?
Was gehört alles dazu? Das kannst du hier herausfinden.

1 a) Lies noch einmal Arnes Brief auf Seite 56.
b) Beantworte zu dem Brief die W-Fragen:
– Wem schreibt Arne?
– Warum schreibt er?
– Womit beginnt er, was kommt danach?
c) Wie zeigt Arne seinem Opa, dass er sich über sein Geschenk freut?
Suche nach Beispielen im Brief.

2 Diese Bausteine kommen fast immer in persönlichen Briefen vor:
a) Suche die Bausteine in Arnes Brief an seinen Opa.
b) Zeige sie jemandem und lies sie vor.

3 Schreibt euch gegenseitig kurze Briefe wie Ida und Bea.
Alle Bausteine sollen vorkommen.
Geht so vor:
– Bildet Schreibpaare.
– Jeder formuliert seinen Kurzbrief.
– Tauscht die Kurzbriefe aus, lest sie
und schreibt zurück.

> Frankfurt, 19.10.20..
>
> Hallo Bea,
> in der Musical-AG spiele ich eine fleisch-
> fressende Pflanze. Sie kann sprechen!
> Ist das nicht spannend?
> Gruß
> Ida

4 Wähle aus den beiden Aufgaben aus:
A Knacke die Geheimbotschaften:
– Wie lauten die Botschaften?
– Von wem stammen sie, an wen sind sie gerichtet?
B Schreibe selbst solche oder ähnliche Geheimbotschaften.
Jemand anders kann sie knacken und dann auch beantworten.

> HALLOLEUTETREFFPUNKTSKAT
> ERPLATZBINPUNKTDREIDABISD
> ANNPAUL

> PABIUL, MOBIRGEBIN UBIM
> VIEBIR IBIM EIBISCABIFE ABIM
> MABIRKT REBINABITA

Briefe planen, entwerfen und schreiben

**Wenn du einen eigenen Text schreibst, ist er meistens nicht sofort fertig.
Du bereitest das Schreiben vor. Das kannst du hier üben.**

> **WISSEN UND KÖNNEN** ▸ **Einen persönlichen Brief schreiben**
>
> In einem persönlichen Brief schreibt jeder anders.
> Trotzdem kommen bestimmte Bausteine meistens vor:
> – Am Anfang stehen **Ort** mit **Datum** und **Anrede**.
> – Im **Brieftext** steht das, was du dem Adressaten mitteilen möchtest.
>   Notiere vorher deine Gedanken und wähle beim Schreiben aus.
> – Am Ende stehen **Gruß** und **Unterschrift**.

1 Mario und Bennet haben sich in den letzten Sommer-
ferien in einem Zeltlager an der Ostsee kennengelernt.
Seitdem schreiben sie sich regelmäßig Briefe – manchmal
auch als E-Mail. Heute will Bennet Mario von seiner
Geburtstagsfeier am Wochenende erzählen.
Schlüpfe in Bennets Rolle und schreibe den Brief an Mario.
Nutze dazu die Schritte 1 – 5:

Schritt 1: Einfälle sammeln
Bennet notiert zunächst alles, worüber er schreiben könnte:
– mit allen in unserem Spaßbad
– zum Abschluss Grillen im Garten unterm Baum
– am Sonntag aufgeräumt und Reste verputzt
– Taucherbrille ausprobiert
– Johannes aus unserem Zeltlager war da
– cooles Geschenk von ihm: Taucherbrille für Schwimmtraining
– abends wurden alle abgeholt, Johannes durfte übernachten

Schritt 2: Einzelheiten auswählen
Markiere auf dem Notizzettel das, was im Brief vorkommen soll (Folie).
– Begründe deine Auswahl.
– Lege eine Reihenfolge fest (Folie).

Schritt 3: den Text entwerfen

Entwirf mit deinen Vorbereitungen den Brief.
Lass dir dabei in Zwischendurch-Gesprächen Hilfen geben.

→ Seite 247:
Zwischendurch-
Gespräche

Berlin, 28.08.20..

Hi Mario,

weißt du, wer auf meinem Geburtstag war? Johannes aus unserem
Zeltlager! Und er hat ein cooles ...

Schritt 4: den Text überarbeiten

Lies den Entwurf noch einmal durch. Überprüfe ihn dabei mit der Checkliste.
Das geht auch gut zu zweit: Vergleicht eure Entwürfe. Gibt es etwas, was du
für deinen Brief nutzen möchtest?

CHECKLISTE ▸ **Einen persönlichen Brief schreiben**

- ✔ Ich habe oben rechts Ort und Datum geschrieben und mit einem
  Komma voneinander getrennt.
- ✔ Ich habe eine passende Anrede gewählt und auf das Komma oder
  Rufzeichen nach der Anrede geachtet.
- ✔ Ich habe im Brieftext von Einzelheiten und Besonderem so erzählt,
  dass man sich alles gut vorstellen kann.
- ✔ Ich habe den Brief mit Gruß und Unterschrift abgeschlossen.

Schritt 5: eine Reinschrift anfertigen

Schreibe den Brief an Mario so auf, wie du ihn abschicken würdest.
Achte jetzt besonders auf die Rechtschreibung und Zeichensetzung.

2 Wähle aus den beiden Aufgaben aus:

A Eine Freundin oder ein Freund von dir ist an einer anderen Schule und
möchte wissen, was dir an deiner neuen Schule besonders gut gefällt.
Schreibe ihr oder ihm in einem Brief. Nutze die Arbeitsschritte 1-5.

B Informiere dich im Internet, wie man eine Brieffreundschaft beginnen kann
– mit Kindern in Deutschland oder aus aller Welt.

Du findest Informatio-
nen z.B. auf der Seite
www.deutschepost.de.
Gehe dort auf den Link
Letternet.

Einen Brieftext formulieren

In einem Brieftext formulierst du deine Gedanken. Du schreibst auf, was für den Empfänger von Interesse ist. Und du schreibst so, dass er deinen Brief gern liest. Dazu erhältst du hier Anregungen.

1 Jana hat einen Brief von ihrer Freundin Marie bekommen.
Lies den Brief. Was möchte Marie wissen?

> Borken, 07.10.20…
>
> Hi Jana,
>
> das mit eurem Klassenhund Kalle musst du mir mal genauer erzählen.
> Wie sieht der eigentlich aus?
> 5 Ich glaube ja nicht, dass mit einem Hund die Stimmung in der Klasse
> besser ist. Was macht der Kalle denn die ganze Zeit?
> Erzähl mal, was du mit ihm erlebt hast.
> Also: Schreib mir mal wieder!
>
> Tschüss
>
> 10 Marie

2 Jana will Maries Brief beantworten. Sie hat auf Zetteln notiert,
was sie antworten will. Suche zu den Antwortzetteln die entsprechende
Frage in Maries Brief. Gib die Zeile im Brief an.

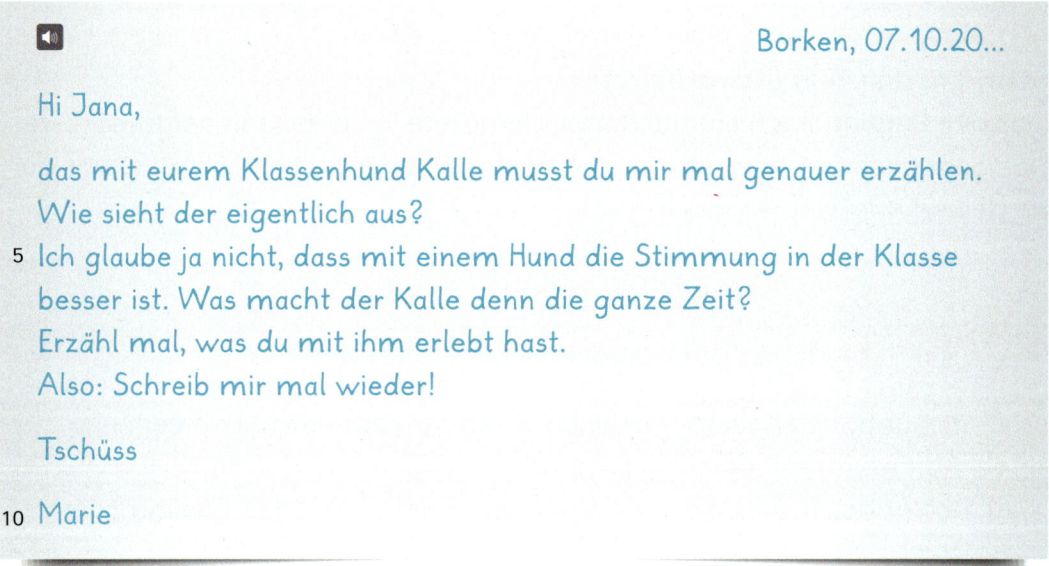

- großer Golden Retriever
- Hund der Klassenlehrerin
- Fell hellbraun, gewellt
- ganz weich
- lieber Hundeblick, dunkle Augen

- wie ein Lärmwächter auf der Decke
- ruhiger in der Klasse
- läuft ruhig und friedlich durch die Klasse
- lässt sich kurz kraulen

- Arno (Tischnachbar) machte Faxen
- Kalle legte sich vor Arnos Füße
- Arno war ruhig, hat Kalle gemalt

3 Beim Schreiben denkt man darüber nach, wie der Brief weitergehen kann.
Auf Janas Brief stehen einige solcher Gedanken in Denkblasen.
Nutze die Denkblasen und die Satzanfänge und formuliere mit den Antwort-
zetteln aus Aufgabe 2 Janas Antwortbrief an Marie.

Münster, 15.10.20...

Hallo Marie,

in deinem Brief .../ich erzähl dir mal von ...

Ich schreibe sofort, worum es geht.

Kalle ist ...
Sein Fell ...
Er hat ...

Wie kann sich Marie den Kalle vorstellen? Ich male es aus.

Kalle liegt ...
In der Klasse ...
Manchmal ...
Ich finde gut .../Ganz toll ist es ...

Was macht Kalle in der Klasse? Ich er- zähle davon.

Einmal .../Letzte Woche .../Du glaubst nicht, was ...
Kalle ...
Zuerst ... Dann ... Danach ...

Was habe ich mal mit Kalle erlebt? Ich erzähle es.

Mich interessiert jetzt noch ...

Bis bald

Jana

Ich frag sie noch, ob sie jetzt auch einen Klassen- hund haben will.

4 Wähle aus den beiden Aufgaben aus:
A Marie antwortet auf Janas Brief. Schreibe ihren Brief.
B Schicke einen persönlichen Brief an jemanden, den du gut kennst.

SPRACHE UNTERSUCHEN

Personalpronomen erkennen und einsetzen

ich  du  er

Nutze die Hinweise
im Kasten.

1 a) Wann sagen wir ich, du, er oder sie? Die Bilder stellen es dar.
b) Zeichne Bilder zu wir, ihr und sie (Mehrzahl).

2 Lies den Brief und unterstreiche alle Personalpronomen.

> Liebe Oma, lieber Opa,
> ich bin gut im Ferienlager angekommen. Wisst ihr eigentlich, dass
> Ilayda und Mert mitgekommen sind? Sie sind auch mit dem Bus mit-
> gefahren. Nach der Ankunft haben wir unseren Betreuer getroffen.
> Er ist total nett. Heute geht Ilayda in die Disko. Sie tanzt ja so gern.
> Wir sitzen lieber am Lagerfeuer! Ihr seht, im Ferienlager ist viel los!
> Ich danke euch auch noch einmal für den Zuschuss.
> Liebe Grüße, euer Tim

WISSEN UND KÖNNEN   **Personalpronomen erkennen**

Die Wörter ich, du, er, sie, es, wir, ihr, sie sind Personalpronomen.
Personalpronomen sagen dir, wer gemeint ist.

→ Seite 194:
*Mit Pronomen
Wiederholungen
vermeiden*

3 Setze passende Personalpronomen ein: ich, du, sie, wir.

Achte auf
die Großschreibung
am Satzanfang.

> Liebe Lilly,
>   plane die nächsten Ferien. Meine Eltern können im Sommer
> nur 3 Wochen Urlaub machen.   schlagen vor, dass   in
> ein Ferienlager fahre. Hast   Lust mitzukommen?   warte
> auf deine Antwort.   können uns dann zusammen anmelden.
> Liebe Grüße, deine Sarah

SPRACHE UNTERSUCHEN

Anredepronomen in Briefen verwenden

In Briefen oder E-Mails sprechen wir Personen an. Dazu verwenden wir Namen und Pronomen.

1 An wen sind die folgenden Briefe adressiert?

> Lieber Herr Nordmann!
> Ich schreibe Ihnen, weil ich auf dem Schulhof ein Tablet gefunden habe. Vielleicht haben Sie eine Idee, wem es gehört?
> Ich danke Ihnen für Ihre Hilfe.
> Herzliche Grüße
> Ihre Miriam Müller, Klasse 5b

> Hi Chrissy,
> stell dir vor, ich habe heute nach der Schule ein Tablet auf dem Schulhof gefunden.
> Weißt du zufällig, wer das verloren hat?
> Der wird sich freuen, wenn es wieder auftaucht
> ... Schon mal danke für deine Hilfe.
> LG Miriam

WISSEN UND KÖNNEN ▶ **Anredepronomen in Briefen verwenden**

In Briefen und E-Mails werden Personen angesprochen. Dazu verwendet man **Anredepronomen**:
- Schreibst du an Personen, zu denen du Sie sagst, dann musst du die Anredepronomen großschreiben: Sie, Ihr, Ihre, Ihren, Ihnen, Ihrem.
- Schreibst du an vertraute Personen oder Freunde, dann kannst du die Anredepronomen kleinschreiben: du, dein, deinen, deinem, ihr, euch, eure, euren, eurem, euer.

---

2 Unterstreiche in den Briefen aus Aufgabe 1 alle Anredepronomen (Folie).

3 Schreibe den Brief ab. Setze Anredepronomen in der passenden Form ein.

> Sehr geehrte Damen und Herren,
> ich habe am vergangenen Dienstag in ⬚⬚⬚ Museum mein silbernes Tablet liegenlassen. Ist es bei ⬚⬚⬚ abgegeben worden? Dann wäre ich ⬚⬚⬚ dankbar, wenn ⬚⬚⬚ mich kurz benachrichtigen würden.
> Ich danke ⬚⬚⬚ für ⬚⬚⬚ Mühe.
> Mit freundlichen Grüßen, Julius Horsch

wortstark!

Wörter sammeln und ordnen

1 Schau dir den Briefumschlag an:
 – Was muss auf einem Briefumschlag immer angegeben werden?
 – Wo findest du diese Angaben?

Adresse   Absender (Abs.)   Vorname   Nachname
Straße mit Hausnummer   Postleitzahl und Wohnort
Briefmarke

2 Beschrifte einen Briefumschlag mit deinem Absender und folgenden
Angaben für die Adresse: Miroslav, 12, Braunschweig, Müller, Mühlenstraße,
Herrn, 38104.

3 Welche Anrede- und Schlussformeln würdet ihr verwenden, wenn ihr einen
Brief an folgende Personen schreibt?
 – an den Schulleiter oder die Schulleiterin eurer Schule
 – an euren Lehrer oder eure Lehrerin
 – an eure Eltern oder Großeltern
 – an eure Freundin oder euren Freund

Sehr geehrte Frau …   Hi Herr …
Guten Tag!   Hi Nina …
Guten Tag, Frau …   Liebe(r) …
Hallo Herr …   Hallo Thorsten

Mit freundlichen Grüßen
Freundliche Grüße nach …
Herzliche Grüße
Liebe Grüße   HDL   LG

Einen Brief überarbeiten

1 a) Teile von Egons Brief an seine Tante Birte sind durcheinandergeraten.
Bringe sie wieder in eine sinnvolle Reihenfolge (Folie).
b) Einige Bestandteile eines Briefes fehlen. Notiere sie.

Hallo Tante Birte,

Mir gefällt es da gut.
Ich mache jetzt sehr viel
mit Joscha zusammen.

Köln, 25.9.20..

Ich könnte auch in seinen Fuß-
ballverein gehen, aber ich weiß
nicht, ob ich gut genug bin.

auf deiner Urlaubskarte hast du
nach meiner neuen Schule gefragt.

Er geht in eine andere Klasse.

Er ist ein guter Fußballer
und hat einen kleinen Hund.

2 a) Schreibe Egons Brief sauber und geordnet neu auf.
Achte auch auf Rechtschreibung und Zeichensetzung.
b) Finde noch zwei andere mögliche Anrede- und Grußformeln.

3 Ergänze Egons Brieftext mit einigen Einzelheiten und Beobachtungen.
Die Informationen dazu kannst du dir selbst ausdenken:
– Was könnte Egon am neuen Klassenraum gefallen?
– Wo und wie könnte Egon Joscha kennengelernt haben?
– Wie könnte Joschas Hund aussehen?
– Was macht Joscha Besonderes mit ihm?
– ...
Schreibe den Brieftext so auf, wie du ihn abschicken würdest.

Geschichten schreiben

In diesem Kapitel wirst du zum Autor einer eigenen Geschichte: Du entwickelst eine Schreibidee und lernst, deine Geschichte Schritt für Schritt so zu gestalten, dass deine Mitschüler sie gern lesen. Setzt euch beim Schreiben zu Zwischendurch-Gesprächen zusammen, wenn ihr Anregungen oder Hilfe braucht.

SCHREIBEN

1 Schaut euch die Abbildungen an: Welche Geschichten könnten hinter diesen Bildern stecken? Tauscht euch aus.

KIND NIMMT PINGUIN AUS DEM ZOO MIT NACH HAUSE

Ich als Fußballstar

„... und so kam es, dass an diesem Mittwoch kein Kind an unserer Schule Hausaufgaben aufhatte. Das war für alle ein toller Tag!"

Wovon ich erzählen will – das Schreiben planen

Jetzt schreibst du deine Geschichte. Du kannst dir eine Schreibidee von Seite 66 aussuchen (A) – oder du nimmst Toms Schreibidee und Textbausteine und machst daraus deine Geschichte (B).

Schritt 1: Eine Schreibidee finden und sich eine Geschichte ausdenken
– Überlege: Was macht deine Geschichte so besonders, dass die Leser sie gern lesen wollen?

→ Seite 38: Informationen in einem Cluster sammeln

1 **A** Sammle Ideen für deine Geschichte in einem Cluster.
 – Entscheide dich für eine Erzählidee von Seite 66.
 – Schreibe sie in der Mitte eines Blattes auf und kreise sie ein.
 – Notiere ringsherum alles, was dir dazu einfällt.

B Zeichne Toms Cluster ab und ergänze weitere Ideen:

2 a) Markiere die Ideen, die du für deine Geschichte verwenden willst.
 b) Notiere in Stichworten, was du nacheinander erzählen willst.

→ Seite 247: Zwischendurch-Gespräche

ZWISCHENDURCH-GESPRÄCH

 – Wie findet ihr meine Ideen für die Handlung der Geschichte?
 – Was macht die Situation so besonders?
 – Verführt das zum Weiterlesen?
 – ...
 – Was möchtet ihr mir sonst noch sagen?

Die Geschichte aufschreiben

Schritt 2: Ins Schreiben kommen

– Wie steigst du in die Geschichte ein? Wie kannst du deine Leser gleich so fesseln, dass sie gern weiterlesen möchten?
– Was müssen die Leser wissen, damit sie die Geschichte verstehen? Wo und wann spielt sie, was ist das Thema, wer ist die Hauptfigur?
– Entscheide dich für eine Erzählform (Ich-Form oder Er-/Sie-Form) und halte sie beim Schreiben ein.
– Denke auch an die Zeitform, in der du schreiben willst.

1 **A** Was müssen die Leser zu Beginn deiner Geschichte wissen, damit sie die Geschichte verstehen und neugierig gemacht werden? Schreibe den Anfang deiner Geschichte in wenigen Sätzen auf.

B Schreibe den Anfang zu Toms Geschichte weiter:
– Schreibe bis zu dem Punkt, als du merkst: „Wow, ich kann ja Fußball spielen wie ein Profi!" Normalerweise bist du nämlich gar nicht gut in diesem Sport …

Als ich heute Morgen zur Schule ging, war irgendetwas anders als sonst. Ich bin den normalen Weg gegangen, brauchte aber ganze fünf Minuten weniger bis zum Schultor!
Auf dem Schulhof kam ein Fußball auf mich zugeflogen. Ich …

ZWISCHENDURCH-GESPRÄCH

Lest euch gegenseitig den Anfang eurer Geschichten vor:
– Wird angedeutet, was passieren könnte? Verrate ich schon zu viel?
– Müsst ihr am Anfang noch mehr wissen? (Ort, Zeit, Personen …)
– Sind meine Erzählwörter passend für den Anfang?
– Habe ich die passende Zeitform gewählt?
– …
– Was möchtet ihr mir sonst noch sagen?

→ Seite 71: Erzählwörter verwenden

Schritt 3: Schreiben, was weiter passierte

– Was passiert Besonderes oder Interessantes?
– Bleibe bei deiner Schreibidee und nutze deinen Stichwortzettel
  als „roten Faden" für die Handlung.

2 **A** Schreibe mit Hilfe deines Stichwortzettels auf,
  was in deiner Geschichte weiter passierte.

B Schreibe Toms Geschichte weiter:

> Dann fragte mich einer meiner Freunde: „Willst du ...?"
> Dann fingen wir an zu spielen. Ich wunderte mich immer
> noch, wie leicht ...
> Dann schoss ich einen Ball auf das Tor ...
> Meine Freunde waren total überrascht, weil ...
> Sie riefen erstaunt: „...!"
> Dann kamen viele andere Kinder dazu,
> um sich anzusehen, wie ich ...
> Dann klingelte es und ich ging stolz in die Klasse.

– Schreibe Toms Text ab und beende dabei die Sätze. Natürlich kannst du
  auch noch weitere Sätze ergänzen.
– In der Geschichte kommen wörtliche Rede und Gedanken/Gefühle vor.
  Überlege, ob du an passenden Stellen noch mehr davon einbaust.
– Tom hat immer die gleichen Satzanfänge verwendet. Das kannst du
  besser! Nutze dazu die Erzählwörter von Seite 71.

ZWISCHENDURCH-GESPRÄCH

– Passt alles gut zusammen?
– Erzähle ich genug von meinen Gefühlen, was mir durch den Kopf
  geht, was ich von anderen denke?
– Muss ich etwas ergänzen oder streichen?
– Habe ich meine Sätze mit Erzählwörtern sinnvoll verbunden?
– ...
– Was möchtet ihr mir sonst noch sagen?

Schritt 4: Wie es ausgeht – die Geschichte beenden
- Am Ende soll die Geschichte zu einer runden Sache werden.
- Die Geschichte soll kurz und knackig enden, am besten mit einem Satz.
  Er muss natürlich dazu passen, was vorher passiert ist ...

3 A Schreibe das Ende deiner Geschichte auf.

B Schreibe Toms Geschichte zu Ende:
- Du bemerkst am nächsten Tag, dass du das Fußball-
  spielen wieder verlernt hast. Was machst du nun?
  Die andern wollen wieder mit dir kicken ...

Am nächsten Tag kamen gleich meine Freunde
angerannt und wollten wieder mit mir kicken.
Ich dachte mir: „Okay, warum nicht?"
Als ich das erste Mal angespielt wurde,
merkte ich aber sofort: ...

ZWISCHENDURCH-GESPRÄCH

- Ist mein Schluss „knackig" und kurz genug?
- Schließt er die Geschichte gut ab?
- Passen die Erzählwörter für den Schluss?
- ...
- Was möchtet ihr mir sonst noch sagen?

4 A Überlege dir eine passende Überschrift für deine Geschichte:
Sie soll neugierig machen, aber noch nicht zu viel verraten.

B Welche Überschrift passt am besten zu Toms Geschichte?
- Fußballstar für einen Tag
- Als ich einmal Fußball spielen konnte
- ...

▶ Sammelt eure Geschichten in einem Geschichtenbuch.
Entwerft dazu auch ein Deckblatt.

Erzählwörter verwenden

Mit Erzählwörtern kannst du der Reihe nach erzählen: zuerst, dann, zuletzt ... **Auch spannende Stellen kannst du mit Erzählwörtern kennzeichnen:** plötzlich, jetzt, da ...

Es gibt nicht nur eine Lösung. Probiere aus.

1 Schreibe die Sätze aus der Geschichte ab.
Bringe dabei die eingerahmten Sätze in eine sinnvolle Reihenfolge.

Plötzlich wurde ich wach – mitten in der Nacht! Ich hatte so ein komisches Gefühl im Bauch. ...

> Kurz darauf sah ich es: Was war das denn für ein Tier?

> Sofort zog ich meine Jeans an und ging zum Fenster.

> In diesem Augenblick hörte ich draußen ein seltsames Heulen.

2 Durch Erzählwörter kannst du eine Geschichte spannend gestalten.
Unterstreiche die Erzählwörter. Nutze das Wortfeld dann.

Gestern fand ich mein altes Playmobil-Raumschiff. Sofort bekam ich große Lust damit wegzufliegen. Plötzlich geschah es: Ich blickte auf meine Hand und sah, wie sie kleiner und kleiner wurde. In diesem Augenblick war mir klar: Ich war geschrumpft! Jetzt öffnete ich das Raumschiff und stieg ein. Nach wenigen Minuten hob das Raumschiff ab und ich flog durch das geöffnete Fenster nach draußen. Danach stieg ich höher und immer höher.

3 Welche Wörter aus dem Wortfeld dann kannst du einsetzen?

▢ konnte ich unser Haus von oben sehen, ▢ das Viertel und ▢ die ganze Stadt. Ich fühlte mich total frei. ▢ bekam ich aber Angst. Mein Herz klopfte wie verrückt. Wo ging die Reise denn überhaupt hin? ▢ versuchte ich, das Raumschiff selbst zu steuern und es klappte! ▢ war ich wieder daheim! ▢ stieg ich aus dem Raumschiff. ▢ wurde ich wieder größer. Mal sehen – vielleicht mache ich morgen den nächsten Ausflug ...

Es gibt mehrere Möglichkeiten. Macht Klangproben: Was klingt besser?

Wortfeld dann

zuerst
am Anfang
...
kurz darauf
...
plötzlich
auf einmal
jetzt
nun
aber

danach
etwas später
...
zum Schluss

wortstark!

Wörter sammeln und ordnen

1 Ordne die Verben in die passenden Wortfelder.

schmunzeln   heulen   wimmern   grinsen   rätseln
sich den Kopf zerbrechen   jubeln   schluchzen   grübeln
strahlen   kichern   überlegen   jammern

lachen	weinen	denken
schmunzeln ...	heulen ...	rätseln ...

2 a) Was passt zusammen? Welche Wörter passen zu den Verben?
Schreibe so: laut rufen, aufgeregt rufen, ...

Verben	Wie du ... kannst
rufen schreien	laut aufgeregt leise freundlich
antworten flüstern	frech hastig ängstlich wütend
wimmern sagen	schnell schüchtern undeutlich
murmeln schimpfen	verärgert frech erstaunt nervös
	wie ein Rohrspatz begeistert

b) Suche dir fünf Verben heraus und formuliere Sätze.
„Das wird er noch bereuen", flüsterte sie leise ...

3 a) Steigere die Adjektive. Setze dazu Steigerungswort und Adjektiv zusammen.
spiegel + glatt → spiegelglatt ...

Steigerungswort	für das Adjektiv ...
klitsch schnee blut spiegel	nass rot glatt schön lustig
mega ultra klitze super bild	schlau alt klein weiß klug
wunder ur hell riesen stock	teuer dumm wach groß neu
nagel tief	reich kalt traurig finster

Jetzt ging es auf der spiegelglatten Fahrbahn in Richtung Hannover!

b) Suche dir drei zusammengesetzte Adjektive heraus und erfinde dazu eine kleine Geschichte.

ZEIGE, WAS DU KANNST

Eine Geschichte ergänzen

1 Lies dir den Anfang und die möglichen Schlüsse **A** und **B** der Geschichte aufmerksam durch. Suche dir dann einen Schluss aus.

Der geheimnisvolle Schlüssel

Gestern auf dem Weg zur Schule ist
mir und meinem Freund Hannes etwas
Aufregendes passiert.
Unser Schulweg führt durch einen Wald.
Dort sah ich im Gebüsch etwas glänzen.
„Schau mal, Hannes – was liegt denn
da?" Als wir es uns näher ansahen,
entdeckten wir einen Schlüssel.
Ich nahm ihn in die Hand und ...

[...]

So könnte die Geschichte enden:

A „Auf diese Idee muss
man erst einmal kom-
men", sagte Herr Maier
anerkennend, als wir
ihm seinen Koffer zu-
rückbrachten. „Da habt
ihr euch einen saftigen
Finderlohn verdient."

B „Für euren Mut in
dieser besonderen
Situation überreiche ich
euch als Anerkennung
diese Ehrenurkunde der
Stadt. Mit eurer Hilfe
konnten die Verbrecher
gefasst werden."

2 Schreibe nun auf, was zwischen Anfang und Ende weiter passierte.
Wie entwickelt sich die Geschichte, damit sie zu dem Ende führt,
das du dir ausgesucht hast:
  – Wozu könnte der Schlüssel passen?
  – Wer hat ihn verloren?
Nutze alles, was du über das Schreiben von Geschichten gelernt hast.

Tiere beschreiben

In diesem Kapitel begebt ihr euch auf eine Entdeckungsreise durch den Zoo. Die Beiträge, die dabei entstehen, können am Ende zu einer Zoobroschüre für andere Kinder zusammengestellt werden. Sie sollen viel Interessantes über die verschiedenen Bewohner des Zoos erfahren. Ihr müsst also genau hinschauen und beschreiben.

SCHREIBEN

1 Lest das folgende Tierrätsel. Woran erkennt ihr, um welches Tier es sich handelt?

Das gesuchte Tier ist auf dieser Buchseite abgebildet.

Das gesuchte Tier hat einen großen, kräftigen Körper.
Es lebt im Rudel.
Das gesuchte Tier ernährt sich hauptsächlich von Fleisch.
Es ist die zweitgrößte Raubkatze der Welt.
Den dicken, auffälligen Haarkragen nennt man auch Mähne.
Man bezeichnet das gesuchte Tier auch als „König der Tiere".

2 Erstellt eigene Tierrätsel: Stellt verschiedene Hinweise zusammen, ohne den Namen des gesuchten Tiers zu nennen. Lasst anschließend eure Mitschüler raten.

Über Tiere informieren

1 Lies die Beschreibung der Eisbären.

Eisbären

(1) Eisbären können eine <u>Größe</u> von bis zu drei Metern erreichen und bis zu 300 Kilogramm <u>schwer</u> werden.

(2) Sie erreichen ein Alter von rund 25 Jahren.

(3) Eisbären zeichnen sich durch ihr dichtes weiß-gelbes Fell aus. Auffällig sind zudem die kleinen, schwarzen Knopfaugen und die schwarze Schnauze.

(4) Eisbären leben in der Arktis. Dort findet man sie häufig auf dem Treibeis des Nordpolarmeeres und auf den angrenzenden arktischen Landstrichen in Kanada, Grönland und Sibirien.

(5) Sie zählen zu den Fleischfressern und ernähren sich hauptsächlich von Robben, Walrossen und Fisch.

(6) Eisbären haben keine natürlichen Feinde. Der einzige Feind ist der Mensch, der sie aufgrund ihres Fleisches und des Fells tötet. Daher sind Eisbären auch vom Aussterben bedroht.

(7) Eisbären sind ausgezeichnete Schwimmer und Taucher. Aber auch an Land muss man sich vor ihnen in Acht nehmen. Ihre Beute können sie über hunderte von Kilometern verfolgen und beim Laufen erreichen sie eine Geschwindigkeit von über 40 km/h.

Aussehen	Lebensraum	Ernährung	Verhalten

Größe und Gewicht	Alter	Feinde

2 Wie ist die Tierbeschreibung aufgebaut?
- Ordne die Überschriften auf den Zetteln den Textabschnitten 1 – 7 zu.
- Begründe deine Zuordnung mithilfe der Schlüsselwörter im Text.
  - (1) = Größe und Gewicht, Schlüsselwörter: Größe, schwer

① In Afrika und Asien sind Elefanten verbreitet. Dort findet man sie in Steppen und Savannen sowie im Regenwald.

② Zu ihren natürlichen Feinden zählen Löwen und Tiger. Wegen ihrer kostbaren Stoßzähne werden sie auch vom Menschen bedroht.

③ Sie können bis zu 60 Jahre alt werden.

⑥ Elefanten sind Herdentiere und leben meist in großen Gruppen. Zudem haben sie ein sehr ausgeprägtes Sozialverhalten. So beschützen in der Gruppe die stärkeren die schwächeren Tiere.

④ Elefanten gehören zu den Pflanzenfressern und ernähren sich hauptsächlich von Pflanzen, Blättern, Gras und Holz.

⑤ Elefanten können bis zu 3,5 Meter groß werden und ein Gewicht von bis zu 5 000 Kilogramm erreichen.

❸ Die Beschreibung des Elefanten ist durcheinandergeraten.
a) Ordne die Tierbeschreibung. Nutze die Ergebnisse aus Aufgabe 2.
b) Lies die Beschreibung des Elefanten anschließend vor.

❹ Ein Baustein aus Aufgabe 2 fehlt in der Tierbeschreibung.
a) Nenne den fehlenden Textbaustein.
b) Schreibe den fehlenden Textbaustein selbst. Das Foto hilft dir dabei.

❺ Probiere bei der Beschreibung des Eisbären oder des Elefanten eine andere Reihenfolge der Textbausteine aus. Verdeutliche, was sich dadurch verändert.

Wörter sammeln und ordnen

→ Seite 84:
Faltanleitung
„Buddy-Book"

1 Erstellt ein Buddy-Book zum Tier-Wortschatz.
Ein Buddy-Book ist ein Merkheft, das ihr selbst herstellen könnt.

2 Wie heißen die Körperteile des Elefanten?
der Bauch   der Rüssel   der Schwanz   das Ohr
das Maul   der Fuß   der Stoßzahn   das Auge
das Vorderbein   der Rücken   das Hinterbein
  – Ordne die Begriffe den Körperteilen zu.
    ① der Stoßzahn, ② …
  – Zeichne den Elefanten mit der Beschriftung
    der Körperteile in dein Buddy-Book.

3 Die verschiedenen Tiere haben oft ganz verschiedene Körperteile.
  – Welche Körperteile sind hier abgebildet? Benenne sie.
  – Für welche Tiere sind diese Körperteile typisch? Ordne sie ihnen zu.
    die Flosse – Flossen sind typisch für: Fische, Delfine, Wale und …

4 Welche Adjektive passen zur Beschreibung der Körperteile?
  a. Körper (Form): lustig, kräftig, groß, zierlich, glatt
  b. Ohr: lang, spitz, kurz, langweilig, salzig, klein
  c. Nase: spitz, lecker, groß, klein, platt, lang, buschig
Schreibe passende Sätze in dein Buddy-Book.
Elefanten haben einen sehr großen, kräftigen Körper. …

In jeder Reihe sind
zwei Wörter falsch!

5 Elefant, Krokodil, Eisbär, Kamel, Nilpferd, Nashorn, Giraffe, Gorilla:
Was ist das Besondere an diesen Tieren?
Schreibe Kärtchen wie zum Zebra

Das Zebra hat schwarze
und weiße Streifen.

**das Zebra,
die Zebras**

SPRACHE UNTERSUCHEN

Mit Adjektiven Tiere beschreiben

Wenn ihr Tiere beschreibt, müsst ihr genau angeben, wie das Tier aussieht. Dazu braucht ihr Adjektive.

1 Lies den Lexikonartikel über Kamele.
  – Wo fehlen wichtige Informationen? Achte auf die gelben Markierungen.
  – Schreibe den Lexikonartikel ab und setze die fehlenden Wörter ein.

*lange   heißen   schmalen   breiten   dichte   großen und schweren
genügsame   trockenen*

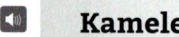

Kamele

Es gibt zwei Arten von Kamelen: Dromedare besitzen einen, Trampeltiere zwei Höcker. Alle Kamele haben Beine.
Kamele sind besonders gut für das Leben in der Wüste ausgerüstet. Ihre Füße sinken im Wüstensand nicht ein. Ihre Nasenlöcher sehen aus wie Schlitze. Während der Sandstürme verschließen Kamele ihre Nasenlöcher. Kamele können mehr als zehn Tage ohne Wasser und Futter auskommen, weil sie in den Wüsten im Magen Wasser und in den Höckern Fett speichern. Die Höcker und das Fell schützen sowohl vor der Hitze am Tag als auch vor der Kälte in der Nacht. Kamele sind Tiere.

2 Lies den Lexikonartikel über Schneeleoparden. Alle Adjektive sind fett gedruckt. Einige dieser Adjektive gehören aber nicht in einen Lexikonartikel.
  a) Schreibe den Lexikonartikel ab. Entscheide, welche Adjektive du weglassen willst, weil sie nicht passen.
  b) Vergleicht eure Lösungen.

Schneeleoparden sind **hübsche** Raubtiere. Mit ihrem **hellen** Winterfell sind die Tiere in der **weißen** Schneelandschaft kaum zu sehen. Schneeleoparden haben einen **langen** Schwanz, einen **niedlichen**, **kleinen** Kopf und eine **kurze**, **lustige** Schnauze. Unter ihren **großen** Pfoten haben sie Haarpolster. Diese **seltsamen** Polster wirken wie **bequeme** Schneeschuhe: Außerdem sind die Fußsohlen so **gut** vor der **furchtbaren** Kälte geschützt.

Über Tiere unterschiedlich informieren

Informationen über das Totenkopfäffchen

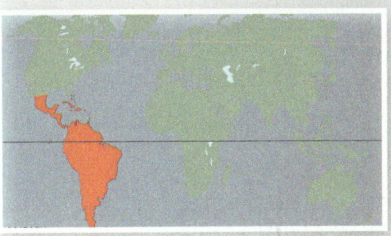

Größe: bis zu 35 cm
Gewicht: ungefähr 1,2 Kilogramm
Alter: über 20 Jahre
Aussehen: maskenartige Gesichtszeichnung, schwarze Schnauze, bräunliches Fell
Ernährung: Blätter, Früchte, Insekten
Lebensraum: Tropischer Regenwald, Mittel- und Südamerika
Feinde: Schlangen

1 Vergleicht das Gehegeschild mit einer ausführlichen Tierbeschreibung, zum Beispiel für den Eisbären (Seite 75) oder den Elefanten (Seite 76).
   – Wie unterscheiden sie sich? Was haben sie gemeinsam?
   – Welche Vorteile und Nachteile haben sie?

2 Bearbeite Aufgabe **A** oder **B**.

   A Wähle die Beschreibung des Eisbären (Seite 75) oder des Elefanten (Seite 76) aus. Erstelle daraus ein Gehegeschild.

   B Entnimm dem Gehegeschild wichtige Informationen über das Totenkopfäffchen. Verfasse eine ausführliche Tierbeschreibung. Die Satzbausteine auf dem wortstark-Zettel helfen dir dabei.

wortstark!

Größe: werden ... groß, erreichen eine Größe von ...
Gewicht: wiegen ..., erreichen ein Gewicht von ...
Alter: werden ... alt, erreichen ein Alter von ...
Aussehen: auffällig ist ...
Lebensraum: leben in ..., sind in ... beheimatet, sind in ... verbreitet
Ernährung: ernähren sich von ..., fressen ...
Feinde: zu ihren Feinden zählen ..., ihre Feinde sind vor allem ...

Eine Tierbeschreibung überarbeiten

Anna findet Lemuren ganz toll. Sie hat zu dieser Tierart eine ausführliche Tierbeschreibung verfasst. Mitschülerinnen und Mitschüler haben den Text gelesen und ihr Tipps zur Überarbeitung gegeben:

Informationen zum Alter der Lemuren fehlen.

Gute Einleitung!

Das ist keine sachliche Beschreibung. Bleibe sachlich.

Beschreibe den Schwanz und das Fell genauer. Nutze passende Adjektive.

Wechsle mal die Satzanfänge!

Die Reihenfolge deiner Beschreibung ist sinnvoll.

Lemuren

Lemuren werden bis zu 50 Zentimeter groß und zwischen drei und vier Kilogramm schwer.
Auffällig ist ihr Schwanz. Und ihr Fell finde ich total süß, so schön flauschig.
Lemuren haben rund um Nase und Augen eine schwarze „Maske".
Lemuren leben in Madagaskar.
Lemuren essen die Blätter der Bambuspflanzen.
Lemuren haben Schlangen und Greifvögel als Feinde.

1 a) Lies die Tierbeschreibung und die Hinweise der Mitschüler aufmerksam.
b) Was ist gut gelungen? Was kann noch verbessert werden?
c) Verbessere die Tierbeschreibung, indem du die Fehler korrigierst. Fehlende Informationen kannst du vom Foto ablesen und im Internet recherchieren.

Fantasietiere beschreiben und zeichnen

1 a) Lies die Beschreibung des Fantasietiers aufmerksam.

b) Welche Zeichnung passt zu der Beschreibung des Fantasietiers? Begründe deine Zuordnung mit Stellen aus dem Text.

> Mein Fantasietier sieht aus wie eine Giraffe. Auf dem Körper hat es ein kurzes, schwarzes Fell. Die vier Beine sind lang und schmal. Auf den beiden Vorderbeinen sind gelbe Punkte und auf den zwei Hinterbeinen sind rote Querstreifen. Auffällig ist der lange schmale Hals. Auf dem Hals sitzt ein runder Kopf. An den Seiten des Kopfes stehen zwei spitze Ohren ab. Im Gesicht hat mein Fantasietier eine kleine, rundliche Schnauze und große, gelbe Kulleraugen. Mein Fantasietier hat keinen Schwanz, sondern drei große, blau gefärbte Federn.

2 a) Denke dir ein Fantasietier aus und zeichne es auf ein Blatt.

b) Verfasse eine genaue Beschreibung deines Fantasietiers.

c) Gib die Beschreibung einem Partner. Er oder sie soll dein Fantasietier nach deiner Beschreibung zeichnen.

d) Vergleicht eure Zeichnungen: Gibt es deutliche Unterschiede? An welchen Stellen müsste die Beschreibung genauer sein?

3 Hängt eure Zeichnungen in der Klasse aus.

– Nacheinander liest jeder seine Beschreibung vor.

– Die Mitschüler raten, welche Zeichnung dazu passt.

Sich in ein Bild hineinschreiben

Hier siehst du den Plan eines Zoos. Die Besucher betrachten die exotischen Tiere. Auch du kannst in Gedanken durch den Zoo wandern ...

1 Stell dir vor, du bist mitten in dem Bild. Wähle Aufgabe **A** oder **B**.

A Alle Personen und Tiere sind eingefroren in ihren Bewegungen.
Nur du kannst frei durch den Zoo wandern.
Tauche in das Bild ein:
  – Wo stehst du zu Beginn?
  – Wohin gehst du weiter?
  – Wo bleibst du stehen? Was siehst du dort?
Beschreibe deinen Weg durch den Zoo.

B Vor welchem Gehege bleibst du am längsten stehen?
Was könnte dort auf dem Gehegeschild stehen?
Erstelle ein Gehegeschild. Fehlende Informationen kannst du
im Internet recherchieren.

ZEIGE, WAS DU KANNST

Ein Tier beschreiben

A Mache aus der ausführlichen Tierbeschreibung ein Gehegeschild.

Hermeline

Hermeline gehören zur Gattung der Raubtiere. Sie erreichen eine Größe von bis zu 30 Zentimeter und wiegen rund 300 Gramm.
5 In freier Natur werden sie bis zu 8 Jahren alt. Meist fallen sie jedoch schon vorher ihren Fressfeinden zum Opfer.
Sie besitzen einen schlanken,
10 langgestreckten Körper mit kurzen Beinen. Auffällig ist ihr weißes Fell, das ihnen hilft, sich im Winter vor Feinden zu tarnen. Im Sommer färbt sich ihr Fell
15 stellenweise braun.

Hermeline sind in der gemäßigten und subarktischen Zone der Nordhalbkugel auf fast allen Kontinenten verbreitet. Neben Wiesen, Hecken und Wäldern 20 findet man sie auch in Siedlungsgärten oder Parkanlagen. Hermeline zählen zu den Fleischfressern und ernähren sich überwiegend von kleinen Säugetieren 25 wie Mäusen, Ratten, Kaninchen und Maulwürfen. Zudem jagen sie auch Vögel, Reptilien, Fische, Insekten und deren Larven. Zu ihren natürlichen Feinden 30 zählen Dachse, Füchse und Eulen.

B Mache aus dem Gehegeschild eine ausführliche Tierbeschreibung.

Informationen über den Flughund

Größe:	30 cm, Flügelspannweite 80 cm
Gewicht:	800 Gramm
Alter:	bis zu 22 Jahre
Aussehen:	hundeartiger Kopf, große Augen, kleine Ohren, kurzer Schwanz, ähneln den Fledermäusen
Ernährung:	Früchte
Lebensraum:	Tropischer Regenwald (Afrika, Asien, Australien)
Feinde:	Greifvögel, Menschen

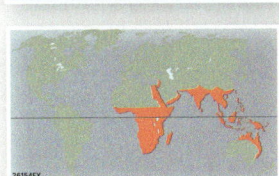

26154EX

Anleitungen schreiben

Anleitungen sind dazu gedacht, dass ein Leser mit ihrer Hilfe etwas herstellen kann, auch wenn er über kein Vorwissen verfügt. Experten teilen ihre Kenntnisse in Anleitungen mit Anfängern. Doch nicht jede Anleitung ist wirklich einfach verständlich. Hier lernst du, was eine gute Anleitung ausmacht.

SCHREIBEN

Faltanleitung „Buddy-Book"

<u>Du brauchst:</u> ein Blatt DIN-A4-Papier, eine Schere

 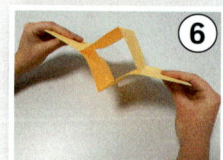  

1. Falte das Blatt Papier einmal quer. Die beiden Hälften müssen genau aufeinanderliegen. (Bild 1)
2. Anschließend faltest du das Blatt noch zweimal quer. (Bilder 2 und 3)
3. Falte das Blatt nun wieder auf, sodass es nur noch einmal in der Mitte gefaltet ist.
4. Schneide die geschlossene Seite in der Mitte bis zur Faltlinie ein. (Bild 4)
5. Falte das Blatt jetzt ganz auf und lege die Hälften längs übereinander. (Bild 5)
6. Zum Schluss schiebst du das Blatt zur Mitte zusammen und faltest die Seiten zu einem Büchlein. (Bilder 6–8)

<u>Tipp:</u> Dein Buddy-Book kannst du als Vokabelheft oder Notizbuch nutzen oder als schönes Geschenk für Freunde oder Familienmitglieder gestalten. Dafür solltest du es noch verzieren!

Bausteine einer Anleitung erkennen

1 a) Lies die Faltanleitung auf S. 84.
Bastele mit ihrer Hilfe ein eigenes Buddy-Book.

b) Erkläre, wie du beim Basteln vorgegangen bist.
Wann hast du die Bilder und wann hast du den Text genutzt?

c) Sind in der Anleitung alle Arbeitsschritte gut beschrieben?
Wusstest du immer, was zu tun ist? Benenne Stellen,
an denen du etwas nicht verstanden hast.

2 Lies den Wissen-und-Können-Kasten zum Aufbau einer Anleitung.
Ordne die Punkte 1 – 4 der Faltanleitung des Buddy-Books zu.
Woran hast du die Teile der Anleitung erkannt?

WISSEN UND KÖNNEN **Aufbau einer Anleitung**

Du kennst ganz unterschiedliche Anleitungen, z. B. Falt- und
Bastelanleitungen, Kochrezepte oder Spielanleitungen.
Sie sind alle ähnlich aufgebaut:

1. In der Überschrift steht, worum es geht.
2. Danach wird aufgelistet, welche Materialien und Hilfsmittel
gebraucht werden und worauf man im Vorfeld achten muss.
3. Im Anschluss daran werden die einzelnen Schritte verständlich
und in der richtigen Reihenfolge beschrieben.
Oft unterstützen Bilder das Verständnis.
4. Zum Schluss werden manchmal noch Tipps oder mögliche
Varianten der Durchführung angegeben.

In der richtigen Reihenfolge beschreiben

Ein Leporello ist ein kleines Büchlein, das leicht zu basteln ist.
Es eignet sich besonders als Fotoalbum, weil alle Bilder zu sehen sind,
wenn man es hinstellt.

Ein einfaches Leporello basteln

<u>Du brauchst:</u> ein Blatt DIN-A4-Papier, eine Schere

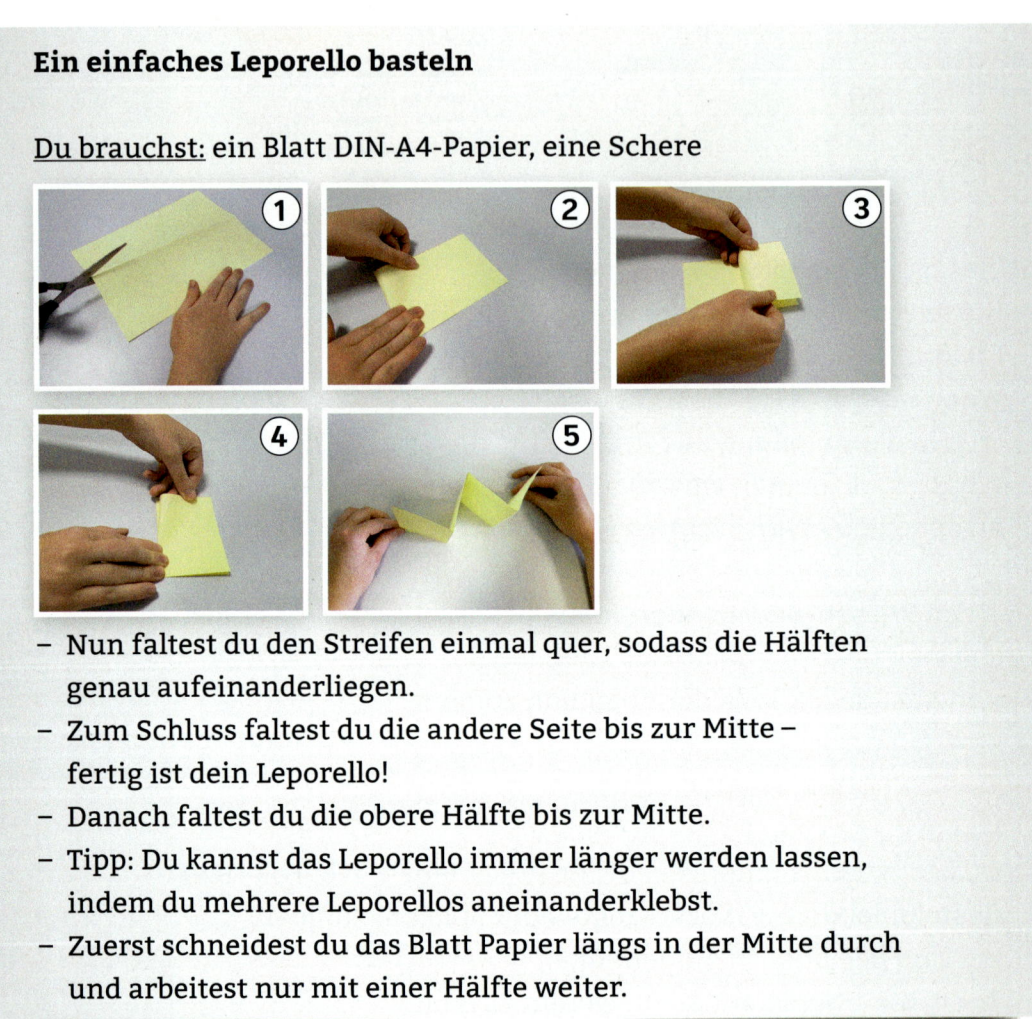

- Nun faltest du den Streifen einmal quer, sodass die Hälften
  genau aufeinanderliegen.
- Zum Schluss faltest du die andere Seite bis zur Mitte –
  fertig ist dein Leporello!
- Danach faltest du die obere Hälfte bis zur Mitte.
- Tipp: Du kannst das Leporello immer länger werden lassen,
  indem du mehrere Leporellos aneinanderklebst.
- Zuerst schneidest du das Blatt Papier längs in der Mitte durch
  und arbeitest nur mit einer Hälfte weiter.

1 a) Die Beschreibung der Arbeitsschritte ist durcheinandergeraten.
   Bringe sie in die richtige Reihenfolge. Die Bilder helfen dir dabei.
b) Erkläre, woran du die Reihenfolge der Arbeitsschritte erkannt hast.

2 Wie kann man die Reihenfolge der Arbeitsschritte in einer Anleitung
verdeutlichen? Sammelt verschiedene Möglichkeiten.
1. ..., 2. ..., 3. ...   Zuerst ... Nun ... Danach ...   ...

Auffordern: Imperativ, Grundform, Du-Form

1 Kaya erklärt Mara, wie man ein Erinnerungs-Glas herstellt.
Kürze Kayas Erklärung und formuliere wie auf dem Zettel.

Ein Erinnerungs-Glas ist ein schönes Geschenk!
Suche dir zuerst ein Bild von deinem Ferienort aus.
Stelle dann das Bild ins Glas. Jetzt musst du den
Boden mit Sand oder Kieselsteinen bedecken.
Gib anschließend die Dinge ins Glas, die du aus den
Ferien mitgebracht hast und die dir wichtig sind.
Schraube zum Schluss den Deckel drauf – und fertig!

Ein Erinnerungs-Glas herstellen
Material: Glas mit Deckel
Anleitung:
– Bild vom Ferienort aussuchen
– Bild ins Glas ...
– Boden ...

> **WISSEN UND KÖNNEN** **Jemanden auffordern**
>
> In Anleitungen und Rezepten stehen die Verben oft in der **Grundform**:
> Karotten <u>waschen</u> und in Scheiben <u>schneiden</u>.
> Wenn du jemanden direkt aufforderst, verwendest du meist den **Imperativ**: <u>Wasche</u> die Karotten (Einzahl). <u>Wascht</u> die Karotten (Mehrzahl).
> Du kannst deine Anleitung auch in der **Du-Form** formulieren:
> Nun <u>schneidest</u> <u>du</u> die Karotten in dünne Scheiben.
> Entscheide dich in Anleitungen für eine Form und behalte sie bei.

2 Erkläre einem Mitschüler, wie man getrocknete Bananen macht.
Schreibe dein Rezept im Imperativ oder in der Du-Form.

Getrocknete Bananen
<u>Du brauchst:</u> Bananen, Messer, Schneidebrett, Backblech, Backpapier
<u>So geht's:</u>
– Bananen schälen und auf einem Brett in dünne Scheiben schneiden.
– Backblech mit Backpapier auslegen und die Scheiben darauf
  verteilen.
– Backblech in den Ofen schieben und bei niedriger Temperatur
  und leicht geöffneter Ofentür etwa zwei Stunden trocknen.
– Immer mal wieder die Scheiben wenden. Am Ende sollen
  die Bananen schön kross und knusprig sein.

Eine Anleitung ergänzen

Faltanleitung: Briefumschlag

<u>Material</u>: ein quadratisches Blatt Papier

1. Lege das Papier so vor dich hin, dass eine Ecke zu dir zeigt.
2. Falte die linke Seite über die rechte. Ziehe die Faltlinie kräftig nach (die folgenden auch).
3. Öffne das Papier wieder und falte die untere Hälfte über die obere.
4. Jetzt faltest du die obere Ecke nach unten zum Rand.
5. ...

Helft euch gegenseitig, wenn ihr allein nicht weiterkommt.

1 Arbeite mit einem Partner: Nehmt jeder ein Blatt Papier und faltet die Arbeitsschritte 1 – 4 nach.

2 Schreibe die Anleitung zu den Arbeitsschritten 5 – 7.
Schreibe im Imperativ. Du kannst die folgenden Stichworte nutzen:
– die rechte Ecke so weit nach links falten, dass die linke Ecke noch darüber zum rechten Rand gefaltet werden kann
– eine Ecke in die Tasche der anderen stecken
– Faltkanten kräftig nachziehen
– die obere Ecke zur Mitte falten, um den Briefumschlag zu schließen

3 Forme die Anleitung in die Du-Form um.

Wörter sammeln und ordnen

1 Bilde zusammengesetzte Wörter aus Verben und Nomen.
Nutze die Hinweise im Kasten.   der Malkasten, das Mal…
- **Verben:** kleben, backen, malen, kochen, essen, trinken
- **Nomen:** Stift, Buch, Kasten, Mütze, Topf, Rezept, Papier, Löffel, Flasche

> **WISSEN UND KÖNNEN**   **Nomen zusammensetzen**
>
> Viele Nomen in Anleitungen sind aus zwei Wörtern zusammengesetzt:
> Bastelbuch, Backblech, Schreibpapier.
> Diese zusammengesetzten Wörter bestehen aus einem Verb und einem
> Nomen. Die Verbindung -(e)n wird weggelassen:
> back(en) + Blech = das Backblech

2 In Anleitungen kommen Nomen immer mit passenden Verben vor.
Welche Verben passen in die Anleitung für Geheimtinte?

schneiden   lesen   fahren   tauchen   auspressen   füllen   schreiben

> **Geheimtinte**
> <u>Du brauchst:</u> Zitronensaft, Schreibfeder oder dünnes Hölzchen,
> Blatt Papier, Bügeleisen (nur mit Hilfe von Erwachsenen benutzen)
> <u>Anleitung:</u> Zuerst die Zitrone in zwei Hälften ▭. Dann den Saft mit
> einer Zitronenpresse ▭. Nun den Saft in ein Glas ▭. Jetzt kann es
> losgehen! Ein dünnes Hölzchen in den Zitronensaft ▭ und deinen
> Geheimbrief ▭. Damit der Text lesbar wird, muss der Empfänger mit
> dem Bügeleisen über das Blatt Papier ▭. Der Trick: Durch die Hitze
> färbt sich der Zitronensaft braun und man kann dann die Schrift ▭.

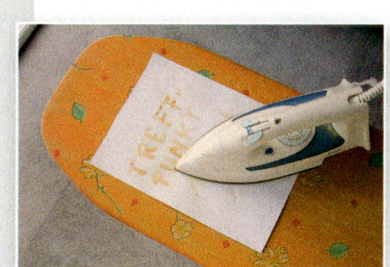

3 Erstellt Wörtersterne: Welche Verben passen zu den Nomen?
Kartoffeln   Eier   Gemüse   Fleisch   Suppe

schälen   in Scheiben
               schneiden

Äpfel

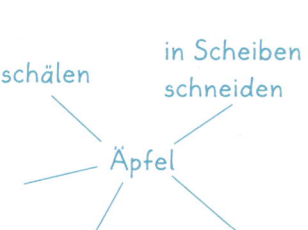

4 Arbeitet zu zweit. Blättert in einem Kochbuch:
- Sucht Nomen aus und schreibt passende Verben dazu.
- Ordnet die Nomen und macht ein Küchen-Abc.

Anleitungen vergleichen

Zombie-Ball

<u>Ihr braucht:</u> einen weichen Ball

<u>Vorbereitung:</u> An einem geeigneten Ort wird ein Spielfeld abgesteckt.

<u>Spielablauf:</u> Der Ball wird vom Spielleiter wahllos ins Spielfeld geworfen. Ab diesem Zeitpunkt darf sich jedes Kind den Ball nehmen und andere Kinder abwerfen. Wer abgeworfen wurde, setzt sich an den Rand und merkt sich, wer ihn abgeworfen hat. Sobald dieser Spieler im weiteren Verlauf abgeworfen wird, ist man selbst wieder im Spiel. Wird der Ball gefangen oder berührt er vorher den Boden, zählt das nicht als abgeworfen.

<u>Spielende:</u> Das Spiel ist beendet, wenn nur noch ein Spieler im Feld ist (weil er alle anderen abgeworfen hat) oder wenn der Spielleiter abbricht.

Zombie-Shake
(4 Portionen)

<u>Ihr braucht:</u> 4 Kiwis,
2 reife Birnen,
2 EL Zitronensaft,
60 ml Wasser,
60 ml Milch,
60 ml Honig, Eiswürfel

<u>So wird's gemacht:</u>
– Schneidet die Kiwis und Birnen in Stücke.
– Mischt das Wasser mit der Milch.
– Gebt dann die Kiwi- und Birnenstücke, den Zitronensaft sowie den Honig dazu und mixt alles zu einem sämigen Shake.
– Wenn ihr mögt, gebt noch Eiswürfel dazu.

1 Vergleicht die beiden Anleitungen.
   a) Was kann man mit ihrer Hilfe jeweils tun?
   b) Welche Gemeinsamkeiten und Unterschiede entdeckt ihr?

2 a) Wofür werden Anleitungen geschrieben? Nennt Beispiele.
   b) Bringt Anleitungen mit in die Schule und stellt sie der Klasse vor.

3 Viele Anleitungen werden im Internet als Video angeboten. Solche Erklärvideos werden immer beliebter.
   a) Recherchiert im Internet nach Erklärvideos zum Falten. Bastelt mithilfe der Videoanleitung.
   b) Vergleicht das Falten nach einem Video mit dem nach einer Textanleitung. Welche Vor- und Nachteile seht ihr jeweils?
   c) Erstellt eigene kleine Erklärvideos und stellt sie der Klasse vor.

ZEIGE, WAS DU KANNST

Eine eigene Anleitung schreiben

Faltanleitung: Himmel und Hölle

<u>Du brauchst:</u> ein quadratisches Blatt Papier

①   ②   ③   ④   ⑤   ⑥

<u>So geht's:</u> ...

❶ Du sollst die Arbeitsschritte der Faltanleitung zu dem Spiel
„Himmel und Hölle" aufschreiben.

a) Sieh dir die Bilderfolge an und mache dir die Arbeitsschritte klar.

b) Formuliere die ersten drei Arbeitsschritte in vollständigen Sätzen.
Schreibe im Imperativ. Nutze die folgenden Stichpunkte:
- zweimal zum Dreieck falten und wieder öffnen,
zweimal in der Mitte halbieren und wieder öffnen
- alle vier Ecken zum Mittelpunkt des Quadrats klappen
- auf die Rückseite umdrehen

c) Bringe die letzten drei Schritte in die richtige Reihenfolge
und schreibe sie auf.
- Falte danach die Unterkante nach oben. Öffne den Faltschritt wieder.
Falte die linke Kante zur rechten Kante hinüber und öffne wieder.
- Greife zum Schluss mit Daumen und Zeigefinger deiner Hände
in die Taschen und drücke sie zur Mitte zusammen – fertig!
- Jetzt falte erneut alle vier Ecken zur Mitte.

❷ Kennst du das Spiel „Himmel und Hölle"?
Schreibe eine Anleitung für das Spiel. Du kannst auch im Internet
nach den Regeln recherchieren.

Wünsche äußern, Anliegen vorbringen

Wie kannst du deine Wünsche und Anliegen überzeugend vorbringen?
Wie kannst du Einladungen so formulieren, dass die Eingeladenen
gern kommen?
Darum geht es in diesem Kapitel.

SCHREIBEN

**An einer Klassenwand könnt ihr Mitteilungen aushängen, die ihr euch
in der Klasse schreibt: an Lehrer oder an Mitschüler.**

1 Lies die Mitteilungen von Anna und Wim.

2 Beantworte die Fragen zu Annas und Wims Mitteilungen:
  – An wen sind sie geschrieben?
  – Was wollen Anna und Wim erreichen?
  – Wie begründen sie ihre Wünsche?

Ihr könnt für eure Mitteilungen auch einen Sammelkasten basteln, zum Beispiel aus einem Schuhkarton.

Mitteilungen der Klasse 5b

UNSCH-KISTE

Frau Oftermann, können wir
bald einmal einen Reiterhof
besuchen, weil sich viele aus
unserer Klasse für Pferde
interessieren?
Ich kenne einen Reiterhof.
Dort kann man viel
über Pferde lernen.
Wim

Hallo Tim, hallo Rodrigo,
in der Pause spielt ihr immer Fußball. Kann ich mal
mitspielen? Ich bin super
im Angriff. Ich kann gut
dribbeln, flanken und Tore
schießen.
Tschüss bis nachher

Anna

Wünsche schriftlich formulieren

Wie kannst du Wünsche für die Klassenwand oder den Sammelkasten vorbereiten und überzeugend formulieren? Das kannst du hier üben.

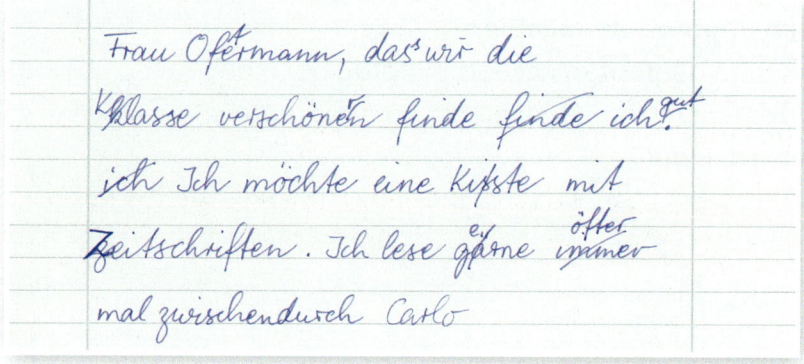

1 a) Untersuche Carlos Zettel für die Klassenwand:
  – An wen schreibt Carlo?
  – Welchen Wunsch hat er?
  – Wie begründet er seinen Wunsch?

b) Was sollte Carlo ändern, bevor er seinen Wunsch veröffentlicht?

c) Schreibe Carlos Wunsch mit deinen Änderungen auf.

> Wenn du eine weitere Begründung hinzufügst, wird Carlos Wunsch noch überzeugender.

2 Schreibe einen eigenen Wunsch für die Klassenwand. Gehe so vor:

a) Bereite das Schreiben vor. Notiere Antworten auf die Fragen:
  – Wem willst du schreiben?
  – Welchen Wunsch hast du?
  – Warum wünschst du dir das?

b) Schreibe mit den Antworten deinen Wunsch für die Klassenwand.

c) Überprüfe deinen Wunsch mithilfe der Checkliste.

CHECKLISTE ▸ **Einen Wunsch für die Klassenwand aufschreiben**

✔ Ich habe formuliert, an wen sich mein Wunsch richtet.
✔ Ich habe meinen Wunsch formuliert.
✔ Ich habe meinen Wunsch begründet.
✔ Ich habe mit meiner Unterschrift abgeschlossen, damit klar ist, von wem der Wunsch kommt.

Eine Einladung schreiben

Mit einer Einladung will man für eine Veranstaltung werben.
Wie du das machst, lernst du hier Schritt für Schritt.

1 Lies den Aushang am Infobrett der Schule.
– Was könnte es an dem geplanten Lesenachmittag noch geben?
– Wie könnte eine Überschrift für den Lesenachmittag lauten?
Schreibe deine Ideen dazu auf.

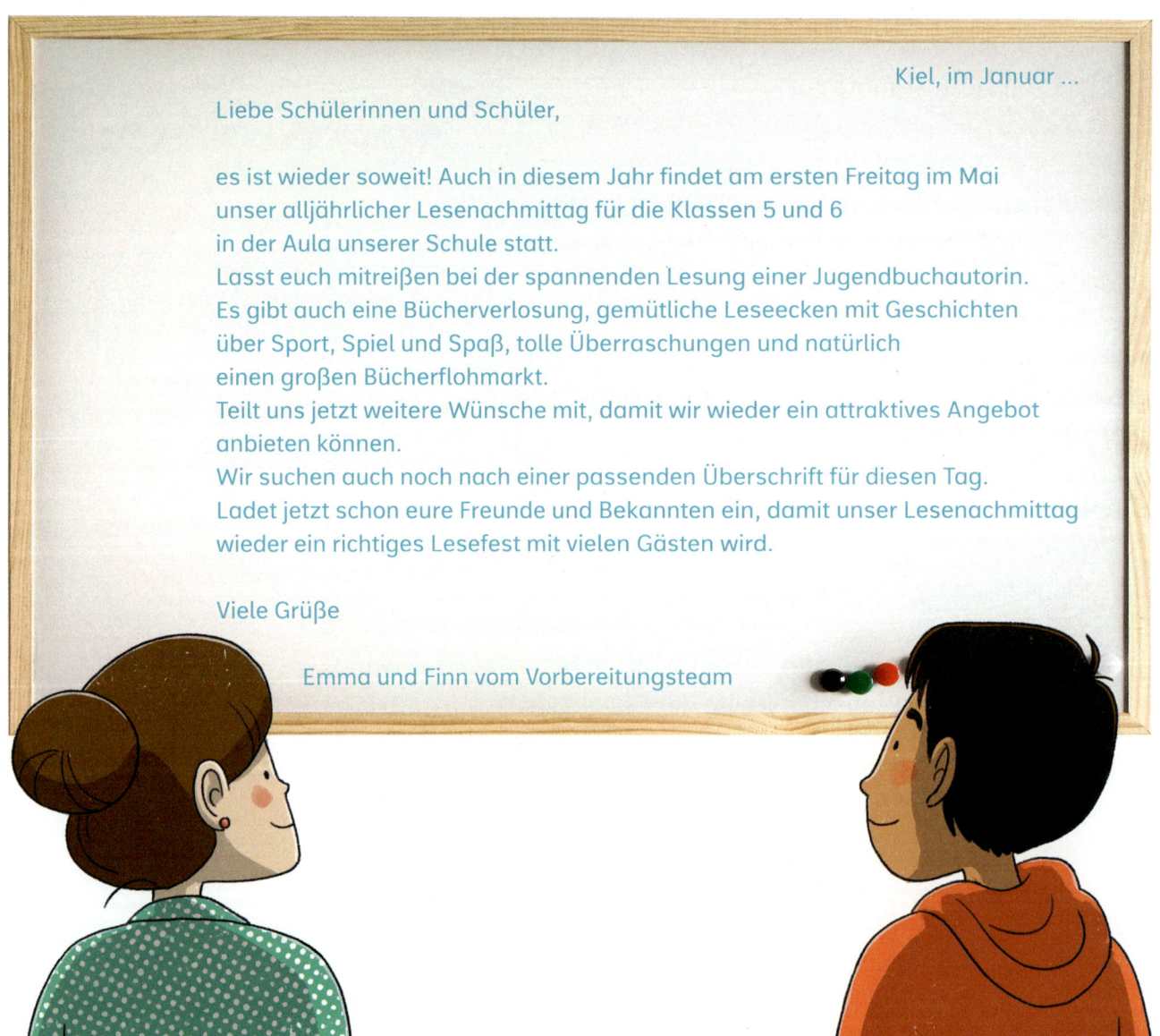

Kiel, im Januar ...

Liebe Schülerinnen und Schüler,

es ist wieder soweit! Auch in diesem Jahr findet am ersten Freitag im Mai
unser alljährlicher Lesenachmittag für die Klassen 5 und 6
in der Aula unserer Schule statt.
Lasst euch mitreißen bei der spannenden Lesung einer Jugendbuchautorin.
Es gibt auch eine Bücherverlosung, gemütliche Leseecken mit Geschichten
über Sport, Spiel und Spaß, tolle Überraschungen und natürlich
einen großen Bücherflohmarkt.
Teilt uns jetzt weitere Wünsche mit, damit wir wieder ein attraktives Angebot
anbieten können.
Wir suchen auch noch nach einer passenden Überschrift für diesen Tag.
Ladet jetzt schon eure Freunde und Bekannten ein, damit unser Lesenachmittag
wieder ein richtiges Lesefest mit vielen Gästen wird.

Viele Grüße

Emma und Finn vom Vorbereitungsteam

Mia möchte ihre Freundin Anna zum Lesenachmittag einladen. Anna geht in die 4. Klasse und wechselt nächstes Jahr auf Mias Schule.

> Kiel, 20...
>
> Hallo Anna,
>
> du musst unbedingt ...

2 Schreibe Mias Brief weiter: Formuliere einen Brieftext und Briefschluss. Gehe so vor:

Schritt 1: Einfälle sammeln

– Was muss Anna unbedingt wissen? Suche es im Aushang auf Seite 94 und notiere es. Lesenachmittag an deiner neuen Schule, am ...
– Womit kann man Anna vielleicht überzeugen? Notiere es.
  neue Schule näher kennenlernen, gemeinsam ...

Schritt 2: Den Text entwerfen

– Formuliere mit den Notizen den Brieftext.

Schritt 3: Den Text überarbeiten

– Überprüfe den Brieftext und das Briefende mit der Checkliste.

Schritt 4: Eine Reinschrift anfertigen

– Schreibe und gestalte den Brief so, wie du ihn abschicken würdest.
– Überprüfe Rechtschreibung und Zeichensetzung.

→ Seite 60/61: Einen Brieftext formulieren

Du kannst dazu auch den Computer nutzen.

> **CHECKLISTE** **Eine Einladung schreiben**
>
> ✔ Ich habe formuliert, wozu, wann und wohin Anna eingeladen ist.
> ✔ Ich habe Sätze formuliert, die Anna überzeugen zu kommen.
> ✔ Ich habe die Einladung mit einem passenden Gruß an Anna und mit Mias Unterschrift abgeschlossen.

3 Mia möchte auch Frau Meyer, ihre alte Klassenlehrerin, einladen.

a) Entwirf Mias Einladung an Frau Meyer.
  – Was kann Mia aus dem Brief an Anna übernehmen?
  – Was sollte sie ändern, um Frau Meyer zu überzeugen?

b) Vergleiche deinen Entwurf mit anderen. Was ist gut gelungen?

→ Seite 63: Anredepronomen in Briefen verwenden

4 Wähle Aufgabe **A** oder **B** aus:

→ Seite 40/41:
Ein Plakat gestalten

A Wirb mit einem Plakat in der Klasse für den Lesetag in der Stadtbücherei. Lass dich von den Stichworten anregen:

durchgehend von 11.00 bis 17.00 Uhr   Hallo Leseratten
ihr werdet staunen   Kommt zum Lesetag in der Stadtbücherei
Samstag ist es so weit   attraktive neue Hörbücher
gemütliche Schmökerecke   Lesefutter für den Sommer

B In einem Flyer hast du ein Angebot für die Ferien gefunden:

Sommercamp Oberdorf/Ostsee

Oberdorf: Kids ● 7 bis 12 Jahre ● 14.07. – 28.07.
Tolles Ferienangebot: Paddel- & Tretboote
● Indianer-Bogenschießen ● Werkräume
● Tonstudio ● Fahrradverleih ● Ponystation
● Hartplatz für Tennis, Volleyball ● Fußballplatz
● Mehrzweckhalle ● Kletter- und Spielgeräte

Du möchtest teilnehmen, aber jemanden mitnehmen. Schreibe eine E-Mail, in der du ihn oder sie informierst und überzeugst mitzukommen.
Tipp: Hilfen für das Schreiben einer E-Mail findest du im **Internet**:
https://www.internet-abc.de/lm/e-mail-und-newsletter-post-fuer-dich.html.
Gehe dort auf den Link 4: Wie schreibe und verschicke ich eine E-Mail?

▶ Elefant, Fuchs, Giraffe ... wollen die Klasse davon überzeugen, dass sie das ideale Tier für den Klassenraum sind. Als Erste ist die Kröte dran.

Formuliere ähnliche Werbetafeln für andere Tiere.
Die können witzig sein, aber sie sollen überzeugend wirken.

Wörter sammeln und ordnen

1 Überlege, was du einem anderen alles wünschen kannst.
   – Male Wunschkarten und schreibe Glückwünsche darauf.
   – Schreibt auch Glückwünsche in anderen Sprachen.

> Herzlichen Glückwunsch ...
> Toll, dass du ...
> Ich wünsche dir ...
> Bleib gesund und ...

2 Bilde Zusammensetzungen mit Wunsch.
Wunschkonzert, Glückw...

Traum   Glück   Konzert   Vorstellung

Ich lade dich zu meinem Geburtstag ein.

Vielen Dank für die Einladung!

3 Lies, was Ben und Ana zueinander sagen.
   a) Schreibe die Sätze ab. Was fällt dir auf? Achte auf die Unterstreichungen.
   b) Bilde aus den Verben Nomen mit der Endung -ung.
   begründen   formulieren   überzeugen   mitteilen   vorbereiten
   ändern   fragen   veröffentlichen   planen   antworten   überprüfen
   wünschen   veranstalten   werben   überraschen

Alle Verben kommen in diesem Kapitel vor!

Notiere so: einladen – die Einladung; begründen – die Begründ...
Achtung: Bei drei Verben geht das nicht!

SPRACHE UNTERSUCHEN

Sätze mit sollen, müssen, können, wollen

1 Die Schüler der 5b überlegen zusammen, was sie am Klassenfest alles machen können. Lest die Vorschläge laut vor.

> Sollen Katja und ich Kuchen verkaufen?

> Ich will gern einen Zaubertrick vorführen.

> Wir können Waffeln backen.

> Wir müssen unbedingt eine Schatzsuche machen!

WISSEN UND KÖNNEN ▸ **Vorschläge machen**

Wenn du Vorschläge machst, kannst du dies mit den Verben sollen, wollen, können oder müssen tun. Diese Verben nennt man **Modalverben**.
Modalverben stehen im Satz zusammen mit anderen Verben:
Wir können Waffeln backen.
In einem Fragesatz stehen sie vorn: Sollen wir Waffeln backen?

---

2 Schreibe die Sätze aus den Sprechblasen ab. Unterstreiche die Modalverben und die anderen Verben.

3 Was wollen Kai und Franzi allein oder zusammen auf dem Klassenfest machen? Formuliere Sätze. Nutze die Stichwörter in den Denkblasen.
Franzi möchte Eis verkaufen. Kai ...

> Eis verkaufen

> Luftballonwettbewerb machen

> Kleines Theaterstück aufführen

> Einladungen schreiben

4 Finde heraus, welche Vorschläge sich hinter den Bildern verbergen.
Schreibe die Vorschläge auf und nutze dabei Modalverben.

ZEIGE, WAS DU KANNST

Andere von etwas überzeugen

A Deine AG kümmert sich um das große Aquarium in der Eingangshalle.
Ihr seid dabei, für den Hintergrund eine riesige Unterwasserlandschaft zu malen und im Becken alles neu zu gestalten. Auch ein paar neue Fische sollen dazukommen.

Du sollst deinen Freund Mirko für die AG anwerben. Mirko malt und baut gern. Außerdem hat er zu Hause ein Aquarium und kennt sich mit Fischen und Pflanzen gut aus.

Entwirf eine E-Mail, mit der du Mirko für die AG gewinnen kannst.

B Die 5b will erreichen, dass die Leseecke aufgeräumt bleibt.
Deshalb soll ein Plakat in der Leseecke zum Nachdenken anregen.
Entwirf den Text für dieses Plakat. Nutze alles, was du dazu gelernt hast.

So sah die Leseecke der Klasse 5b aus, als die Schülerinnen und Schüler nach dem Sportunterricht aus der Turnhalle zurückkamen.

Die aufgeräumte Leseecke

Flüssig lesen lernen

Lesen ist wichtig – nicht nur in der Schule. In diesem Kapitel kannst du herausfinden, was dir leicht fällt und was du noch üben musst.
Wenn es mit dem Lesen noch nicht so ganz klappt, dann übe das flüssige Lesen mehrmals in der Woche – allein oder mit einem Partner.

TEXTE UND MEDIEN

1 Sprecht darüber, was bei euch beim Lesen schon gut klappt und was euch noch schwerfällt.

2 Warum sind die Texte auf dieser Seite schwer zu lesen?

3 Sammelt Ideen, wie ihr das Lesen üben könnt.

Bei diesem Text weiß man gar nicht, wo ein Wort aufhört und das nächste anfängt.

PAUL MAAR

Einen König
und einen Baum
erkennt man ohne
Krone   kaum!
Der Baum ist auf
die Krone stolz
und auf den
Baum-
stamm
ganz
aus
............HOLZ............

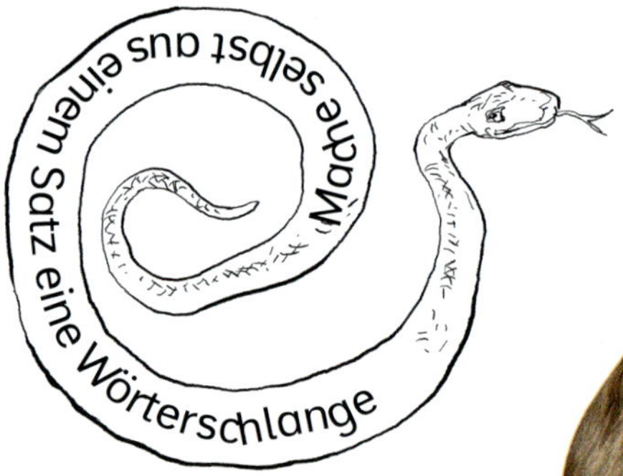

Versuchteinmaldiesentextzu-
lesendasistgarnichtsoeinfach-
worandaswohlliegenmag?

Mache selbst aus einem Satz eine Wörterschlange

Wortbilder erkennen

In unserem „Wörterbuch im Kopf" haben wir Wörter wie ein Bild gespeichert. Beim Lesen kannst du das Wort erkennen, selbst wenn Buchstaben fehlen oder vertauscht sind.

1 Wähle aus, welche Aufgaben du bearbeiten willst.

A Hier fehlen einige Buchstaben. Versuche trotzdem die Sätze zu lesen. Mache mehrere Versuche und lies immer schneller.

Die Bremer Stadtmusik nten
Ein M nn hatte einen Esel, der schon viele J hre für ihn gearbeitet hatte. Jetzt w r der Esel alt und schw ch, und er konnte nicht mehr richtig arbeiten. Der M nn wollte ihn loswerden. Das merkte der Esel, desh lb lief er fort und m chte sich auf den Weg nach Bremen. Dort wollte er St dtmusikant werden.

B Was stimmt hier nicht? Schaffst du es trotzdem, die Sätze vorzulesen? Schreibe anschließend den Text korrekt ab.

Rtokächeppn
Es war einmla ein klneies Mädehcn, das immre ein rtoes Kächppen trug. Darum hieß es bei allen Lueten nur „Rotkeppchän". Eines Tagse saget die Mttuer zu dem Kidn: „Hier ist Kuchne und eine Flschae Wein, brigen sie der krkanen Großmuettr! Abre geh nitch vom Wge ab!"

C Hier hat der Drucker verrückt gespielt. Lies den Text von Herrn Balaban und seiner Tochter Selda halblaut für dich vor. Versuche flüssig zu lesen.

Balaban und Selda
Herr Balaban ging mit seiner Tochter Selda fischen. Zuerst fischten sie einen alten Teekessel aus dem Teich, danach einen alten Schuh, dann noch eine verrostete Kaffeemaschine und ein Bügeleisen.
„Gehen wir lieber", sagte Selda zu Herrn Balaban, „ich glaube, da unten wohnt einer!"

Wort- und Satzgrenzen erkennen

Wenn du flüssig lesen willst, musst du erkennen, wo die Wörter und Sätze enden. Versuche es einmal ...

1 Lies die Geschichte von Herrn Balaban halblaut vor.
– Warum ist sie schwer zu lesen?
– Trenne die Wörter an den schwierigen Stellen durch einen Strich (Folie).

> Herr Balaban kaufte aufdemMarkt ein Stück Rindfleisch und trug es
> nachHause. Unterwegs trafer einen Bekannten.
> „Wie machst du es denn?", fragte derBekannte.
> „Ich werde esbraten", sagte Herr Balaban.
> „Ich weiß etwas Besseres: Dumusst ein Gulasch daraus machen.
> Warte, ich schreib dir dasRezeptauf."
> Der Bekannte schrieb das Rezept auf einStück Papier, verabschiedete
> sich und ging weiter.
> Neugierig lasHerrBalaban das Rezept, dabei passte er nicht auf und
> einHundschnappte sich das Fleisch und lief damit weg.
> „Was nützt dir das?", rief Herr Balaban ihmnach. „Es wird dir ja
> dochnichtschmecken: Das Rezept hab ja ich!"

2 Lies das Märchen „Der Mensch und der Igel".
– Warum ist dieser Text schwer zu lesen?
– An welchen Stellen beginnt ein neuer Satz?

> Ein Mensch fing einmal einen Igel und setzte ihn in einen Palast dort
> war der Igel bestens untergebracht man pflegte
> ihn und behandelte ihn höflich lange
> Zeit lebte der Igel im Palast eines Tages
> fragte man ihn nun Igel wie geht
> es dir Wünschst du dir noch
> etwas Der Igel antwortete nur
> eins: Setzt mich wieder
> unter meinen Busch

Die Augen beim Lesen wandern lassen

**Wenn du einen Text liest, wandern deine Augen über die Wörter –
von links nach rechts. Das kannst du hier einmal üben.**

1 Lies den Anfang des Märchens halblaut für dich vor.
– Beginne immer links. Springe dann mit den Augen ganz nach rechts –
und wieder nach links. Gehe so Zeile für Zeile vor.

> Nun   trug
> es sich   einmal zu,
> dass die   goldene Kugel
> der Königstochter   nicht in ihr Händchen
> fiel, das sie in die   Höhe gehalten hatte,
> sondern auf die Erde   schlug und geradezu
> ins Wasser hineinrollte.   Die Königstochter
> folgte ihr mit den Augen   nach, aber die Kugel
> verschwand, und der Brunnen war tief, so
> tief, dass man keinen Grund sah.
> Da fing sie an zu weinen
> und weinte immer lauter
> und konnte sich gar
> nicht trösten.

> Wie heißt das Märchen?

2 In dem Buch „Das fliegende Kamel" erzählt Paul Maar neue Geschichten
von Nasreddin Hodscha. Lies die Geschichte „Im Auto" halblaut für dich.
Springe beim Lesen mit den Augen nach rechts.

> Jeden Sonntagnachmittag ging Nasreddin ▭ zum Parkplatz
> vor dem Haus. Dort stiegen alle ▭. Nasreddin saß mit seiner
> Frau vorne, die beiden Kinder ▭. Da blieben sie ein halbes
> Stündchen ▭, unterhielten sich, machten Witze und erzählten
> ▭. Dann stiegen sie wieder aus und gingen zurück ins Haus.
> ▭ wagte es Mehmet, seinen Freund zu fragen, weshalb er
> nie ▭.
> „Es spart Benzin", antwortete ▭.

mit seiner Familie
ins Auto
auf dem Rücksitz
sitzen
Geschichten
Nach einigen Wochen
wegfahren würde
Nasreddin

Gemeinsam lesen üben

Je flüssiger du lesen kannst, desto besser verstehst du auch den Text und kannst ihn bearbeiten. Flüssig lesen macht aber auch Spaß. Hier könnt ihr gemeinsam das laute Lesen üben.

1 Arbeitet zu zweit in einem Lautlese-Tandem: Einer ist der „Lesesportler", der andere der „Lesetrainer":
- Schaut euch den Methodenkasten an: Was müsst ihr nacheinander tun?
- Welche Aufgabe hat der „Lesesportler"?
- Welche Aufgabe übernimmt der „Lesetrainer"?

METHODE **Lautlese-Tandem**

Der **Lesesportler** beginnt den Text halblaut vorzulesen. Der **Lesetrainer** liest mit.

Wenn der **Lesesport-ler** fehlerfrei und flüssig vorliest ...	Wenn der **Lesesportler** beim Lesen einen Fehler macht oder ins Stocken gerät ...	
	und sich innerhalb von vier Sekunden selbst verbessert,	und sich innerhalb von vier Sekunden <u>nicht</u> selbst verbessert,
wird er vom **Lesetrainer** gelobt.	wird er vom **Lesetrainer** gelobt.	wird er vom **Lesetrainer** korrigiert.

Das wiederholt sich so lange, bis der Text oder der Textabschnitt ganz vorgelesen ist.

2 Lesetrainer können viele sein: Mitschüler, Freunde, Eltern ... Überlegt, was ein Trainer können muss, um einen „Trainerschein" für das Lesen zu bekommen.

3 Wählt einen der Texte aus und trainiert im Lese-Tandem. Legt fest, wer Lesetrainer und wer Lesesportler ist.

Gina Ruck-Pauquèt

Ein kleiner Eisbär

Eigentlich sollte Martina schlafen. Aber weil sie so durstig ist, muss sie wieder aufstehen. Auf nackten Füßen tapst sie in die Küche. Sie findet ein Glas, stellt sich auf die Zehenspitzen und dreht den Wasserhahn auf. Da zupft jemand an ihrem Nachthemd. „Was ist?", fragt Martina. Ein kleiner Eisbär steht neben ihr.

„Mir ist es hier zu warm", sagt er. „Ich würde gern im Kühlschrank schlafen." „Mach doch", sagt Martina.

„Ja, aber ich krieg die Tür nicht auf," sagt der Eisbär. Martina öffnet die Kühlschranktür und lässt den Eisbären hinein. „Träum schön", sagt sie.

Dann tapst sie zurück in ihr Zimmer. Sie rollt sich im Bett zusammen und schläft augenblicklich ein.

Herr Balaban war zu einer Hochzeit eingeladen. Er ging zusammen mit einem Bekannten hin. „Na, was werden Sie dem Brautpaar schenken?", sagte der Bekannte, der gerne mit seinem gut gehenden Geschäft und seinem hohen Einkommen prahlte. „Ich schenke Ihnen ein Kaffee-service für zwölf Personen!"

„Ich?", sagte Herr Balaban. „Ich schenke Ihnen ein Teesieb für vierzig Personen!"

Martin Auer

4 Sprecht nach dem Lesen im Lautlese-Tandem, was gut geklappt hat und was ihr verändern wollt.

Im Internet recherchieren

Das Internet ist aus unserem heutigen Leben nicht mehr wegzudenken. Doch was ist eigentlich das Internet? Wie funktioniert es? Wie kann ich das Internet nutzen? Worauf muss ich dabei achten? Mit diesen Fragen könnt ihr euch in diesem Kapitel beschäftigen.

TEXTE UND MEDIEN

1 Lest den Text „Was ist eigentlich das Internet?".
Fasst die wichtigsten Informationen zusammen:

– Was ist das Internet?   – Wozu kann man das Internet nutzen?
– Wie funktioniert das Internet?   – Warum muss man vorsichtig sein?

Was ist eigentlich das Internet?

Das Internet ist ein großes Netz von Computern auf der ganzen Welt. Das Wort kommt aus dem Englischen: „net" bedeutet „Netz". Der Wortteil „Inter" bedeutet „zwischen". Das Internet besteht aus ganz vielen Computern, die miteinander verbunden sind. Jeder, der „ins Internet" geht und dort „surft",
5 verbindet seinen eigenen Computer mit dem Netzwerk. Jede Seite, die du im Internet findest, befindet sich auf einem Computer irgendwo auf der Welt und wurde für das große Netzwerk „Internet" freigegeben, damit jeder sie sehen kann. Auch mit einem Laptop oder einem Smartphone können wir ins Internet gehen.
10 Das Internet bietet viele Möglichkeiten und kann das Leben leichter machen: Wir können uns informieren, miteinander kommunizieren oder uns mit Musikhören oder Spielen die Zeit vertreiben.
Aber wir müssen vorsichtig sein: Nicht alles, was wir im Internet finden, stimmt. Es gibt auch falsche Meldungen und Lügner und Betrüger im Internet!

Informationen suchen und finden

Im Internet gibt es sehr viele Informationen zu unterschiedlichen Themen. Aber es ist nicht immer leicht, die Informationen zu finden, die man braucht – und die vertrauenswürdig sind. Hier erfahrt ihr, wie ihr die Informationen findet, die ihr sucht. Nutzt die Schritte und Tipps immer dann, wenn ihr im Internet recherchiert.

METHODE   **Im Internet recherchieren**

Schritt 1: Eine geeignete Suchmaschine auswählen
Eine Suchmaschine hilft dir, passende Informationen zu einem bestimmten Thema zu finden. **Tipp 1:** Am besten nutzt du eine Suchmaschine für Schüler. Dort werden gute Seiten für dich herausgefischt. Alle Seiten sind vorher von Redakteuren geprüft worden.

Schritt 2: Treffende Suchbegriffe verwenden
Wenn du im Internet Informationen suchst, musst du treffende Suchbegriffe verwenden. **Tipp 2:** Je genauer deine Suchbegriffe sind, desto genauer sind auch deine Treffer. Achte auf die richtige Rechtschreibung – sonst klappt es nicht!

Schritt 3: Passende Treffer (Links) aus der Trefferliste auswählen
Wenn du deinen Suchbegriff in die Suchmaschine eingegeben hast, erhältst du eine Trefferliste. Die Trefferliste zeigt dir viele Internetseiten an, auf denen du Informationen findest. Entscheide, welche Treffer für dich besonders nützlich sind. **Tipp 3:** Die besten Treffer stehen nicht immer oben auf der Liste. Lies auch die Beschreibung, die unter dem Treffer steht.

Schritt 4: Die Internetseiten prüfen und Informationen entnehmen
Öffne die gewählte Internetseite und prüfe weiter, ob sie für dich nützlich ist.

> **Suchmaschinen für Schülerinnen und Schüler:**
> www.fragfinn.de
> www.wasistwas.de
> www.blinde-kuh.de
> www.planet-wissen.de
> www.geo.de/geolino
> www.helles-koepfchen.de
> www.schuelerlexikon.de
> www.hanisauland.de
> www.zzzebra.de

Weitere Hinweise zum Recherchieren im Internet findet ihr hier: https://www.internet-abc.de/lm/suchen-und-finden/einfuehrung-ins-thema-suchmaschinen-1.html

Ihr könnt diese Schritte zur Internetrecherche an einem Beispiel auf den nächsten Seiten üben.

Recherchieren – an einem Beispiel üben

Wenn ihr einen Kurzvortrag zu einem bestimmten Thema vorbereitet, sucht ihr zunächst Informationen – und die könnt ihr im Internet finden. Hier könnt ihr die Internetrecherche an einem Beispiel üben.

→ Seite 36 – 43:
Einen Kurzvortrag
halten

1 Ihr sollt einen Kurzvortrag über den Kinder- und Jugendbuchautor Paul Maar halten und sucht wichtige Informationen zu seinem Leben.
Öffnet eine Suchmaschine für Schüler. Seht euch die Startseite an und sprecht darüber, was ihr alles erkennt.

2 Gebt einen genauen Suchbegriff ein. Welche der folgenden Suchbegriffe sind eurer Meinung nach am genauesten? Begründet eure Wahl.
a. Maar; b. Paul Maar; c. Das Sams; d. Briefe an Paul Maar

Beachtet Tipp 3 von
Seite 107.

3 Wenn ihr zum Beispiel bei fragFINN.de „Paul Maar" eingebt, erscheint die folgende Trefferliste. Welche Links würdet ihr auswählen? Welche kommen eher nicht in Frage? Begründet eure Entscheidungen.

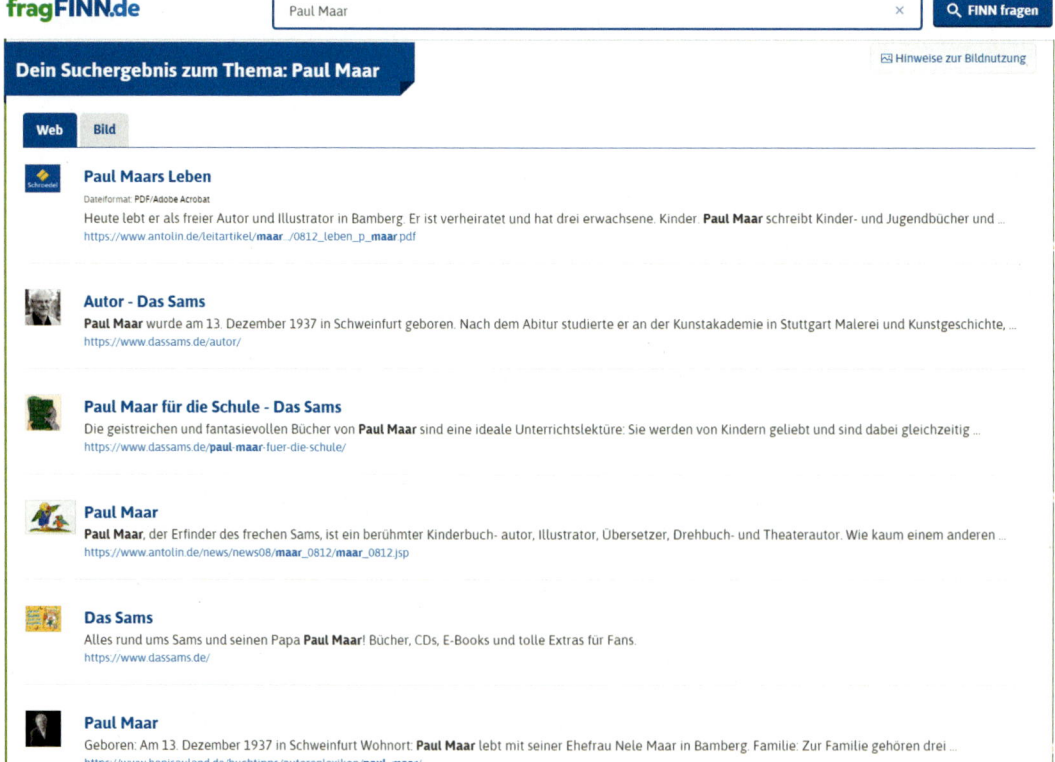

4 Hier siehst du den Anfang der Internetseite aus „Hanisauland".
Überfliege die Internetseite: Wie ist die Seite aufgebaut?
Achte auf die fett gedruckten Wörter.

HANISAULAND
Politik für dich

bpb: Bundeszentrale für politische Bildung

| Home | Comic | Lexikon | Spezial | Spiele | Bücher | Filme | Kalender | Info | Post | Eltern | Schule |

English   cool

Suche:

➜ Euer Buchtipp

Autorenlexikon

Neue Buchtipps

Hörbücher

Alltagsgeschichten

Freundschaft / Liebe

Geschichte / Biografie

Abenteuer

Krimi / Detektive

Fantasy / Science Fiction

Fremde Länder / vom Fremdsein

Geisterstunde

Jungen

Mädchen

Sachbücher

Paul Maar

Geboren: Am 13. Dezember 1937 in Schweinfurt

Wohnort: Paul Maar lebt mit seiner Ehefrau Nele Maar in Bamberg.

Familie: Zur Familie gehören drei inzwischen erwachsene Kinder. Tochter Anne Maar ist ebenfalls Schriftstellerin und leitet ein Theater. Nele Maar übersetzt Kinderbücher aus dem Englischen ins Deutsche, manchmal auch zusammen mit ihrem Mann.

© Verlag Friedrich Oetinger, Foto: Fotostudio Barthel

Kindheit
Paul Maars Kindheit verlief nicht sehr glücklich. Seine Mutter starb, als er noch ein Baby war. Der Vater war lange Zeit abwesend: erst im Krieg, anschließend in Gefangenschaft. Er war sehr streng und bestrafte seinen Sohn manchmal hart. Lesen hielt er für einen unnützen Zeitvertreib.

Schule und Beruf
Nach dem Abitur studierte Paul Maar in Stuttgart Malerei und Kunstgeschichte, nebenbei entwarf er Bühnenbilder und fotografierte für ein Theater. Nach dem Studium arbeitete er sieben Jahre als Kunstlehrer an einem Gymnasium.
Als Kind stellte Paul Maar es sich schrecklich vor, ein Leben lang denselben Beruf auszuüben. Aber jetzt hat er so viele verschiedene Jobs, dass es ihm nie langweilig wird. Er schreibt Romane, Erzählungen, Hörspiele, Theaterstücke, Musicals und Drehbücher. Außerdem illustriert er Bücher und übersetzt sie. Er ist sogar schon mal mit seinem Kollegen KNISTER zusammen im Theater als Schauspieler aufgetreten, natürlich in einem selbstgeschriebenen Stück. Und das Bühnenbild hat er auch noch entworfen.

KALENDER
➜ **28. September 2018**

LEXIKON
➜ Das Lexikon gibt es jetzt auch in arabischer Sprache!

عربي

FRAGE DER WOCHE
➜ **Welches Land hat zur Zeit die Ratspräsidentschaft der EU übernommen?**
○ Deutschland
○ Dänemark
○ Österreich
○ Litauen

Ich bin
Bitte wählen ...
Jahre alt

➜ Antwort abschicken

APP
➜ Per App ins HanisauLand!

Fortsetzung auf Seite 110 ...

 Schule

Tiere

Wie wird man Autor/in?
Schon als kleiner Junge hat Paul Maar lieber gelesen als
<u>Fußball</u> gespielt. Sein Großvater, der selbst wunderbar
erzählen konnte, unterstützte ihn. Er ermunterte ihn, sich
selbst Geschichten auszudenken und zu notieren. Als
Jugendlicher schrieb Paul Maar für eine Schülerzeitung, als
Student für den Rundfunk. Auf die Idee, ein Kinderbuch zu
verfassen, kam er, als er selbst Vater geworden war. Die
Bücher für Kinder, die es in der Bibliothek auszuleihen gab,
gefielen ihm nicht. Also beschloss er, es besser zu machen. Er
wollte ein Buch für seine Kinder schreiben. Und zwar eines,
das er als Kind selbst gern gelesen hätte. So entstand "Der
tätowierte Hund". Und aus dem Kunstlehrer Paul Maar war
der Kinderbuchautor Paul Maar geworden.

TRIXOMAT

Trickfilme selbstge-
macht!

5 Welche Informationen hältst du für besonders wichtig?
Markiere sie (Folie).

6 Öffne die vollständige Internetseite auf der Homepage von „Hanisauland".
Drucke die Seite aus und bearbeite sie:
Welche Informationen findest du hier noch?

→ Seite 37/38:
Hier findest du In-
formationen, wie du
einen Kurzvortrag
planen und halten
kannst.

7 a) Welche Informationen möchtest du in deinem Kurzvortrag besonders
herausstellen? Mache dir Notizen.

> Besonders interessant
> finde ich, wie Paul Maar
> Autor geworden ist: ...

b) Nutze deine Ergebnisse und halte einen Kurzvortrag.

8 Sprecht über eure Erfahrungen bei der Internetrecherche.
a) Was hat gut geklappt? Was war schwierig?

> Ich habe zwei Texte
> gefunden, die ich gut
> gebrauchen kann.

> Ich weiß nicht genau,
> welche Informationen
> ich nutzen soll.

b) Notiert weitere Tipps auf einem Lernplakat „Recherchieren im Internet".
Nutzt auch die Tipps im „internet-abc".

Aufgepasst im Internet!

**Die meisten Internetseiten werden von niemandem geprüft.
Jeder kann dort Texte und Bilder einstellen. Deshalb sind nicht alle
Informationen richtig. Und im Internet lauern auch Gefahren ...**

1 Lest, was auf der Homepage der Kinderseite „Seitenstark" über das Internet
steht. Sprecht über die wichtigsten Informationen:
- Warum ist das Internet gefährlich?
- Welche Beispiele werden im Text genannt?
- Welche Erfahrungen habt ihr gemacht?

SEITEN STARK

DATENMEER

Kinder   Datenschutzerklärung   Impressum   Zur Erwachsenenseite

Seitenstark

Seitenstark-Welt

Sicheres Internet

Das Internet
Sicher surfen
Sicher chatten
Sicher suchen
Sicher in Communitys
Gegen Mobbing
Fotos, Audio, Filme

Suchen

Sicheres Internet

Das Internet ist ein riesiges Datenmeer mit vielen Seiten und von der
ganzen Welt erreichbar. Du findest unzählige Informationen darin,
weißt aber oft gar nicht, von wem sie stammen. Es ist schwer zu verstehen, was das Internet eigentlich ist, denn man kann es kaum erfassen.
Über deinen Computer kannst du dich einloggen und das Internet
so für dich sichtbar machen. Du kannst dich dort verabreden, aber
niemandem die Hand schütteln. Du schaust nur auf einen Bildschirm.
Trotzdem kann das, was du siehst und hörst, dir auch wehtun. Denn in
weiten Teilen ist das Internet gar nicht für Kinder geeignet. Es gibt zum
Beispiel Infos, die gar nicht stimmen oder auch Seiten mit Gewalt und
Dingen, die Angst machen. Über das Internet können auch Fremde mit
dir in Kontakt treten.
Also Vorsicht! Seitenstark-Seiten erklären dir, wie du dich sicher im
Internet verhältst und Gefahren aus dem Weg schwimmst.

Aktuell

**Neuigkeiten der
seitenstarken Kinderseiten**

2 Wie kann man sich vor den Gefahren des Internets schützen?
Erstellt ein Plakat zum Thema „Aufgepasst im Internet!".
Recherchiert dazu auf Internetseiten für Schülerinnen und Schüler:
- http://www.blinde-kuh.de/sicherheit/chatten.html
- https://www.hanisauland.de/internettippsfuerdich.pdf

*Du kannst dir auch
die Tipps der Kinder
„Sicher surfen" auf
der Homepage von
Seitenstark ansehen.*

Märchen erzählen und schreiben

Märchen werden seit Jahrtausenden immer wieder erzählt.
Kinder und Erwachsene auf der ganzen Welt lieben Märchen.

TEXTE UND MEDIEN

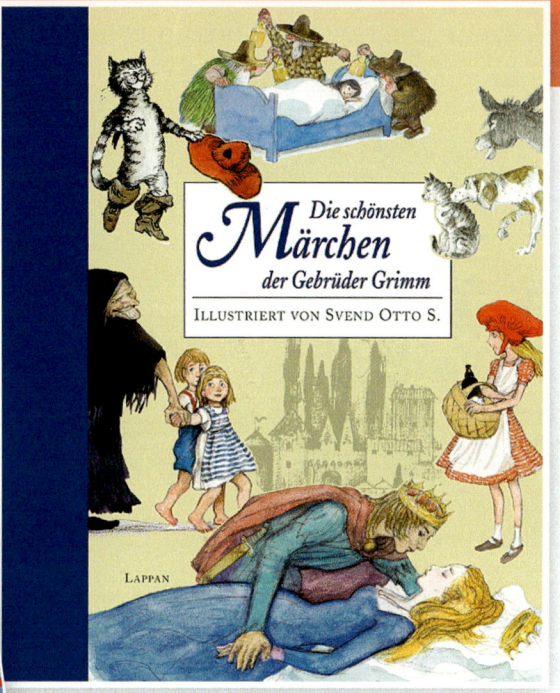

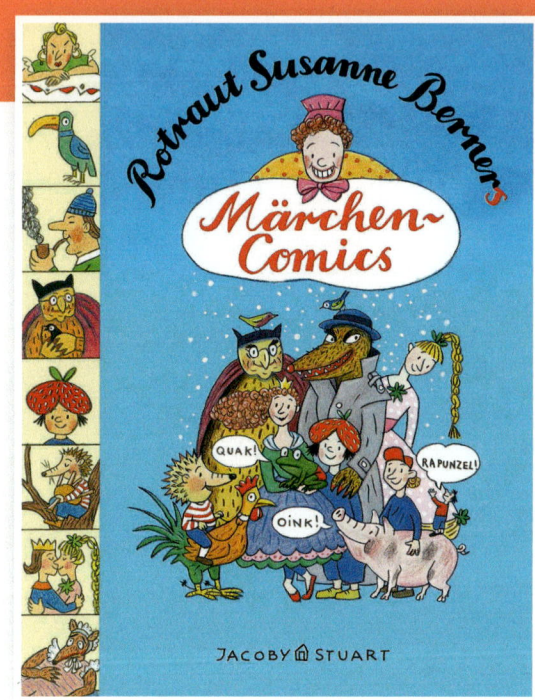

1 Welche Märchen kommen auf den Bildern vor?

2 Welche Märchen kennst du noch? Schreibe drei Titel auf.

3 Wie hast du die Märchen kennengelernt? Übertrage die Tabelle
ins Heft, trage die Märchen ein und kreuze an.

Diese Märchen kenne ich ...	vom Lesen oder Vorlesen	als Hörbuch oder Hörspiel	aus Film oder Fernsehen
Schneewittchen			

4 Was machst du gern: Märchen lesen, hören oder anschauen?
Was sind die Unterschiede? Sprecht darüber.

Ein Märchen hören und nacherzählen

Hier hört ihr ein Märchen und übt Schritt für Schritt, wie ihr es nacherzählen könnt.

1 Hört das Märchen „Die Bremer Stadtmusikanten".
Ihr könnt es euch auch vorlesen lassen. Hört aufmerksam zu.

→ Medienpool:
Die Bremer Stadt-
musikanten

Esel **A**
Hund
Kater
Hahn
machen sich auf den
Weg nach Bremen ...

Die Räuber denken, ...
Sie flüchten in den
Wald,
Tiere ... **B**

Tiere machen „Musik",
verjagen die Räuber

Tiere überlegen, **C**
wie sie Räuber
vertreiben können ...

D

Tiere schlafen **E**
Räuber kommen
zurück
Kater schlägt Räuber
mit Krallen ins Gesicht,
Hund: ... Esel: ...

2 Bereitet das Nacherzählen vor.
   a) Schaut euch die Bilder an und erzählt, was ihr behalten habt.
   b) Welche Wörter und Sätze passen zu welchem Bild?
      Ordnet die Wortkarten den Bildern zu.
      Ihr könnt weitere Stichwörter ergänzen.
   c) Überlegt, was die Tiere und die Räuber sagen und denken.
      Schreibt Sprech- und Gedankenblasen zu den Bildern.

Kommst du
mit uns nach
Bremen?

Da sitzen die Räuber
und schlagen sich die
Bäuche voll!

O Schreck,
schnell weg!

❸ Erzählt das Märchen nach. Erzählt so, dass eure Zuhörer euch gern zuhören:
  – Nutzt Bilder, Stichwörter, Sprech- und Gedankenblasen aus Aufgabe 2.
  – Ihr könnt eure Nacherzählungen auch aufnehmen und wieder anhören.
  – Lasst euch von den Zuhörern Rückmeldungen geben.

WISSEN UND KÖNNEN ▸ **Tipps zum Märchenerzählen**

  – So fängt dein Märchen an: Es war einmal ...
  – Erzähle der Reihe nach, was passiert:
    Eines Tages, da, dann, nicht lange danach, plötzlich ...
  – Lass die Figuren sprechen.
  – Nimm dir mehr Zeit für lustige und spannende Stellen.
  – Und so kannst du dein Märchen beenden:
    Und wenn sie nicht gestorben sind, ...

---

❹ Sprecht darüber, was beim Nacherzählen besonders gut gelungen ist.
Gebt euch Tipps, was ihr verbessern könnt.

Du hast frei erzählt und die Zuhörer angeschaut!

Du hast nichts Wichtiges vergessen!

Versuche beim nächsten Mal, ein bisschen lauter zu sprechen.

*→ Medienpool:
Märchen zum
Lesen und Nach-
erzählen*

▶ Das Nacherzählen könnt ihr mit weiteren Märchen aus dem Medienpool
üben.

▶ Ihr könnt auch einen Märchen-Erzählraum oder eine Erzähllecke in der
Klasse einrichten: Denkt an passende Kulissen, Requisiten (Gegenstände
aus den Märchen), Musik und Geräusche.

Merkmale von Märchen erkennen

Märchen sind ganz besondere Geschichten. Wenn du weißt, was für Märchen typisch ist, kannst du sie besser verstehen. Du kannst dann auch selbst zum Märchenerzähler werden.

1 a) Lies das Märchen „Prinzessin Mäusehaut" still für dich durch.
  – Lies auch weiter, wenn du etwas nicht verstehst.
  – Märchen enthalten manchmal Wörter, die man heute nicht mehr gebraucht. Beachte die Erklärungen am Rand.
b) Erzähle mit eigenen Worten, was in diesem Märchen passiert.

Brüder Grimm
Prinzessin Mäusehaut

Ein König hatte drei Töchter; da wollte er wissen, welche ihn am liebsten hätte, ließ sie vor sich kommen und fragte sie. Die älteste sprach, sie habe ihn lieber als das ganze Königreich; die zweite, als alle Edelsteine und Perlen auf der Welt; die dritte aber sagte, sie habe ihn lieber als das Salz. Der König <u>ward</u>   *wurde sehr böse*
5   <u>aufgebracht</u>, dass sie ihre Liebe zu ihm mit einer so geringen Sache vergleiche, übergab sie einem Diener und befahl, er solle sie in den Wald führen und töten.
Wie sie in den Wald gekommen waren, bat die Prinzessin den Diener um ihr Leben; dieser war ihr treu und würde sie doch nicht getötet haben, er sagte
10   auch, er wolle mit ihr gehen und <u>ganz nach ihren Befehlen tun</u>. Die Prinzes-   *alles machen, was sie befiehlt*
sin verlangte aber nichts als ein Kleid von Mäusehaut, und als er ihr das geholt, wickelte sie sich hinein und ging fort.
Sie ging geradezu an den Hof eines benachbarten Königs, gab sich für einen Mann aus und bat den König, dass er sie in seine Dienste nehme. Der König
15   sagte es zu, und <u>sie solle bei ihm die Aufwartung haben</u>. Abends musste sie   *sie sollte ihm dienen*
ihm die Stiefel ausziehen, die warf er ihr allemal an den Kopf. Einmal fragte er, woher sie sei. „Aus dem Lande, wo man den Leuten die Stiefel nicht um den Kopf wirft." Der König ward da aufmerksam, endlich brachten ihm die andern Diener einen Ring; Mäusehaut habe ihn verloren, der sei zu kostbar,
20   den müsse er gestohlen haben. Der König ließ Mäusehaut vor sich kommen und fragte, woher der Ring sei.

Da konnte sich Mäusehaut nicht länger verbergen, sie wickelte sich von der Mäusehaut los, ihre goldgelben Haare quollen hervor, und sie trat heraus, so schön, aber auch so schön, dass der König gleich die Krone von seinem Kopf

Ehefrau
25 abnahm und ihr aufsetzte und sie für seine <u>Gemahlin</u> erklärte.
Zu der Hochzeit wurde auch der Vater der Mäusehaut eingeladen, der glaubte, seine Tochter sei schon längst tot, und erkannte sie nicht wieder. Auf der

Tisch
<u>Tafel</u> aber waren alle Speisen, die ihm vorgesetzt wurden, ungesalzen, da ward er ärgerlich und sagte: „Ich will lieber nicht leben als solche Speise
30 essen!" Wie er das Wort ausgesagt, sprach die Königin zu ihm: „Jetzt wollt Ihr nicht leben ohne Salz, und doch habt Ihr mich einmal wollen töten lassen, weil ich sagte, ich hätte Euch lieber als Salz!" Da erkannte er seine Tochter und küsste sie und bat sie um Verzeihung,
35 und es war ihm lieber als sein Königreich und alle Edelsteine der Welt, dass er sie wieder gefunden.

2 Untersuche das Märchen nun genauer.
Bearbeite dazu die Aufgaben mündlich.
a) Welche Figuren kommen in diesem Märchen vor? Nenne sie.
b) In vielen Märchen gerät die Hauptfigur in eine Notlage und muss ein Abenteuer bestehen. Erzähle,
   – in welcher Notlage die Prinzessin am Anfang des Märchens ist,
   – wie es ihr gelingt, zu überleben.
   – wie das Märchen endet.

3 In Märchen passieren Dinge, die in Wirklichkeit nicht geschehen könnten. Nenne, was in diesem Märchen wunderbar ist.

4 Denke über das Märchen nach. Wähle Aufgabe **A** oder **B** aus.
A Wie findest du Prinzessin Mäusehaut? Begründe deine Meinung.
B Welche Merkmale von Märchen kannst du erkennen?
   Nutze das Schaubild auf der nächsten Seite.

→ *Medienpool: Märchen zum Lesen und Nacherzählen*

5 Suche dir ein Märchen aus dem Märchenpool aus.
Welche typischen Merkmale von Märchen kannst du entdecken?

Typisch Märchen

Märchen beginnen oft mit dem Satz „**Es war einmal** ...“

Am Anfang der Geschichte gerät die Hauptfigur oft in eine **Notlage**. Im Laufe der Handlung muss sie **Aufgaben lösen** und **Abenteuer bestehen**.

Solche **Figuren** kommen in vielen Märchen vor: Prinz und Prinzessin, König und Königin, Zwerge ... Sie haben oft **gegensätzliche Eigenschaften**: arm oder reich, schön oder hässlich, gut oder böse ...

Wunderbare Dinge geschehen, **besondere Wesen** erscheinen als Helfer oder Gegner: Feen, Hexen, sprechende Tiere ... Gegenstände haben **übernatürliche Kräfte**, z. B. „Tischlein deck dich“ oder „Knüppel aus dem Sack“.

Zahlen, **Sprüche** und **Zauberformeln** spielen eine wichtige Rolle:
– sieben Zwerge, sieben Raben ...
– „Spieglein, Spieglein an der Wand, wer ist die Schönste im ganzen Land?“

Die meisten Märchen haben ein **glückliches Ende**. Dann heißt es oft: „Und wenn sie nicht gestorben sind, dann leben sie noch heute.“

Also...

Wörter sammeln und ordnen

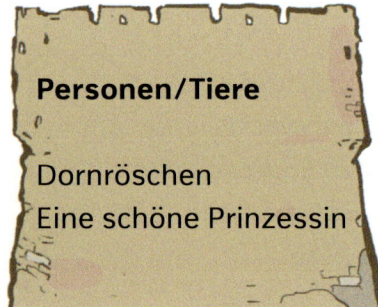

Personen/Tiere

Dornröschen
Eine schöne Prinzessin

Orte

dunkler Wald

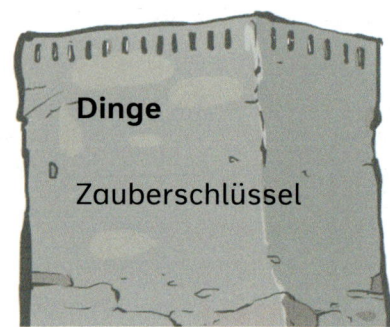

Dinge

Zauberschlüssel

1 Schaut euch die Wörtertürme an und übertragt sie auf ein Plakat.
  – Sammelt Märchenwörter und schreibt sie in die Märchentürme.
  – Ihr könnt dazu die Märchen in diesem Kapitel nutzen.
  – Wenn ihr weitere Märchen bearbeitet, schreibt die Märchenwörter
    in die Türme.

2 Märchenfiguren haben typische Eigenschaften.
  – Sammelt Adjektive, die zu Märchenfiguren passen.

Eigenschaft (Adjektiv)	Märchenfiguren mit dieser Eigenschaft
böse	die böse Hexe, der böse Wolf, ...
schön	die schöne Prinzessin, ...
treu	der treue Diener, ...

3 Erstellt Plakate mit Märchentiteln in verschiedenen Sprachen.
  – Nutzt die Sprachen, die in eurer Klasse gesprochen werden.
  – Ihr könnt auch im Internet recherchieren.

der Froschkönig (Deutsch)   the frog king (Englisch)

le prince grenouille (   )   (Türkisch)

Das Präteritum in Märchen gebrauchen

„Es war einmal ..." Wenn wir beim Erzählen das Präteritum gebrauchen, klingen wir wie echte Märchenerzähler.

1 Lies den Märchenanfang und überlege, wie die Grundformen der markierten Verben lauten. Mache dir eine Liste.

Präteritum	Grundform
Es <u>war</u> einmal ...	sein
Es <u>hatte</u> ...	haben
Es <u>besaß</u> ...	besitzen

Brüder Grimm
Sterntaler

Es ==war== einmal ein armes Mädchen. Es ==hatte== keine Mutter und keinen Vater mehr. Es ==besaß== nur die Kleider am Leib und ein letztes Stück Brot. Eines Tages ==ging== das Mädchen in den Wald. Dort ==begegnete== ihm ein alter Mann, der Hunger ==hatte==. Das Mädchen ==gab== dem Mann sein ganzes Brot.
5 Wenig später ==traf== das Mädchen ein Kind, das ==jammerte==: „Mich friert es so am Kopf." Da ==schenkte== das Mädchen ihm seine Mütze.

2 In der Fortsetzung stehen zwei Zeitformen nebeneinander – aber nur eine passt. Lies den Text in der passenden Zeitform vor.

Grundform:	gehen
Präsens:	ich gehe
Präteritum:	ich ging

Als das Mädchen ==weitergeht/weiterging==, ==begegnet/begegnete== ihm ein anderes Kind. Das Kind ==hatte/hat== keine Jacke, und das Mädchen ==schenkt/schenkte== ihm seine. Später ==kam/kommt== ein Kind ohne Röckchen, und das Mädchen
10 ==zog/zieht== seines aus und ==gibt/gab== es ihm. Am Abend ==trifft/traf== das Mädchen noch ein Kind, das noch nicht einmal ein Hemdchen ==anhatte/anhat==. Also ==schenkt/schenkte== das Mädchen dem Kind sein Hemdchen.

3 Hier steht das Ende des Märchens im Präsens. Wie lauten die Formen im Präteritum? Lies das Märchen mit den Verben im Präteritum vor.

Als das Mädchen nun so nackt ==dasteht== und zum Himmel ==blickt==, da ==fallen== plötzlich die Sterne herab und ==werden== zu Goldstücken. Und auf einmal ==hat==
15 das Mädchen ein neues Hemdchen aus feinstem, weißen Leinen an. Es ==sammelt== die Goldstücke in seinem Hemdchen und ==ist== reich sein Leben lang.

Ein Märchen weiterschreiben

In dem Märchen „Die drei Wünsche" hat die Hauptfigur drei Wünsche frei. Zwei Wünsche haben sich schon erfüllt! Ihr sollt das Märchen zu Ende schreiben und den dritten Wunsch hinzuerfinden ...

1 Lies das Märchen und mache dich mit der Geschichte vertraut:
a) Welche Figuren kommen vor und wie leben sie?
b) Erzähle, was Besonderes passiert. Nutze auch die Bilder.

🔊 Die drei Wünsche

Am Rande eines großen, tiefen Waldes lebte einmal eine arme Holzfäller-
familie. Manchmal wünschte sie sich, dass es ihr besser ginge. „Ach, könnte
ich nur in einer prächtigen Kutsche fahren", seufzte der Holzfäller.
schönen, kostbaren
„Ach, hätte ich doch ein hübsches Seidenkleid", klagte seine Frau.
5 „Ach, wenn wir nur eine schöne Porzellanpuppe und einen goldenen Ball
hätten", jammerten die Kinder. Aber alles Wünschen war vergebens.
Eines schönen Morgens zog der Holzfäller wie jeden Tag in den Wald, um
Bäume zu fällen. Nahe einer Lichtung entdeckte er eine dicke, alte Eiche, die
ihm wohl manch gutes Brett liefern würde. Kaum aber hatte er mit der Axt
10 weit ausgeholt, hörte er eine zarte, traurige Stimme. „Oh, schlage mich bitte
nicht!", sagte die Stimme, und aus dem Baum kam eine kleine Fee heraus-
geflattert. „Dieser Baum ist mein Heim, und ohne seinen Schutz müsste ich
sicher sterben. Wenn du ihn verschonst, seien dir und den Deinen drei
ihn nicht fällst
Wünsche gewährt." Kaum hatte sie das gesagt, war sie auch schon wieder
15 verschwunden.
Der Holzfäller rieb sich die Augen und schüttelte den Kopf. Er schaute sich
die dicke Eiche gründlich an und beschloss, den Baum stehen zu lassen. Dann
machte er sich auf den Heimweg. Viele Male blieb er stehen, um über sein
Erlebnis nachzudenken, und sein Kopf füllte sich mit Plänen von Reichtum
20 und Ruhm. Meiner Frau aber werde ich nichts sagen, dachte er, die drei
Wünsche behalte ich für mich. Er bemerkte nicht, wie die Zeit vergangen war
zu Ende
und der Tag zur Neige ging. Als er zu Hause ankam, war die Abendsuppe
noch nicht fertig. „Ein Stündchen musst du noch warten", sagte die Frau,
„ich hatte heute sehr viel zu tun." „Ach", sagte er, „ich habe einen Bären-
25 hunger. Ich wünschte, ich hätte eine schöne Blutwurst vor mir ..."

Kaum hatte er das gesagt, purzelte aus dem Kamin die schönste, rundeste,
prallste, würzigste Blutwurst, die man sich überhaupt nur vorstellen kann.
Der Holzfäller war nur ein wenig überrascht. Seine Familie aber war sprach-
los vor Erstaunen. Jetzt musste der Holzfäller doch sein Geheimnis verraten.

30 „Du Dummkopf", schimpfte seine Frau, „du hättest für mich ein hübsches
Seidenkleid wünschen können!" „Ach, du Elend", quengelten die Kinder,
„denk an all das schöne Spielzeug, das du uns hättest wünschen können!"
„Ich wünschte, du hättest die Wurst an der Nase", sagte seine Frau schließlich, „es würde dir recht geschehen."

35 Und schwuppdiwupp ...

(verändert)

Die Frau will ja reich sein!
Bestimmt ....

Aber der Mann kann doch
nicht mit der Wurstnase
rumlaufen!

Vielleicht kommt
die Fee ja noch
einmal wieder!

wortstark!

Und schwuppdiwupp ...
Alle lachten, denn ...
Zunächst ...
Da hatte ... eine Idee ...
Alles half nichts ...
Sie überlegten lange.
Plötzlich ...
Und schwuppdiwupp ...

❷ Überlege, wie das Märchen zu Ende gehen könnte:
  – Wie könnte der dritte Wunsch lauten?
  – Wie willst du das Märchen enden lassen? Schreibe das
    Märchen zu Ende. Nutze den wortstark!-Zettel.

❸ Hört, wie das Märchen tatsächlich zu Ende geht.
  – Vergleicht das Ende des Originals mit euren Texten.
  – Welcher Märchenschluss gefällt euch besser? Warum?

→ Medienpool:
Der Schluss des
Märchens „Die
drei Wünsche"

ZEIGE, WAS DU KANNST

Ein Märchen weiterschreiben

1 Mache dich mit dem Märchen „Stachelsöhnchen" vertraut.
Lies das Märchen und beantworte die Fragen schriftlich.
  a. Wer ist die Hauptfigur in diesem Märchen? Nenne sie.
  b. Warum macht sich die Hauptfigur auf den Weg zum Schloss?
  c. Was passiert im Schloss?
  – Was macht der König?
  – Was machen die sechs Schwestern?
  – Wie verhält sich die siebte Schwester?

🔊 Polnisches Märchen
Stachelsöhnchen

Es waren einmal ein Bauer und seine Frau. Zum ganz großen Glück fehlte
beiden nur noch ein Kind. Jeden Morgen, wenn die Bäuerin erwachte, war ihr
erster Gedanke: „Ach, hätte ich doch nur ein Kind". Jeden Abend schlief sie
mit dem gleichen Wunsch wieder ein. Als sie eines Tages im Gras vor ihrem
5 Haus einen Igel sah, dachte sie: „Ach, hätte ich doch ein Kindchen und wäre
es nur ein Igel."
Nicht lange danach bekam die Bäuerin ein
Kind, das so ganz anders aussah als alle
Kinder. Es war über und über mit Stacheln
10 versehen und hatte ein schwarzes Schnäuz-
chen. Nach einem Jahr konnte Stachelsöhnchen schon sprechen wie ein Erwachsener
und half der Mutter im Haushalt, brachte
dem Vater Essen aufs Feld. Am liebsten aber
15 hütete er die Schweine im Wald, er legte sich
unter einen Baum und hörte den Vögeln zu.
Einmal geschah es, dass sich ein König im Wald
verirrte und dann auf Stachelsöhnchen und die
Schweine traf.
20 „Was suchst du, König?", fragte der Igel.
„Ich habe mich verlaufen", antwortete der König,
„kannst du mir nicht den Weg aus dem Wald zeigen?"

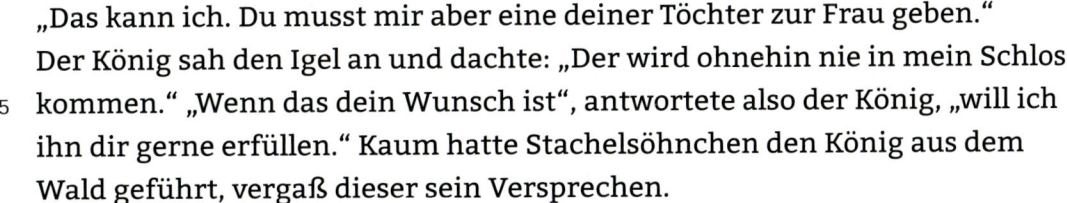
„Das kann ich. Du musst mir aber eine deiner Töchter zur Frau geben."
Der König sah den Igel an und dachte: „Der wird ohnehin nie in mein Schloss

25 kommen." „Wenn das dein Wunsch ist", antwortete also der König, „will ich ihn dir gerne erfüllen." Kaum hatte Stachelsöhnchen den König aus dem Wald geführt, vergaß dieser sein Versprechen.

Wieder zu Hause bat Stachelsöhnchen am nächsten Morgen seinen Vater, ihm den Hahn zu satteln, damit er in die Welt ziehen und sein Glück suchen

30 konnte. Stachelsöhnchen ritt schnurstracks zum Schloss des Königs. Dieser speiste gerade mit seinen sieben Töchtern und war sehr erschrocken, als er den Igel sah. Stachelsöhnchen stieg aus dem Sattel, verbeugte sich artig und sagte zum König: „Ich bin gekommen, mir das zu holen, was du mir versprochen hast!"

35 Der König gestand die Wahrheit ein und seine Töchter fingen an zu lachen und den Igel zu verspotten. Nur die siebente Tochter schaute den Igel nachdenklich an und meinte: „Vater, ein Versprechen ist ein Versprechen, auch wenn man es nur einem Igel gegeben hat. Er hat dir dein Leben gerettet …"

2 Überlege, wie das Märchen weitergehen könnte. Die Abbildungen können dir Ideen liefern.

3 Schreibe das Märchen zu Ende. Berücksichtige dabei, was du über Märchen gelernt hast.

4 Erläutere deinen Märchenschluss:
- Wie bist du vorgegangen: Wie bist du zu deinem Schluss gekommen?
- Was war dir dabei besonders wichtig?
- In diesem Kapitel hast du viel über Märchen gelernt: Was hast du bei deinem Schluss davon berücksichtigt?

Ein Jugendbuch lesen

Lesen kann viel Spaß machen! Dieses Kapitel hilft dir, ein Buch zu finden, das dir gefällt. Außerdem wird dir gezeigt, wie du beim Lesen eines ganzen Buchs den Überblick nicht verlierst.
Und wie du, angeregt durch dein Buch, selbst kreativ werden kannst.

TEXTE UND MEDIEN

Ein Buch ist ein Freund, der deine Fähigkeiten aufdeckt.
Es ist ein Licht in der Finsternis und ein Vergnügen in der Einsamkeit.
Es gibt, und nimmt nicht.

Mosche Ibn Esra

(Schriftsteller und Philosoph, lebte vor etwa 900 Jahren in Spanien)

❶ Mosche Ibn Esra vergleicht ein Buch mit einem Freund.
a) Erkläre in eigenen Worten, was er damit wohl meint.
b) Finde weitere Eigenschaften, die sowohl auf einen Freund als auch auf Bücher zutreffen.

❷ Womit kann man ein Buch noch vergleichen?
Überlege dir einen anderen passenden Vergleich und begründe ihn.

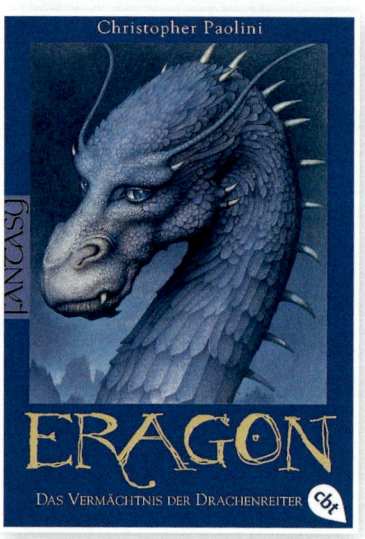

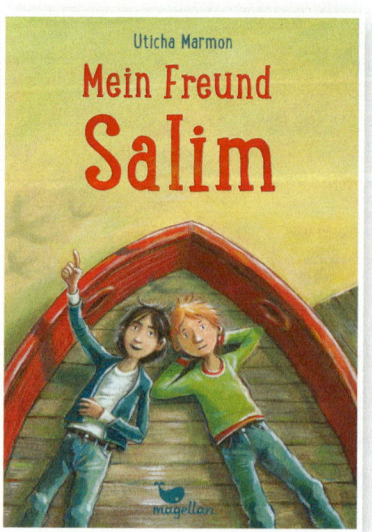

Ein passendes Buch finden

1 Bearbeite den Test. Er hilft dir, ein passendes Buch zu finden.

> Überlege, was du an einem Buch gut findest. Schreibe die Frage und deine Antwort auf. Markiere die Antwort mit dem farbigen Punkt.
>
> **a) Was ist ein perfekter Held für dich?**
> - Jemand, der gut kombinieren kann und hartnäckig ist
> - Jemand, der besondere Fähigkeiten hat
> - Jemand, der sich in einer fremden Welt zurechtfindet
> - Ein Mensch, der zu sich und seinen Gefühlen steht
>
> **b) Wo soll die Geschichte spielen?**
> - An einem normalen Ort
> - An einem fernen Ort in einem anderen Land
> - In der realen Welt
> - In einer Fantasiewelt
>
> **c) Wann kannst du ein Buch nicht aus der Hand legen?**
> - Wenn es um Freundschaft, Liebe und andere Gefühle geht
> - Wenn von fremden Orten und Abenteuern erzählt wird
> - Wenn immer neue Welten und Wesen auftauchen
> - Wenn man mitraten und kombinieren kann
>
> **d) Was ist für dich spannend?**
> - Wenn jemand Aufgaben meistert und Gefahren überstehen muss
> - Wenn ein Rätsel gelöst werden muss
> - Wenn ich Menschen und ihre Gefühle kennenlerne
> - Wenn es um Dinge geht, die es nicht wirklich gibt
>
> Welche Farbe hast du am häufigsten ausgewählt? Dann interessiert dich vielleicht ein Buch aus diesem Genre (= von dieser Art):
> - **Fantasyroman**
> - **Abenteuerroman**
> - **Freundschaftsroman**
> - **Kriminalroman**

2 Ordne die Buchcover auf S. 124 den verschiedenen Arten von Büchern zu.

3 Notiere, welche Bücher du bereits gern gelesen hast.

4 Ergänze den Fragebogen um weitere Fragen, die deine Buchauswahl eingrenzen können. Schreibe dann einen kurzen Text, der zusammenfasst, was ein Buch haben sollte, damit es dir gefällt.

Bücher besorgen

Eine gute Möglichkeit, um euch Bücher zu besorgen, ist ein Besuch in der **Stadt- oder Gemeindebücherei**. Büchereien finden sich in nahezu jedem Ort oder in der näheren Umgebung. Dort gibt es eine große Auswahl ganz unterschiedlicher Bücher und häufig auch andere Medien, die man mit einem Büchereiausweis ausleihen kann.

Auch **Buchhandlungen** haben viele Bücher im Angebot und laden zum Stöbern ein. Wenn ein Buch nicht vorrätig ist, können die Buchhändler es bestellen. Häufig kommt es bereits am nächsten Tag an.

Eine **Internetbuchhandlung** sendet euch eure Bestellung auf dem Postweg zu.

In einer **Klassenbücherei** könnt ihr eure Lieblingsbücher miteinander teilen.

Wenn du einen **eBook-Reader** besitzt, kannst du dir Bücher in Form von Dateien im Internet ausleihen oder kaufen.

1 a) Betrachtet die Möglichkeiten, ein Buch zu besorgen. Mit welchen habt ihr schon Erfahrungen gesammelt? Berichtet davon.
b) Sprecht darüber, welche Vor- und Nachteile die verschiedenen Möglichkeiten haben.

2 Kennt ihr weitere Wege, um an Bücher zu kommen? Informiert eure Mitschülerinnen und Mitschüler darüber.

Ein Buch kennenlernen

Das Buch ist bestimmt voll witzig!

Ob es auch was für Mädchen ist?

Welcher von den beiden Jungs auf dem Cover ist wohl Miles?

Bestimmt werden gute Streiche verraten ...

Ob die beiden Trickser wohl Freunde oder Feinde werden?

JORY JOHN **MAC BARNETT**
Illustriert von Kevin Cornell

MILES & NILES

HAPPI

HELFER

HIRNZELLEN IM HINTERHALT

cbj

Klappentext:

Wenn es etwas gibt, das Miles Murphy perfekt beherrscht, dann ist es Streiche spielen. Unfug treiben. Leute austricksen. Keine Frage: Er ist der beste Trickser, den seine alte Schule je gesehen hat. Als Miles gezwungen wird, in das langweilige Kuh-Kaff Yawnee Valley zu ziehen, geht er deshalb davon aus, dass er auch an seiner neuen Schule der beste Trickser sein wird. Es gibt nur ein Problem: Die Schule hat bereits einen Trickser. Und der ist gut – unglaublich gut!

1 Betrachte das Cover des Buchs und lies den Klappentext.
Welche Erwartungen hast <u>du</u> an das Buch?

METHODE > **Eine Lesemappe führen**

Beim Lesen verbringst du viel Zeit mit deinem Buch und wirst immer wieder Neues erfahren. Nach dem Lesen einiger Seiten oder eines ganzen Kapitels solltest du dir Notizen zum Gelesenen machen, z. B. in einer **Lesemappe**.
So behältst du den Überblick und kannst dir eine Meinung über dein Buch bilden. Die Notizen helfen dir auch dabei, das Buch in der Klasse vorzustellen.
Auf den nächsten Seiten bekommst du Anregungen für deine Lesemappe. Viele Anregungen kannst du auch für andere Bücher nutzen.

Ein Buch selbstständig lesen

Bist du selbst schon einmal umgezogen? Welche Gedanken verbindest du mit einem Umzug?

Wie stellst du dir Yawnee Valley vor? Gestalte eine Ortskarte oder ein Bild. Du kannst auch Fotos aus Zeitungen verwenden.

Jory John/Mac Barnet
Miles & Niles, Kapitel 2

Das ist Miles Murphy. Er ist auf dem Weg nach Yawnee Valley. Schauen wir uns sein Gesicht doch einmal näher an. Seht ihr das Stirnrunzeln? Die düstere Miene? Seht ihr, wie er das Gesicht gegen das Autofenster drückt, als ob er versuchen
5 würde wegzulaufen? Hört ihr ihn seufzen?
Das ist der hundertste Seufzer am heutigen Tag.
„Miles, hör auf zu seufzen", sagte Judy Murphy, die am Steuer saß. „Wir bekommen ein neues Haus! Du bekommst ein größeres Zimmer! Und einen Garten! Wir fangen neu an. Also wäre wohl ein
10 Lächeln angebracht."
Aber Miles konnte nicht lächeln, weil er über den Umzug nach Yawnee Valley sehr traurig war. Traurig, weil er seinen Freunden Carl und Ben Lebewohl sagen musste. Traurig, weil er seiner alten Wohnung in dem rosafarbenen Haus am Meer Lebewohl sagen musste. Traurig, seinem alten Zimmer Lebewohl zu
15 sagen, wo alle vier Wände und die Decke mit Landkarten beklebt waren. Er hatte versucht, die Karten mitzunehmen, aber sie zerrissen, als er sie lösen wollte. (Er hätte sie halt nicht so gut festkleben sollen.) Er war traurig, weil er sich von *Max' Market* verabschieden musste, seinem allerliebsten Süßigkeitenladen. Und er trauerte seinem Ruf als größtem Witzbold und Trickser der Schule nach,
20 den er sich in vielen Jahren harter Arbeit und brillanter Genieblitze redlich verdient hatte.

• Warum ist Miles traurig?

• Was vermisst 25 er?

Miles hoffte insgeheim, dass sie umkehren und nach Hause fahren würden. Aber der Wagen rollte immer weiter und weiter und jetzt kamen sie an diesem Schild vorbei:

**Die Notizen in der Lesemappe ergeben deinen Weg durch das Buch.
So kannst du zum Beispiel mit den Seiten aus „Miles & Niles" in diesem
Kapitel arbeiten:**

- Finde eigene **Kapitelüberschriften**, die aussagen,
  worum es in dem Abschnitt geht.
- Beantworte die **blauen Fragen** am Rand.
- Notiere **eigene Fragen oder Bemerkungen** zum Kapitel.
- Lege **Figurensteckbriefe** an. Ergänze sie während des Lesens,
  wenn du etwas Neues über die Figur erfährst.
- Zusätzlich kannst du Aufgaben bearbeiten, die am **„roten Faden"** hängen.
  Sie helfen dir, dich in die Figuren hineinzuversetzen und über dein eigenes
  Leben nachzudenken.

1 a) Hier siehst du die Notizen einer Schülerin zu Kapitel 2.
   Welche Arbeitsaufträge hat die Schülerin bearbeitet?
   b) Vervollständige die Notizen zu Kapitel 2.

Kapitel 2: Miles' Gedanken auf der Fahrt in die Stadt

Miles ist traurig, weil er seine Freunde vermisst.
Außerdem ...

> Miles Murphy
>
> Alter/Aussehen: ...
> Herkunft/Familie: Umzug nach Yawnee Valley
> Interessen: ...
> Eigenschaften: größter Trickser und Witzbold
> an der alten Schule
> Typisches Verhalten: seufzt viel

Es ist soweit: Miles' erster Tag an seiner neuen
Schule steht bevor ...
Sieh dir das Bild an: Welche Gedanken gehen
ihm wohl durch den Kopf? Schreibe sie in der
Ich-Form auf.

🔊 **Miles & Niles, Kapitel 4**

Mit einer bösen Vorahnung wachte
Miles auf.
Er öffnete die Augen und starrte an
seine leere Zimmerdecke. Letzte Nacht
5 hatte er geträumt, es wäre alles nur
ein Traum gewesen, und jetzt wünschte er sich, er würde immer noch träumen.
Miles machte die Augen wieder zu.
10 Ganz fest. Er versuchte, noch einmal
einzuschlafen, aber er hörte seine
Mutter in der Küche rumoren.

Sie machte das Frühstück. Es roch nach Eiern. Und nach Kühen. Aber das lag
vermutlich nicht an den Eiern, sondern an den Kühen.

15 Miles stand auf und aß die Eier. Sie schmeckten nach böser Vorahnung,
obwohl das vermutlich ebenfalls nicht an den Eiern, sondern nur an der
Vorahnung lag.

Die Vorahnung verließ ihn auch auf der Fahrt zur Yawnee Valley Akademie
der Wissenschaft und Kunst nicht.

20 „Mom, was hältst du davon, wenn ich dieses Schuljahr überspringe?", fragte
Miles. „Das machen viele Kinder. Dann könnte ich dieses Jahr an verschiede-
nen Projekten arbeiten. Du weißt ja, ich habe immer viele Ideen für Projekte.
Wie fändest du es, wenn ich ein Projekt-Jahr einlegen würde?"

„Miles, wenn man ein Schuljahr überspringt, bekommt man kein Jahr frei.

25 Man fängt direkt mit dem nächsten Schuljahr an."

„Das weiß ich, Mom. Aber wenn ich das täte, wäre ich jünger als meine
Klassenkameraden. Das wäre nicht gut für meine Entwicklung. Deshalb ist
das Projekt-Jahr eine fabelhafte Idee."

„Du bekommst kein Projekt-Jahr."

Wie stellst du dir ein Projekt-Jahr vor?
Würdest du gern ein Jahr lang an einem
Projekt arbeiten? Zu welchem Thema?

Suche dir einen Streich aus
und schreibe eine Anleitung für
das Streichebuch.

→ Seite 85:
Aufbau einer
Anleitung

30 „Vielleicht könnte ich in diesem Jahr reisen. Du weißt doch, dass ich die Welt
sehen will! Man sagt, dass Reisen ungeheuer bildet."
„Nein."
„Vielleicht könnte ich mir auch ein Sabbat-Jahr gönnen. Weißt du, was ein
Sabbat-Jahr ist, Mom?"
35 „Ja. Weißt *du* es?"
„Es ist ungefähr das Gleiche wie ein Projekt-Jahr."
„Nein."
Vor der Schule hielten sie an.
„Hast du auch alles?", fragte Judy.
40 Miles schaute nochmal nach. Er hatte
seinen neuen Rucksack, seine neue
Provianttasche, in der sich sein Mittagessen befand, seinen neuen Ordner,
seine neuen Hefter, seine neue Jacke
45 und – von grundlegender Wichtigkeit –
sein altes Notizbuch.
Von außen betrachtet sah das Notizbuch natürlich stinklangweilig aus
(damit es keinen Verdacht erregte),
50 aber das Innere bestand aus Plänen
und Kartenmaterial und Notizen und
Skizzen für die besten Streiche,
die Miles an seiner alten Schule
ausgebrütet und durchgeführt hatte.

55 Der Geisterstreich. Der Streich mit dem fehlenden Schneidezahn. Operation:
Klatschnasse Hausaufgaben. Sie alle standen in dem Notizbuch und noch
unzählige weitere. Der Streich mit den zwei Katzen statt einem Hund.
Der Fisch im Bett. Limonade ohne Zucker. Mission: Fleischpastete. Das waren
die großartigen Taten, die Miles berühmt gemacht hatten. Ketchup, der wie
60 Blut aussieht. Überall Rosinen. Operation: Sandige Shorts.

● Warum möchte
Miles ein Projekt-
Jahr einlegen?
● Welche Notizen
befinden sich in
Miles' Notizbuch?

Ich bin der Schleimer aus Reihe eins.
Sieht der Lehrer ein dickes Grinsen,
dann ist es meins.
Ich hätte gern super Noten ...

Klugscheißer, Penntüte, Laberbacke ...
Welche Typen in der Schule fallen dir
noch ein? Zeichne sie.

Am ersten Tag in einer neuen Schule in einer neuen Stadt muss man sich entscheiden, was für ein Typ man sein will. Man kann ein Klugscheißer sein oder der mit den coolen Schuhen. Man kann Fachmann für Oldtimer sein oder derjenige, der die neuesten Nachrichten weiß oder alles über den Ersten

65 Weltkrieg. Man kann der Typ sein, der immer einen Labello in der Hosentasche hat, der Schachgroßmeister, der Basketball-Star, der Schülersprecher. Der wohltätige Typ, der Hilfsgüterlieferungen organisiert. Der Streber, der in der ersten Reihe sitzt. Die Penntüte aus der letzten Reihe. Die Laberbacke, die immer die Hand hebt, egal ob sie die Antwort weiß oder nicht. Der Glück-

70 liche, der Filme gucken darf, die eigentlich erst ab 16 sind. Der Unglückliche, der keine Filme ab 16 gucken darf, aber behauptet, er hätte sie alle gesehen. Die arme Socke, deren Familie gar keinen Fernseher hat und die immer bei den anderen fernsehen will.

Am ersten Tag in der Schule kann man einen französischen Akzent vortäu-

75 schen. Man kann dem Lehrer ein Geschenk mitbringen und Lieblingsschüler werden. Oder Süßigkeitenverteiler. Oder ein manischer Bleistiftspitzer, der vom vielen Drehen einen Krampf im Unterarm bekommt. Oder die Transuse, die zwei verschiedene Socken anzieht. Der harte Typ, der jeden Tag mit Shorts in die Schule kommt, auch wenn es draußen friert und schneit.

80 Heute war der Tag, an dem man ein neuer Mensch werden konnte.
Und dieser Mensch war man dann ein Leben lang.
Aber Miles wollte nichts davon sein. Er wollte in erster Linie nicht der Neue an der Schule sein. Miles wollte derselbe sein, der er auch an seiner alten Schule gewesen war: Der Witzbold. Der Trickser. Der Trickser mit den aller-

85 besten Tricks und Streichen, die seine alte Schule je erlebt hatte. Er wollte der beste Trickser seiner neuen Schule werden.
„Tschüss, Mom." Er stieg aus und betrachtete die Yawnee Valley Akademie für Wissenschaft und Kunst. Es war ein viereckiges Backsteingebäude in Form eines viereckigen Backsteins. Miles entdeckte alles, was zu einer normalen

90 Schule gehört.

• Erkläre, warum Miles auf keinen Fall „der Neue" an seiner Schule sein möchte.

Liebes Tagebuch,
heute war mein erster Schultag –
und er war eine dicke Katastrophe!
Als ich an der Schule ankam …

Schreibe auf, wie Miles' erster
Schultag weitergehen könnte.

Ein normales Vordach.
Eine normale Flagge an
einem normalen Fahnenmast.
Normale Hecken.
95   Normale Bäume.
Ein normaler Haupteingang, der von
einem normalen Auto versperrt wurde.
Moment. Da stimmte was nicht. Miles schaute nochmal hin.
Er näherte sich einer Gruppe von Kindern. Er hörte Kichern.
100   Er hörte Schnauben. Er hörte sogar die eine oder andere Lachsalve.
„Da steht ein Auto auf der Treppe", sagte jemand und sprach damit aus,
was offensichtlich war.
„Was ist hier los?", fragte derselbe Schüler. „Ich meine, echt jetzt, Mann,
ey, kann mir das mal jemand sagen?"
105   Der Junge hieß Stuart. Alle hätten ihm sagen können, was los war, aber
niemand machte sich die Mühe (Das passierte Stuart ständig).
Miles' Herz klopfte schnell.
Die Klingel ertönte und gleich darauf ging die Alarmanlage des Autos los.
Keiner rührte sich.
110   „Aber, echt jetzt, Mann, ey, wie sollen wir denn in die Schule kommen,
wo doch ein Auto unseren Eingang versperrt?", heulte Stuart hysterisch.
Zum ersten Mal, seit er sein altes Zuhause verlassen hatte, lächelte Miles.
Das war ein ziemlich guter Streich.
Dann hörte er auf zu lächeln.
115   Es war ein *sehr* guter Streich.
Es sah ganz danach aus, als gäbe es an dieser Schule bereits einen Trickser.
Einen sehr guten Trickser.
Miles Murphy hatte keine Ahnung vom ersten Weltkrieg und er hatte nie
einen Labello in der Tasche. Wenn Miles nicht der beste Trickser der Schule
120   wurde, dann war er ein Niemand.

- Warum kommen
die Schülerinnen
und Schüler nicht
in die Schule?
- Warum hört Miles
auf zu lächeln?

Mit dem Buch weiterarbeiten

Du hast dein Buch gelesen und viele Notizen dazu gemacht.
Hier findest du Vorschläge,
– **um dir die Handlung noch einmal ins Gedächtnis zu rufen und**
– **um dir weitere Gedanken über Figuren und Geschehen zu machen.**

Eigene Leseeindrücke/Gefühle benennen

Gab es eine Stelle im Buch, die bei dir besondere Gefühle ausgelöst hat? War etwas besonders lustig, traurig oder spannend?
Oder hat dich in der Geschichte etwas besonders beeindruckt?
- Gib kurz die Handlung der besonderen Textstelle wieder.
- Begründe, warum dich diese Stelle besonders bewegt hat.

Die Figuren genauer betrachten

Du hast zu den Hauptfiguren des Buchs Steckbriefe angelegt.
Schau sie dir noch einmal an und mache dir weitere Gedanken über die Figuren.
- Wärst du gern mit einer Figur aus dem Buch befreundet?
  Beschreibe, was du an ihr magst.
- Gibt es eine Figur, die so ähnlich ist wie du?
  Erkläre, was ihr zwei gemeinsam habt.
- Findest du eine Figur unsympathisch?
  Erkläre, warum du sie nicht magst.

Weitere Ideen
- Suche dir eine Textstelle aus und zeichne einen **Comic** dazu.
- Gibt es eine Stelle, die du gern ändern würdest? **Schreibe** sie **um**.
- Schreibe eine Textstelle so um, dass **du selbst darin vorkommst**.
- Schreibe ein **Gedicht** über eine Figur aus der Geschichte.
- Verfasse einen **Brief an die Autorin/den Autor des Buchs**.
  Was möchtest du ihr oder ihm sagen? Welche Fragen hast du?

→ Wie man einen Brief schreibt, findest du auf S. 58.

Das Buch bewerten – für mich und für andere

Du hast dein Buch gelesen und dich weiter mit ihm auseinandergesetzt.
Du kennst dein Buch jetzt so gut wie einen Freund.
Hier findest du Vorschläge, wie du dein Buch anderen vorstellst.

Verrate nicht zu viel vom Ausgang der Geschichte. Vielleicht möchte ein Leser/eine Leserin deines Tipps das Buch selbst lesen.

Einen Buchtipp schreiben
- Einleitung: Gib einen Überblick über die wichtigsten Informationen zum Buch (Titel, Autor, Verlag, Preis, Seitenzahl)
- Hauptteil: Beschreibe zunächst kurz, worum es in dem Buch geht. Stelle die Hauptfiguren vor und beschreibe ihre Beziehungen zueinander.
- Schluss: Bewerte das Buch. Sag, was dir besonders daran gefallen hat und wem du es empfehlen würdest.

Einen Bücherbasar veranstalten
Ein Bücherbasar in der Klasse ist eine gute Gelegenheit, viele verschiedene Bücher kennenzulernen und sich bei Mitschülern interessante Bücher auszuleihen.
So geht's:
- Alle bringen ein Buch mit, das sie empfehlen möchten.
- Jeder gestaltet einen Stand für sein Buch. Hier kann zum Beispiel die Lesemappe präsentiert oder ein Plakat zum Buch ausgestellt werden.
- Teilt die Klasse in zwei Gruppen auf. Die Mitglieder einer Gruppe stehen an ihren Buchständen und beantworten Fragen, die anderen schlendern über den Basar.
- Anschließend wird getauscht.

→ Das Erstellen eines Plakates wird erklärt auf Seite 40/41.

Gedichte lesen und vortragen

Gedichte kannten schon die alten Ägypter – vor über 3 000 Jahren!
Im Mittelalter lieferten sich die Dichter sogar richtige Wettkämpfe –
ähnlich wie manche Rapper oder Poetry-Slammer heutzutage.
Beim Poetry-Slam (= Dichterwettstreit) tragen die Teilnehmer ihre
selbstgeschriebenen Texte lebhaft und ausdrucksstark vor.
Wie man das macht, lernt ihr in diesem Kapitel.

TEXTE UND MEDIEN

1 Auf den Fotos seht ihr zwei Poetry-Slammer beim Gedichtvortrag.
a) Welche Gefühle drücken sie aus? Achtet auf Gesichtsausdruck
(Mimik), Hände (Gestik) und Körperhaltung.
b) Ordnet die Gefühlswörter den Fotos zu:

wütend/böse   verzweifelt/entsetzt   triumphierend/stolz
fragend/zweifelnd   flehend/bittend   zufrieden/glücklich
abwehrend/angeekelt   ängstlich/erschrocken

c) Erklärt, woran ihr die Gefühle erkannt habt.

→ Medienpool:
Poetry-Slammer

2 a) Schaut euch auch die Videos der Poetry-Slammer an.
   – In einem Video geht es um einen besonderen Gegenstand.
     Welcher Gegenstand ist das?
   – Im anderen Video geht es um ein Mädchen, das große Träume hat.
     Wovon träumt das Mädchen?
b) Schaut euch die Videos noch einmal oder mehrmals an:
   Was fällt euch an der Vortragsweise der Poetry-Slammer auf?

Gedichte mit Gefühl vorlesen

Das Vorlesen mit Gefühl könnt ihr an Unsinngedichten ausprobieren.
Dabei müsst ihr nicht jedes Fantasiewort richtig lesen.
Wichtig ist vor allem: Geht beim Lesen aus euch heraus!
Lest gefühlvoll! Lest übertrieben! So wie die Poetry-Slammer …

Ängstlich
In der grummel Flotterlucht
unterm Brochen schluchzt der Gucht,
zorgt und murkt und ruttelt mich.
Uh! Wie brust das gruselig!
Uh! Wie korkst und furcht der Klonn!
Schlutternd runne ich davon.

Mutig
Kumm, du wunstig brummer Schlork!
Ich bin ganz verdutzlich stork!
Brast mit bluß nicht in die Quere!
Sunst verpuss ich dir ne Bräre!
Dönkst wohl, ich häb vor dir Bäxen.
Mach, dass fortkümmst! Sunst gibt's Schrexen!

1 Bereite eines der beiden Unsinngedichte zum Vorlesen vor.
Die Zuhörer sollen richtig Angst bekommen oder deinen Mut spüren!
a) Lies dir das Gedicht mehrmals vor, bis dir dein Vortrag gefällt.
b) Trage das Gedicht vor. Deine Zuhörer sagen anschließend,
was ihnen an deinem Vortrag gefallen hat und woran das liegt.

2 Das folgende Unsinngedicht kann man ganz verschieden lesen:
als Trauergedicht, als Schnupfengedicht, als Schimpfgedicht,
als Witzgedicht oder sogar als Gespenstergedicht.
– Entscheide dich für eine Vortragsweise und übe den Text ein.
– Lies das Gedicht vor.
– Die Zuhörer erklären hinterher, wie du das Gedicht gelesen hast.

Wütend, traurig, verschnupft oder lustig
Angesockelt, abgemützt,
umgeschockelt, müllgepfützt.
Schab die Mürre in den Bliesen!
Korren, schirren, mümpfen, schniesen.
Alles wucht müch blüntig, baurig.
Das ist doch versützlich schaurig!

wortstark!

Wörter sammeln und ordnen

1 a) Lies das Gedicht. Schreibe es anschließend ab und setze dabei die fehlenden Reimwörter ein: fliegt, flitzt, geht, hört, rauscht.

Alfred Könner
Das leise Gedicht

Wer mäuschenstill am Bache sitzt,
kann hören, wie ein Fischlein ▢.

Wer mäuschenstill im Grase liegt,
kann hören, wie ein Falter ▢.

5 Wer mäuschenstill im Bette lauscht,
kann hören, wie der Regen ▢.

Wer mäuschenstill im Walde steht,
kann hören, wie ein Rehlein ▢.

Wer mäuschenstill ist und nicht stört,
10 kann hören, was man sonst nicht ▢.

b) Jasper hat zu dem Gedicht einen kleinen Text geschrieben:

Das Gedicht hat die ▢ „Das leise Gedicht".
Der ▢ des Gedichts heißt Alfred Könner.
Das Gedicht besteht aus fünf ▢.
Jede Strophe hat zwei ▢.
Die Wörter „steht" und „geht" bilden einen ▢.

Schreibe den Text ab und setze die folgenden Wörter ein: Autor, Reim, Strophe, Überschrift, Vers/Zeile.

2 Schreibe einen ähnlichen Text zu dem Gedicht auf Seite 139.

3 a) Suche Reimwörter und ergänze die Wörterlisten.
Markiere die Buchstaben, die sich reimen.

Reimwörter findest du auch in deinem Schulwörterbuch:

-and
Reimwörter: Band, Brand, Hand, Land, Pfand, Rand, Sand, Strand, Verband, Verstand, Wand
→ Reimwörter auf -ant

Schwamm	Wand	lachen	spucken
Kamm	...	...	...
L...			

b) Suche dir zwei Reimwörter aus.
Schreibe lustige Zweizeiler:

Der Frosch, der wäscht sich mit dem Schwamm.
Die Igelfrau hat einen Kamm.

Betont und mit Sprechpausen vortragen

1 Lies das Gedicht „Die Dinge reden".
- – Worum geht es in dem Gedicht?
- – Was fällt dir daran besonders auf?

Georg Bydlinski
Die Dinge reden

„Ich reime mich auf Zuckerbäcker",
sagt der alte Rasselwecker.

„Ich reime mich auf Nasenflügel",
sagt der linke Brillenbügel.

5 Es brummelt stolz die Tiefkühltruhe:
„Ich reime mich auf Stöckelschuhe."

Und die Standuhr sagt: „Merkt ihr es nicht?
Wir sind ein Gedicht!"

2 Die Dinge sind stolz, dass sie sich auf so schöne Wörter wie Zuckerbäcker oder Nasenflügel reimen. Trage das Gedicht so vor, dass man ganz deutlich hört, wie stolz sie darauf sind.
a) Lies das Gedicht mehrmals leise, dann halblaut für dich.
   Welche Wörter willst du beim Sprechen besonders hervorheben
   (betonen)? An welchen Stellen willst du Sprechpausen machen?
   Probiere so lange, bis du mit deiner Sprechfassung zufrieden bist.
b) Trage das Gedicht vor. Deine Zuhörer geben dir anschließend eine
   Rückmeldung, was ihnen an deinem Vortrag gut gefallen hat.

3 Am Ende sagt die Standuhr: „Wir sind ein Gedicht!"
Begründe die Aussage der Standuhr. Verwende dabei Wörter, mit denen
man Gedichte beschreiben kann: Vers/Zeile, Strophe, Reim …

Du kannst das Gedicht auch mit Vorlesezeichen zum Vorlesen vorbereiten (Folie):
- Wörter die du betonen willst, unterstreichen,
- kurze Pause: |
- etwas längere Pause: ||

Sprechweisen ausprobieren

1 Lest das Gedicht erst einmal still und findet gemeinsam heraus:
- Was ist hier passiert?
- Warum liest sich das Gedicht komisch?

Mira Lobe
Der verdrehte Schmetterling

Ein Metterschling
mit flauen Blügeln
log durch die Fluft.
Er wurde einem Computer entnommen,
dem war was durcheinander gekommen:
irgendein Rädchen,
irgendein Drähtchen,
und als man es merkte,
da war's schon zu spätchen.
Da war der Metterschling schon feit wort ...
wanz geit ...
Mit lut er teid.

2 Das Gedicht spielt mit verdrehten Wörtern:
Metterschling statt Schmetterling, flauen Blügeln statt ...
Findet weitere Wortdreher.

3 Bereite das Gedicht zum Vortrag vor.
Lies das Gedicht mehrmals leise, dann halblaut für dich.
- Lies das Gedicht so, dass es witzig oder traurig oder ... wirkt.
- Achte beim Vorlesen besonders auf die verdrehten Wörter.
- Probiere so lange, bis du mit deiner Sprechfassung zufrieden bist.

4 Vergleicht verschiedene Sprechfassungen:
Was hat euch gut gefallen? Begründet eure Meinung.

Sätze in Gedichten: Zeilensprünge entdecken

Paul Maar
Ohne Zweifel!

Ohne Zweifel kann die Möwe
nicht so brüllen wie der Löwe
Doch versteht der Wüstenkönig
wiederum vom Fliegen wenig

1 Lies die 1. Strophe des Gedichts von Paul Maar laut vor.
- Was ist dir beim Vorlesen aufgefallen?
- Im Gedicht fehlen die Punkte am Satzende.
  Wo musst du – in Gedanken – einen Punkt setzen?
- Lies das Gedicht noch ein Mal. Worauf musst du achten?
- Sprecht darüber: Was fällt euch an den Sätzen des Gedichtes auf?

WISSEN UND KÖNNEN ▸ **Sätze in Gedichten**

Der Autor oder die Autorin gibt dem Gedicht oft eine besondere Form.
Manchmal enden die Sätze nicht am Ende eines Verses – der Satz
springt noch in die nächste Zeile. Dieses Merkmal von Gedichten nennt
man daher **Zeilensprung**. Bei einem Zeilensprung darfst du am
Versende keine lange Pause machen. Wenn du beim Vorlesen auf
die Zeilensprünge achtest, wird dein Gedichtvortrag flüssiger.

---

2 Lies die 2. und 3. Strophe des Gedichts von Paul Maar.
Schreibe sie wie die 1. Strophe in Gedichtform auf.
- Achte auf die Reime.
- An welchen Stellen musst du einen Zeilensprung setzen?
- Wo müsste eigentlich ein Punkt stehen?

Ohne Zweifel taucht der Hai tiefer als der Papagei Der wiederum schreit
laut vom Baum Der Hai dagegen tut dies kaum
Ohne Zweifel hat der Rabe eine ganz besondre Gabe Welche aber in ihm
steckt, blieb bis jetzt noch unentdeckt

Ein Gedicht verstehen und vortragen

Beim betonten Vortrag eines Gedichts kannst du ausdrücken, wie du den Text verstehst.

Schritt 1: Einen ersten Zugang gewinnen

1 Lies das Gedicht zunächst einmal aufmerksam leise durch.
Unterhalte dich mit einem Partner darüber, wovon hier erzählt wird.

Hans Manz
Abenteuer in der Nacht

Hatte mich im Wald verirrt,
fragte mich durch.
Die Antwort eines Spechts:
Erst links, dann rechts.
5 Der Rat eines Finks:
Erst rechts, dann links.
Nein, doch gradaus,
sprach eine Meise,
sonst gehst du im Kreise.
10 Ach wo, bleib doch hier,
sagte ein Spatz,
in meinem Nest wär noch Platz.
Das brachte mich zum Lachen,
und das Lachen ließ mich erwachen.

Schritt 2: Besonderheiten entdecken

2 Mache dir zu folgenden Textmerkmalen Notizen:
  – An welchen Stellen befinden sich Reime?
  – Was fällt dir bei den Satzzeichen auf?
  – Untersuche, wie Satz und Reim zusammenhängen.
  – Lies das Gedicht jetzt noch einmal halblaut auf die Reimwörter hin.

Schritt 3: Besonderheiten hervorheben

3 Bereite das Gedicht mit Vorlesezeichen für den Vortrag vor.
Nutze dazu den folgenden Methodenkasten.

METHODE **Ein Gedicht mit Vorlesezeichen zum Vortrag vorbereiten**

- <u>Unterstreiche</u> Wörter, die du **besonders hervorheben** (betonen) möchtest. Oft sind das die Reimwörter, aber nicht immer!
- Einen senkrechten Strich | setzt du dort, wo du eine **kurze Sprech**pause machen willst. Oft ist das am Zeilenende, manchmal auch an anderen Stellen!
- Zwei senkrechte Striche || setzt du dort, wo eine etwas **längere Sprechpause** gemacht werden soll. Oft ist das am Ende einer Strophe, manchmal aber auch an anderen Stellen!
- Setze einen Bogen ‿ , wo die nächste Zeile ohne Pause mitgelesen wird.

Schritt 4: Sprechmöglichkeiten erproben und genau zuhören

4 Erprobt zu zweit Sprechmöglichkeiten. Einer spricht, der andere hört zu.
Nutzt dabei auch die Vorlesezeichen.

Schritt 5: Das Gedicht vortragen und eine Rückmeldung zum Vortrag geben

5 Trage das Gedicht vor, wie du es eingeübt hast.

Deine Zuhörer geben dir nach deinem Vortrag eine Rückmeldung,
was ihnen gut gefallen hat und was man noch verbessern könnte.

- Ich konnte mir beim Zuhören gut vorstellen, wie ...
- Du hast die Zuhörer beim Vortragen immer mal wieder angeschaut.
- Du hast wichtige Wörter betont und ...
- Gut fand ich auch ...
- Vielleicht könnte man beim nächsten Mal noch darauf achten ...

Zuhörern ein Gedicht präsentieren

1 Suche dir ein Gedicht aus, das du präsentieren willst.
Es kann ein Gedicht sein, das ihr in diesem Kapitel bearbeitet habt,
oder ein Gedicht von Seite 145.

Du kannst auch ein anderes Gedicht vortragen, das dir gut gefällt.

2 Bereite den Vortrag deines Gedichts vor, wie du es gelernt hast.
Wenn du das Gedicht auswendig weißt, kannst du dich besser auf deinen
Vortrag konzentrieren. Du musst nicht ständig vom Zettel ablesen, wie das
Gedicht weitergeht. Außerdem kannst du deine Zuhörer beim Sprechen
anschauen. So wirkst du sicherer und kannst Stimme und Körpersprache
gezielter einsetzen. Nutze die Tipps zum Auswendiglernen.

3 Präsentiere dein Gedicht. Die Zuhörer geben dir anschließend
eine Rückmeldung zu deinem Vortrag.

METHODE ▶ **Ein Gedicht auswendig lernen**

Hier findest du Tipps zum Auswendiglernen. Finde selbst heraus,
was dir am besten hilft:

- Schreibe das Gedicht ab: Schon dadurch merkst du es dir besser.
- Sprich das Gedicht immer wieder und stell dir dabei alles genau vor.
- Nimm das Gedicht auf und spiele es dir immer wieder vor.
- Hänge das Gedicht an einem Ort aus, an dem du oft vorbeikommst.
  - Lies dir das Gedicht jedes Mal vor, wenn du daran vorbeikommst.
  - Überklebe nach und nach Wörter, Verse oder ganze Strophen mit
    Zetteln. Beim Vorlesen füllst du die Lücken aus dem Gedächtnis.
- Zeichne ein Bild zu jeder Strophe auf Zettel oder Kärtchen. Wenn du
  sie dir anschaust, erinnerst du dich leichter an den Text der Strophe.
- Bewege dich beim Lernen: Im Text kommt ein Schmetterling vor?
  Dann flattere an der Stelle wie ein Schmetterling durch den Raum.
  Auch passende Bewegungen helfen beim Auswendiglernen.
- Lernt zu zweit: Einer ist der „Vorflüsterer". Er hilft aus, wenn der
  andere beim Sprechen des Gedichts stecken bleibt.
  Wenn du das Gedicht vorträgst, sitzt der Vorflüsterer dicht bei dir und
  sagt vor, wenn du nicht mehr weiterweißt.

Josef Guggenmos
Hauchte, wetterte, sprach, brüllte

„Gestern Abend",
sprach er.
„Es war schon dunkel",
erzählte er.
5 **„Wollte ich zu meinem Schwager"**,
berichtete er.
„Aber in dem Fliederbusch vor seinem Haus",
tuschelte er.
„Sah ich etwas glühen",
10 zischte er.
„Zwei grüne Augen",
keuchte er.
„Da lauert ein Gespenst",
schrie er.
15 **„Ich"**,
stieß er hervor.
„Auf und davon wie der Blitz",
gestand er.
„Da hättest du auch Angst gehabt",
20 behauptete er.
„Nun haben sie ohne mich Geburtstag gefeiert",
jammerte er.
„Es war bestimmt sehr lustig",
schluchzte er.

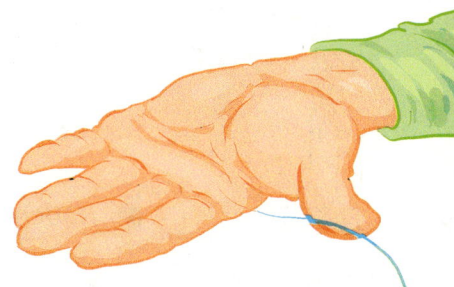

Fritz Senft
Die Fliege

In meiner Faust sitzt eine Fliege,
die hat mich gestört,
die hat mich empört.
Nun sitzt sie da drinnen
5 Erhascht und gefangen
Mit brummelndem Bangen,
und wenn ich wollte –
Doch nein, auch sie hat das Recht,
ein wenig zu leben.
10 Ich öffne das Fenster,
da taumelt sie schon
durch den apfelduftenden
Abend davon.

Geschichten lesen und verstehen

Wenn wir Geschichten lesen, lernen wir Personen kennen. Wir erfahren, was sie machen, und versuchen auch ihre Gedanken und Gefühle zu verstehen. Nicht alles, was die Personen denken und fühlen steht wörtlich im Text – manchmal müssen wir zwischen den Zeilen lesen. Dann sprechen wir darüber, wie wir die Geschichte verstehen.

TEXTE UND MEDIEN

1 Lest die Geschichte von Franz Hohler. Sprecht darüber,
- welche Personen vorkommen,
- was in der Geschichte passiert,
- was euch besonders auffällt.

2 Wie verstehst du die Geschichte? Versetze dich in die Personen: Schreibe in Gedankenblasen, was die Personen denken und fühlen.

▶ Mache aus der kurzen eine längere Geschichte. Füge deine Sätze aus den Gedankenblasen hinzu.

🔊 Franz Hohler
Eine kurze Geschichte

> Du hast den ganzen Tag …

„Kommst du den Kindern noch gute Nacht sagen?", rief die Frau ihrem Mann zu, als sie um acht Uhr aus dem Kinderzimmer kam.
„Ja", rief der Mann aus seinem Arbeitszimmer, „ich muss nur noch den Brief zu Ende schreiben."

> Ich habe doch …

> Hoffentlich …

5 „Er kommt gleich", sagte die Mutter zu den Kindern, die beide noch aufgerichtet in ihren Betten saßen, weil sie dem Vater zeigen wollten, wie sie die Stofftiere angeordnet hatten.
Als der Vater mit dem Brief fertig war und ins Kinderzimmer trat, schliefen die Kinder schon.

> …

Figuren beschreiben und charakterisieren

**Personen, die in Büchern und Geschichten vorkommen,
nennen wir Figuren. In den Geschichten erfahren wir,
was die Figuren erleben und was sie denken und fühlen.**

1 Lies ein Kapitel aus dem Buch „Ein Zwilling für Leo".
Schreibe anschließend einen Figurensteckbrief für Leo.

Figurensteckbrief

Name: Leo
Familie: ...
Aussehen: ...
Freunde: ...
Probleme: ...

🔊 Sébastien Joanniez
Ich bin immer woanders

Ich bin der Junge, der bei meinen Eltern wohnt und der glaubt, dass es woanders besser wäre, aber egal. Ich heiße Leopold, aber alle nennen mich Leo.
Das ist kürzer und macht auch nicht so alt. [...]
Ich wohne im Hochhaus B und meine Nachbarn heißen Omar, Julien, Tristan,
5 Guillaume, Ingrid, Amédée, Slimane, Nora und Cach-Cour, der keine Familie
hat. Ingrid und Nora sind Freundinnen. Ingrid, das ist die Hässliche. Das Problem ist, dass meine Eltern nur mich gemacht haben, ich bin ein Einzelkind.
Als sie mich gesehen haben, hatten sie vielleicht die Nase voll oder sie konnten kein zweites Kind mehr bekommen, was weiß ich, egal, jedenfalls bin ich
10 allein. Wirklich ganz allein. Wenn ich spiele, wenn ich rede, wenn ich schlafe,
immer bin ich allein. Und für meine Eltern bin ich der Einzige, der Dumm-
heiten macht, und wenn sie mich ausschimpfen, dann ist keiner da, mit dem
ich das teilen kann. Als Einzelkind hat man es im Leben schwer.
Ich will einen Zwillingsbruder.
15 Ingrid sagt, das geht nicht, aber was Ingrid sagt, ist mir egal. Nora sagt nichts.
Ich muss unbedingt mit Nora darüber reden, sonst ist es vielleicht zu spät.
Nora kommt nicht aus Frankreich. Sie trägt die Sonne mit sich herum, und
ihre Augen machen mich ganz verrückt, weil aus ihnen die Sonne heraus-
strahlt. Sie hat Haare, Hände und Beine wie alle anderen Mädchen, aber sie
20 ist wie aus Honig gemacht.
Wenn ich jemand lieb habe, dann sage ich es nicht. Ich bin eben so, was soll
ich da machen. Das ist wie mit meinen borstigen Haaren oder meinen zu
großen Füßen. Man gewöhnt sich dran. Das gehört nun mal zu mir wie der
ganze Rest, meine Fehler und meine guten Seiten. Wenn ich jemand lieb
25 habe, kann ich es nicht sagen. Manchmal mache ich einen Versuch, ich denke

darüber nach, wie ich es sagen könnte, ich liebe dich oder so was in der Art, aber ich brauche nur daran zu denken, dann werde ich rot wie eine Tomate und lasse es lieber bleiben. Und überhaupt, Leute, die ich lieb habe, gibt es nicht gerade in rauen Mengen.

30 Im Augenblick liebe ich nur ein einziges Mädchen. Es ist Nora. Auch wenn sie das nicht extra macht, ist sie immer da, wenn ich sie brauche, also ist es wahrscheinlich der Zufall, der das extra so macht. Ich sollte es ihr endlich sagen.

❷ Schreibe einen kleinen Text über Leo. Beantworte dazu folgende Fragen der Reihe nach.

a. Wo wohnt die Hauptfigur?
b. Was erfährst du über die Familie?
c. Was wünscht Leo sich unbedingt?
d. Was erfährst du über seine Freunde – und besonders über Nora?
e. Was ist für Leo besonders schwierig? Nenne zwei Dinge.

❸ Versetze dich in Leo: Schreibe einen Brief an Nora.

Liebe Nora,
ich muss unbedingt mit dir reden, sonst ist es vielleicht zu spät.
Aber vorher sollst du diesen Brief lesen.
Ich will versuchen, dir zu erklären, wie ich mich fühle ...

Beziehungen zwischen Figuren verstehen

Wenn wir eine Geschichte lesen, müssen wir verstehen, was in den Figuren vorgeht. Dabei versuchen wir auch, die Beziehungen zwischen den Figuren zu beschreiben. Dazu können wir ein Standbild bauen und einen Figurensteckbrief erstellen.

1 a) Lies einen Ausschnitt aus der Geschichte über Soscha und Elmer.
   Es geht darum, wie die beiden sich kennenlernen.
   b) Sprecht nach dem Lesen darüber, was euch besonders auffällt.

🔊 Edward van de Vendel
Soscha und Elmer

Da steht sie in der Türöffnung – wie frisch aus einem Überraschungspaket entstiegen. Früher Montagmorgen: Der Flur draußen ist dunkel, nur in unserer Klasse ist es hell. Wir sitzen über unseren Rechenaufgaben, Stillarbeit, eine summende Lautlosigkeit. Die Lehrerin kommt hinter ihrem Schreibtisch
5 hervorgestolpert und geht mit ausgestreckten Armen auf das Mädchen zu: „Komm rein, komm nur, komm. Wo möchtest du sitzen? Kinder, das hier ist Soscha Londerseel. Sie ist gerade umgezogen und kommt das letzte Jahr hier zu uns in die Klasse. Wo möchtest du sitzen?"
Soscha blickt durch die Klasse, tritt ins Licht und sagt: „Neben ihm da.
10 Ich will neben ihn. Ich glaube, er ist nett."
Keiner sagt etwas, nur Köpfe drehen sich
und ich zucke zusammen: Sie zeigt auf
mich. Manchmal denke ich, das Rotwerden
beginnt in meinen Füßen und dann laufe
15 ich langsam heiß, bis ich in Stereo nach
links und rechts strahle, und nirgendwo
ist was zum Abstellen, nirgendwo an mir
ist eine Powertaste. Ich versuche es aufzu-
halten. Keine Chance, sie steuert schon
20 auf meinen Tisch zu, setzt sich neben mich
und fragt, wie ich heiße. „Äh, Elmer", sage
ich und sie sagt: „Schön, Elmer. Ich heiße
Soscha."

Ich …

METHODE   **Spielen ohne Worte: Ein Standbild bauen**

1. Bestimmt einen oder mehrere „Baumeister".
2. Der Baumeister stellt die „Modelle" an eine bestimmte Stelle im Klassenraum. Er gibt Anweisungen zu Körperhaltungen, Gestik und Mimik, die von den Modellen stumm umgesetzt werden.
3. Am Ende gibt der Baumeister den Befehl „einfrieren" – nun müssen die Modelle im Standbild für etwa eine Minute regungslos verharren.
4. Einzelne Schüler können zu einer Figur gehen, ihre Hand auf die Schulter legen und in der Ich-Form ihre Gedanken aussprechen.
5. Die Beobachter lassen das Bild auf sich wirken, stellen den Baumeistern Fragen und teilen ihnen mit, was ihnen gefällt und was sie ändern würden.

Figurensteckbrief

Name: Soscha
Alter: …
Familie: …
Aussehen: …
Freizeit: …
Besonderheiten: …

2 Schülerinnen und Schüler haben ein Standbild zu diesem Textausschnitt erstellt. Schau dir das Foto genau an:
– Welchen Moment haben sie dargestellt?
– Was fühlen die Personen? Woran hast du das erkannt?
– Was denkt Elmer über Soscha? Was denkt Soscha über Elmer?
Gehe als Gedankensprecher in das Standbild. Suche dir eine Figur aus. Formuliere (in Gedankenblasen), was diese Figur denkt und fühlt.

3 Lies die Fortsetzung der Geschichte auf der nächsten Seite.
a) Sprecht darüber, was ihr Neues über Soscha und Elmer erfahrt.
b) Sammelt eure Ergebnisse und erstellt für beide einen Figurensteckbrief.

4 Sprecht darüber, wie ihr die Geschichte versteht. Wem stimmt ihr zu? Warum? Ergänzt die Sprechblasen.

> Elmer und Soscha passen nicht zusammen! …

> Das finde ich auch, sie sind total verschieden: …

> Na und? Sie sind trotzdem befreundet.

▶ Wenn ihr Lust habt, könnt ihr auch in eurer Klasse eine Prüfung in „Du und Ich" machen.

🔊 **Soscha und Elmer** haben sich inzwischen besser kennengelernt.
Da haben die beiden die Idee für eine ganz besondere Prüfung ...

Zum ersten Mal seit Jahren muss ich nachsitzen. Soscha auch. Aber nachdem
wir dreimal „Tut uns leid, kommt nicht wieder vor!" gesagt haben und Soscha
alles erklärt hat, dürfen wir nach Hause. Das tun wir nicht, denn Soscha sagt:
„Komm, wir machen eine Prüfung. Eine Prüfung in Du und Ich. Du schreibst
5 auf, was du von mir weißt, und umgekehrt. Essen können wir später.
Zehn Minuten. Ab jetzt." Und zur Lehrerin sagt sie: „Dürfen wir Ihren roten
Korrekturstift haben?"
Sie heißt Soscha Londerseel. So viel weiß ich schon: Sie ist halb polnisch, weil
ihre Mutter Polin ist. Sie hat drei große Schwestern, die schon aus dem Haus
10 sind, aber noch fast jeden Tag vorbeikommen, um zu reden. Die Schwestern
haben Kinder und bringen sie mit. Ihr neunzehnjähriger Bruder heißt Ivar
und ihr kleiner Bruder heißt Tomek. Tomek schaut immer Kinderkanal.
Es gibt jede Menge Tanten, Onkel und Vettern, und nicht einmal sie kann sie
alle zählen. Ein Teil lebt in Polen. Und ein Teil hier. Ihr Vater heißt Wim und
15 sie mag alte Popstars, jedenfalls sammelt sie die. Auf Briefmarken. Manchmal kauft sie mit ihrem Vater neue Marken hinzu.
Bestraft für irgendwas wird Soscha fast nie. Das sagt sie jedenfalls. Dafür hat
man bei ihr daheim keine Zeit. Ich glaube ihr zwar, aber dass ich mich mal
mit jemandem anfreunden würde, der so frech sein kann, hätte ich nie
20 gedacht. „Frech?", fragt Soscha. „Ich? Wieso?" „Naja, das ist nicht genau das
richtige Wort", sage ich.
„Ich sammle übrigens auch noch Briefmarken mit Briefmarken drauf.
Aber die gibt es, glaube ich, nicht. Hier. Das habe ich geschrieben."
Elmer Jonas de Jong. Elf, Mittelfeldspieler und eine Schuldirektorin als Mut-
25 ter. Das ist bisher alles, was ich von ihm weiß. Ich kenne sein Haar, seine
Sommersprossen und seine blauen Augen, aber sagen tut er noch nicht viel.
Im Augenblick beobachte ich ihn, wie er dasitzt und schreibt. Er sagt, er mag
Apparate. Dinge. Solange nur irgendwo ein Knopf oder eine Taste dran ist.
Er hat wenig Freunde, finde ich, und auch nur ganz wenige Verwandte.
30 Tante Anja. Sein Vater ist fort. Wir fahren jedes Jahr nach Krakau und
besuchen die Familie meiner Mutter. Was für ein Unterschied. Verrückt, aber
jeder ist anders. Hü, die Zeit ist um.
„Hmmm ...", sage ich. „Durchgefallen. Du schreibst über dich selbst."
„Eine Vier könntest du mir schon geben", sagt sie, „ich weiß halt noch zu
35 wenig über dich."

wortstark!

Wörter sammeln und ordnen

Wenn wir Personen beschreiben und charakterisieren, spielen Adjektive eine wichtige Rolle. Mit Adjektiven kannst du das Aussehen, aber auch den Charakter von Figuren beschreiben.

Gestatten: Das Sams! 🔊
Das Sams ist ein respektloses, witziges, vorlautes, kindliches Wesen mit roten lockigen Haaren, platter Rüsselnase und blauen Punkten im Gesicht. Es ist ziemlich klein und kräftig.

Sams ist komisch, Sams ist witzig, 🔊
Sams ist manchmal wasserspritzig,
Sams ist überaus verfressen,
Sams kann hundert Würstchen essen.
Sams ist schrecklich eifersüchtig,
Sams macht manchmal fahruntüchtig,
Sams bringt manchen Chef zum Brüllen –
und vor allem, das ist wichtig:
Es kann alle Wünsche erfüllen!

1 Das Sams ist eine bekannte Figur aus Kinderbüchern von Paul Maar.
Wie wird das Sams beschrieben? Markiere die Adjektive (Folie) in den beiden Texten und ordne sie in die Tabelle ein.

So sieht das Sams aus ...	So ist das Sams ...
rote Haare	respektlos ...
lockige Haare ...	

2 a) Ordne die Adjektive den Nomen zu. Manche Adjektive kannst du
  mehrmals verwenden: blonde, kurze, glatte Haare ...
  – Adjektive: blond, kurz, glatt, blau, groß, klein, spitz, dick, lang, rund
  – Nomen: Haare, Augen, Nase, Mund, Ohren, Hals
  b) Ergänze weitere Adjektive: blonde, rote, braune, schwarze ... Haare

3 So können Personen sein. Welche Gegensatzpaare findest du?
Manchmal gibt es mehrere Möglichkeiten. witzig – ernst, ängstlich – ...

witzig, ängstlich, fröhlich, frech, lustig, sympathisch, zufrieden, glücklich, gut	mutig, traurig, schüchtern, unsicher, unsympathisch, ernst, enttäuscht, wütend, böse

Wörtliche Rede erkennen und gebrauchen

1 Schau dir das Bild an und lies den Text dazu.
- Markiere im Text (Folie), was die Personen wörtlich sagen.
- Schreibe die Sätze auf, die in die Sprechblasen gehören.

> Leon sitzt schon seit Stunden vor dem Fernsehapparat und zappt von einem Programm ins andere. Seine Mutter schimpft: Du hängst den ganzen Tag vor der Glotze, willst du nicht mal was lesen? Leon lacht: Ok, gib mir mal das Programmheft.

WISSEN UND KÖNNEN ▸ **Wörtliche Rede und Redebegleitsatz**

In Texten steht oft, was Figuren wörtlich sagen.
Die wörtliche Rede steht in Anführungszeichen. Oft steht ein Redebegleitsatz bei der wörtlichen Rede:
Die Mutter schimpft: „Willst du nicht mal was lesen?"
Der Redebegleitsatz drückt aus, wie jemand spricht.

---

2 Schreibe den Text aus Aufgabe 1 mit Redebegleitsatz und den passenden Satzzeichen ab.

3 Lies den Witz und zeichne einen Comic dazu. Füge Sprechblasen ein und überlege dir, welche Sätze in die Sprechblasen kommen.

> Der Vater fragt seinen Sohn, der ein Buch mit unbedruckten Seiten liest: Warum liest du denn ein unbedrucktes Buch?
> Der Sohn antwortet: Man braucht beim Lesen ja immer ein bisschen Fantasie!

4 Schreibe den Witz auf. Denke an die Satzzeichen bei der wörtlichen Rede.

5 Arbeite mit einem Partner. Jeder schreibt einen Witz ohne Anführungszeichen auf. Tauscht die Witze aus und ergänzt die Satzzeichen.

ZEIGE, WAS DU KANNST

Eine Geschichte untersuchen

1 Lies die folgende Geschichte von Irina Korschunow.
  – Die Überschrift fehlt. Gib der Geschichte eine Überschrift.
  – Begründe, warum du diese Überschrift gewählt hast.

(A) Ich heiße Jörg. Meine Eltern sind geschieden und ich bin bei meinem Vater geblieben. Mein Vater ist Lehrer. Jeden Morgen gehen wir beide in die Schule, er in seine und ich in meine. Wer von uns zuerst nach Hause kommt, der setzt das Essen auf. Früher mochte ich nicht kochen. Ich fand es viel zu
5 schwierig. Mein Vater hat es mir auch nicht zugetraut. Ich musste immer auf ihn warten und manchmal dauerte es eine Ewigkeit, bis es Mittagessen gab.

(B) In den Ferien waren wir vierzehn Tage an der Ostsee. Hinterher bin ich zu meiner Oma gefahren, und meine Oma hat gesagt: „Ich weiß wirklich nicht, warum du dich so anstellst. Kochen ist doch keine Zauberei. Ich bringe es dir
10 bei, wenn du willst." Zuerst wollte ich nicht. Aber zwei Tage später haben wir doch damit angefangen. Da zeigte mir meine Oma, wie man Spaghetti und Tomatensoße macht. Ich habe einen Topf mit Salzwasser auf den Herd gestellt. Dann, als es blubberte, kamen die Spaghetti hin-
15 ein und nach zehn Minuten Kochen waren sie weich. Ganz einfach, wirklich. Nur mit der Tomatensoße konnte ich nicht fertig werden. Es hat ziemlich lange gedauert, bis ich das schaffte. Am nächsten Tag sollte es
20 Kartoffeln und Schnitzel geben. Das eine Schnitzel habe ich gebraten und das ande- re meine Oma. Ich habe genau hingeguckt und ihr jeden Handgriff nachgemacht. „Du hast Talent zum Kochen, Jörg", sagte
25 meine Oma. „Papa wird staunen." Von da an brachte sie mir jeden Morgen etwas Neues bei. [...]

C Die Kinder im Haus fanden es komisch, dass ich kochen lernte. „Wie ein Mädchen!", sagten sie. Aber ich habe ihnen einen Vogel gezeigt. Mein Vater kann
auch kochen. Überhaupt sind die besten Köche Männer, hat meine Oma gesagt.   30
Von wegen Mädchen! Am Ende der Ferien hatte ich eine Menge gelernt. Gemü-
sesuppe, Pfannkuchen, Kartoffelsalat mit Würstchen, Reisauflauf und noch
mehr. Für alles hat mir meine Oma das genaue Rezept aufgeschrieben, damit
ich es nicht wieder vergesse. Und meinem Vater haben wir nichts verraten.

D Am ersten Schultag war bei uns schon um zehn Schluss. Da bin ich nach Hau-   35
se gerannt und habe gekocht: Spaghetti mit Fleischsoße und als Nachtisch
Schokoladenpudding. Mein Vater hat vielleicht gestaunt! „Mann, Jörg",
hat er gesagt. „Das schmeckt toll. Du könntest direkt Koch werden."
Aber ich will lieber Lehrer werden, so wie er.

2 Lies nun die Geschichte noch einmal Abschnitt für Abschnitt.
Was passiert in der Geschichte? Beschreibe die Handlung.
Beantworte dazu diese Fragen schriftlich.
  – Abschnitt **A**: Was erfährst du über Jörgs Familie?
    Früher kochte ...
  – Abschnitt **B**: Wie lernt Jörg kochen?
    Jörgs Oma ...
  – Abschnitt **C**: Wann ärgert sich Jörg?
    Jörg ärgert sich, wenn ...
  – Abschnitt **D**: Worüber wundert sich Jörgs Vater?
    Jörgs Vater wundert sich, dass ...

3 Denke über die Geschichte nach. Beantworte die Fragen schriftlich:
  a. Warum wollte Jörg früher nicht kochen – später aber schon?
  b. Warum spielt Jörgs Oma in der Geschichte eine wichtige Rolle?
  c. Was denkt der Vater am Anfang der Geschichte über Jörg,
     welche Meinung hat er am Ende?
  d. In der Geschichte steht: „Die Kinder im Haus fanden es komisch,
     dass ich kochen lernte. „Wie ein Mädchen!"
     Wie reagiert Jörg darauf?

4 Formuliere deine Meinung: Was hat Jörg gut gemacht?
Begründe deine Meinung mit Informationen aus dem Text.

Sachtexte lesen und verstehen

Im Unterricht liest du oft Sachtexte. Du sollst den Texten Informationen entnehmen und dann damit weiterarbeiten. Übe hier, wie du dabei vorgehen kannst.

TEXTE UND MEDIEN

1 Lies den Zeitungstext einmal durch. Nimm dir dazu nur drei Minuten Zeit. Lies auch weiter, wenn du etwas nicht verstehst.

> **Ein Tier mit Sammelleidenschaft: In einem Wald in der Nähe von Trier sind mehr als 120 Schuhe gefunden worden. Die hatte das Tier in der Gegend geklaut – offenbar als Spielzeug für seine Jungen.**
>
> Die Schuhe verschwanden immer nachts – von Terrassen, aus Gärten und Hauseingängen. Mehr als ein Jahr lang rätselten die Menschen aus dem Ort Föhren, wer Interesse an abgelatschten Gummistiefeln, dreckigen Wanderschuhen und alten Pantoffeln haben könnte. Jetzt ist der Dieb entlarvt: Ein Fuchs hat das Schuhwerk zusammengetragen und in seinem Bau versteckt.

2 Welches Foto und welche Überschrift passen zum Text? Begründe deine Entscheidung.

Frecher Schuhräuber
Ein Fuchs als Haustier?

▶ Ein Journalist spricht mit dem Förster, der die Schuhe gefunden hat. Schreibe das Interview mit den Fragen und Antworten auf: Wann? Wo? Welche? Wer? Warum?

Vor dem Lesen: Vermutungen anstellen

Bevor du mit dem Lesen anfängst, sollst du dir schon einmal Gedanken machen. Was ist das für ein Text? Um welches Thema geht es? Was könnte im Text stehen?

1 Schau dir das Foto an und lies die Überschrift. Was glaubst du, was im Text steht?

Der schlechteste Jagdhund der Welt

Tatsächlich war der Beagle dem Fuchsbau schon sehr nah gekommen. Darin lagen vier kleine Fuchswelpen. Die Fuchseltern wollten ihre Jungen verteidigen. Vater Fuchs nahm die direkte Verfolgung auf ...

Dieser Beagle ist ein Jagdhund. Er ist gerade dabei einen Fuchsbau aufzuspüren. Der Jagdhund hat die Spur aufgenommen. Er merkt allerdings nicht, dass ihm ein Fuchs folgt ...

In diesem Moment macht eine Fotografin ein Foto von den beiden Tieren. Was ist hier los? Ist der Beagle wirklich so dumm?

Ich rieche den Fuchs! Die Menschen werden sooo stolz sein, wenn ich ihn finde.

2 In der Redaktion sind die Abschnitte des Textes durcheinandergeraten. Bringe die Abschnitte in die richtige Reihenfolge.

3 Stimmt deine Vermutung aus Aufgabe 1? Erkläre, welcher Moment auf dem Foto zu sehen ist.

4 Wähle Aufgabe **A** oder **B** aus:

A Was denkt der Fuchs wohl in diesem Augenblick? Schreibe eine Gedankenblase.

B Schreibe eine kleine Geschichte – aus der Sicht des Fuchses oder aus der Sicht des Hundes.

Sachtexten Informationen entnehmen

Sachtexte enthalten viele Informationen. Mache dir vor dem Lesen klar, welche Informationen du suchst. W-Fragen helfen dir dabei.

1 Lies den Lexikonartikel über den Fuchs und unterstreiche die Antworten auf die Fragen mit verschiedenen Farben (Folie):

a. **Wo** leben Füchse?
b. **Wie** sehen Füchse aus?
c. **Wie** alt werden Füchse?
d. **Was** machen Füchse am Tag und in der Nacht?
e. **Was** fressen Füchse?
f. **Was** ist das Besondere an Füchsen? Nenne ein Beispiel.

Füchse

Füchse leben nicht nur in Wäldern, sie sind heute auch in großen Parks zu Hause.
Die Tiere werden höchstens 40 cm hoch. Mit ihrem langen, buschigen Schwanz sind sie bis zu 1,40 m lang. Das dichte Fell ist rotbraun.
5 Füchse können bis zu zwölf Jahre alt werden.
Die meiste Zeit des Tages verbringen Füchse schlafend in ihrem Bau. Aktiv sind sie nachts und in der Dämmerung. Dann durchstreifen sie ihr Revier auf der Suche nach Nahrung. Ein Fuchs frisst alles, was ihm vor seine spitze Schnauze kommt: Mäuse, Vögel, und von Abfallhaufen.
10 Füchse sind sehr sportlich: Sie können bis zu fünf Meter weit und zwei Meter hoch springen und bis zu 50 Kilometer pro Stunde schnell laufen.
In den letzten Jahrzehnten mussten viele Füchse getötet werden, weil sie die Tollwut übertragen. Mit dieser tödlichen Krankheit kann der
15 Fuchs nicht nur andere Tiere, sondern auch den Menschen anstecken.

2 Erstelle auf einem Blatt einen Steckbrief zum Fuchs.
Nutze dazu deine Markierungen: Wähle wichtige Wörter aus
und schreibe diese Stichwörter in deinen Steckbrief.

Steckbrief: Fuchs
Lebensraum: in Wäldern, in ...
Aussehen: ...
Alter: ...
Lebensweise: ...
Nahrung: ...
Besonderheit: ...

3 Überfliege den folgenden Text.
– Was ist das für ein Text?
– Woran hast du das erkannt?

Eichhörnchen

Eichhörnchen leben in Wäldern oder Parks. Sie sind 20–30 cm groß,
haben ein rötlichbraunes Fell und einen buschigen Schwanz. Den
Schwanz brauchen sie zum Steuern, wenn sie von Ast zu Ast springen.
Die Tiere können bis zu drei Meter weit springen. Sie leben in Nestern
5 auf Bäumen. Das Eichhörnchen ernährt sich von Nüssen, Eicheln und
Samen. Es räubert aber auch Vogelnester aus und frisst Eier oder kleine Vögel. Im Winter schläft es viel, steht aber regelmäßig auf, um von
seinen Vorräten zu fressen.

4 a) Formuliere fünf W-Fragen, auf die der Text eine Antwort gibt.
b) Tauscht eure Fragen aus und beantwortet sie mit Hilfe des Textes.

5 Wähle Aufgabe **A** oder **B** aus:
A Schreibe einen Steckbrief zum Eichhörnchen.
B Schreibe einen Steckbrief zu einem anderen Tier.
Informiere dich über das Tier im Internet.

Über Sachtexte nachdenken

Sachtexte enthalten viele Informationen. In Sachtexten stehen aber auch Erklärungen und Begründungen. Dann musst du über die Texte nachdenken. Wenn du Warum-Fragen stellst, gelingt das leicht.

1 Lies den Sachtext über Wölfe.
Welche Überschrift passt zu welchem Abschnitt?
Die Rückkehr der Wölfe   **Wölfe auf der Jagd**   **Heulende Wölfe**

Wölfe

Aaaaahuuuuu! Wölfe heulen in ganz verschiedenen Situationen.
Sie heulen oft zusammen, um das Gemeinschaftsgefühl in ihrem
Rudel zu stärken oder um sich vor der Jagd in Stimmung zu bringen.
Wölfe heulen aber auch, um Wölfen in den Nachbarrevieren zu sagen:
5 Das ist unser Revier, bleib ja fern von hier. Jungtiere heulen, wenn sie
auf Futter warten, während die Eltern auf Jagd sind. Wenn ein Mitglied
aus dem Rudel stirbt, bringen die Tiere mit dem Wolfsgeheul ihre Trau-
er zum Ausdruck.

Wölfe jagen nachts. Ihren scharfen Augen entgeht kaum
10 ein Beutetier. Sie schleichen sich an ein Wildschwein oder
an einen Hirsch an und warten eine günstige Gelegenheit ab,
um anzugreifen. Dann rennen sie plötzlich los und hetzen ihre
Beute bis zu 50 Stundenkilometer schnell. Das ist schneller,
als ein Olympiasieger laufen kann. Weil die Wölfe diese hohe
15 Geschwindigkeit aber nur eine kurze Strecke lang durchhal-
ten, erwischen sie meist nur schwache oder kranke Tiere.

Seit dem Jahr 2000 gibt es wieder Wölfe in Deutschland. Umwelt-
schützer freuen sich darüber. Jäger, Schäfer und Bauern sind weniger
begeistert, denn Wölfe reißen auch Tiere auf den Weiden.
20 Menschen brauchen Wölfe aber nicht zu fürchten, denn die Tiere
haben Angst vor Menschen! Wölfe bemerken die Menschen schon viel
früher als wir sie – und rennen davon.

2 Warum heulen Wölfe? Was wollen die Wölfe damit mitteilen?
Welche Informationen aus den Denkblasen stehen im Text?
Schreibe fünf Gründe auf.

Du fehlst uns sehr!

Das ist unser Revier!

Bitte hilf mir!

Ich habe Hunger!

Wir gehören zusammen!

Ich habe schlimme Schmerzen!

Gleich geht es zur Jagd!

3 Suche die Informationen im Text und schreibe die Antworten
auf die Fragen a – c auf.

   a. Warum erbeuten Wölfe meistens nur schwache und kranke Tiere?
      Wölfe erbeuten nur schwache und kranke Tiere, weil ...

   b. Warum freuen sich Schäfer und Bauern nicht über die Wölfe?
      Schäfer und Bauern freuen sich nicht, weil ...

   c. Warum müssen wir Menschen keine Angst vor Wölfen haben?
      Wir müssen keine Angst haben, denn ...

4 Arbeite mit deinen Ergebnissen weiter. Wähle Aufgabe **A** oder **B**:

A Schäfer Johannes R. schreibt in einer E-Mail:
   „Es gibt wieder Wölfe bei uns. Ich finde das wirklich schlimm.
   Wölfe sind gefährlich für meine Schafe – und auch für uns Menschen!"
   Antworte dem Schäfer: Lieber Johannes, du musst keine Angst ...

B Im Internet fragt ein User: „Stimmt es, dass Wölfe den Mond anheulen?"
   Schreibe dem User eine Antwort. Erkläre, warum Wölfe heulen.
   Viele Menschen glauben, dass die Wölfe den Mond anheulen.
   Dies ist allerdings ein Irrtum: ...

Einen Sachtext lesen – Schritt für Schritt

Sachtexte lesen wir Schritt für Schritt – hier kannst du dies einmal selbstständig üben.

1 Lies die Überschrift und schau dir das Bild an.
Überlege dir, worum es in diesem Text gehen könnte.

2 Überfliege den Text aus einem Jugendmagazin
und finde heraus, worum es geht.

Von Beruf: Hund

Es ist keine neue Idee, dass Hunde den Menschen bei der Arbeit helfen. Als Jagdhunde spüren sie Wild auf, als Schäferhunde hüten
5 sie Schafe, als Hofhunde verteidigen sie Haus und Bewohner.

Im Laufe der Jahre sind immer mehr Hunde-Jobs entstanden, dafür gibt es private Hundetrainer.
10 Manche von ihnen bilden Blindenführhunde aus oder trainieren künftige Therapiehunde, die Kranken oder Behinderten helfen. Es gibt Rettungshunde,
15 die nach Erdbeben oder Lawinen Verschüttete suchen, und Schauspielhunde, die in Kino- und Fernsehfilmen wie „Lassie" oder „Kommissar Rex" mitspielen.

Die Arbeit eines echten Polizei- 20
hundes hat aber nur wenig mit dem zu tun, was Polizeihunde in Fernsehserien so erledigen. Die Polizisten verlassen sich auf die Dinge, die der Hund einfach bes- 25
ser kann als der Mensch: laufen, hören und riechen. Und Zähne fletschen: Polizeihunde halten beispielsweise Randalierer in Schach. Ein Hund schüchtert 30
manchmal mehr ein als ein Mensch.

3 Formuliere für jeden Abschnitt eine Überschrift.

4 a) Formuliere für jeden Abschnitt zwei W-Fragen.
b) Tauscht die Fragen aus und beantwortet sie wechselseitig.

5 Denke über den Text nach:
Welche Hundeberufe findest du besonders wichtig? Warum?

METHODE ▶ **Einen Sachtext erschließen in 5 Schritten**

Schritt 1: Das Lesen beginnt vor dem Lesen
Schau dir zunächst die Überschrift und die Bilder an.
– Was könnte im Text stehen? Was weißt du schon über das Thema?

Schritt 2: Überlege, worum es im Text geht
Überfliege den Text und erfasse zunächst nur das Wichtigste:
– Woher stammt der Text? Wer hat ihn für wen geschrieben?
– Worum geht es?

Schritt 3: Finde heraus, wie der Text aufgebaut ist
Achte auf die Abschnitte. Wenn der Text keine Abschnitte hat,
dann gliedere ihn selbst. Gib jedem Abschnitt eine Überschrift.

Schritt 4: Suche wichtige Informationen im Text
Welche Informationen suchst du? Oft brauchst du nur bestimmte Stellen im Text zu lesen. W-Fragen helfen dir, wichtige Stellen zu finden:
Was ...? Wer ...? Wie ...? Wann ...? Wo ...? Warum ...?
Ihr könnt selbst W-Fragen stellen und wechselseitig beantworten.

Schritt 5: Denke über den Text nach und bilde dir eine eigene Meinung
– Waren die Informationen interessant? Warum?
– Nutze die Informationen und arbeite damit weiter.

▶ Die 5-Schritt-Lesemethode könnt ihr selbstständig mit weiteren Texten üben.
Ihr findet geeignete Texte im Medienpool.

*→ Medienpool:
Sachtexte*

wortstark!

Wörter sammeln und ordnen

❶ a) Zeichne dein Lieblingstier.
b) Wie heißt dein Tier in anderen Sprachen?
Schreibe die Wörter dazu.

Oink Oink

Moo Moo

Cockadoodledoo

Meow Meow

Woof Woof

Eeehhoou

→ *Hier kannst du dir
Tierlaute anhören:
https://www.esl.de/
de/esl-sie-tierge-
rausche-kaffeepau-
se.htm*

❷ Welche Laute machen die Tiere in den verschiedenen Sprachen?
a) Sammelt Tierlaute in allen Sprachen, die ihr kennt. Macht die Laute vor.
b) Recherchiere im Internet. Auch dort kannst du dir Tierlaute in verschiedenen Sprachen anhören.

❸ a) Suche zu den Oberbegriffen „Haustier" und „Wildtier" weitere Beispiele.
Schreibe sie in eine Tabelle.

Haustiere	heimische Wildtiere	„exotische" Wildtiere
das Pferd	der Fuchs	der Elefant
...	...	...

b) Was Tiere alles machen ... Ergänze die Listen:
Katzen: fangen Mäuse, ...
Pferde: galoppieren, ...
...

Jürgen Spohn 🔊
Manchmal

An manchen Tagen
geht nichts zusammen:
Da bellt die Maus.
Da kräht der Frosch.
Da muht das Schwein.
Da fiept der Hund.
Da quakt der Hahn.
Da quiekt das Huhn.
Da miaut die Ziege.
Da meckert die Meise.
Da gackert die Katze.
Da zwitschert die Kuh.

❹ Lies das Gedicht „Manchmal" still für dich.
a) Überlege, was das Besondere an diesem Gedicht ist.
b) Was machen die Tiere tatsächlich? Mäuse fiepen, Frösche ...
Ergänze die Liste mit eigenen Beispielen.

Adjektive in Texten gebrauchen

Nemi aus Landshut (Adlerstr.) entlaufen

Geschlecht: weiblich
Alter: 1 Jahr
Vermisstendatum: 26.07.
Kennzeichen: Nemi ist eine orange-weiße Katze mit langen Beinen und großen Ohren. Sie hat grüne Augen, ihre Nase ist rosa. Sie hat lange Schnurrhaare, eine gestreifte Brust und einen langen, buschigen Schwanz. Nemi ist mittelschlank und sehr verschmust.

Wer etwas von Nemi weiß, soll mich bitte anrufen oder anmailen.

❶ Lies die Suchanzeige über „Nemi".
a) Markiere die Adjektive (Folie).
b) Schreibe in dein Heft, wie die Katze aussieht:

Nemi hat ein orange-weißes Fell, ▮▮▮ Beine und ▮▮▮ Ohren.
Sie hat ▮▮▮ Augen, eine ▮▮▮ Nase, ▮▮▮ Schnurrhaare, eine ▮▮▮ Brust
und einen ▮▮▮, ▮▮▮ Schwanz. Nemi ist ▮▮▮ und sehr ▮▮▮.

→ Seite 77, 193:
Tiere mit Adjektiven beschreiben

WISSEN UND KÖNNEN ▶ **Adjektive in Texten gebrauchen**

Mit Adjektiven kann man Lebewesen und Dinge genau beschreiben.
– Wenn Adjektive vor dem Nomen stehen, dann werden sie verändert (dekliniert): Nemi hat einen lang**en**, buschig**en** Schwanz.
– Wenn Adjektive beim Verb „sein" stehen, werden sie nicht verändert: Ihr Schwanz ist lang und buschig.

❷ „Lilly" wird gesucht: Setzte die Adjektive in der korrekten Form ein.

Lilly hat ein ▮▮▮ (hellbraun) Fell, ▮▮▮ (klein) Ohren und ▮▮▮ (rötlich)
Augen. Sie hat ▮▮▮ (kräftig) Beine und einen ▮▮▮ (buschig) Schwanz.

Einen Sachtext untersuchen

Zebraherden haben nur ein Ziel: Leckeres Gras finden. Dafür wandern sie oft weite Strecken über die Graslandschaften.

Deine Mutter würdest du unter tausenden Menschen erkennen, genauso deinen Vater, deine Tante oder deine Freundin. Zebras
5 können das auch. Nur verraten nicht die Gesichter, wer vor ihnen steht, sondern das Streifenmuster auf dem Fell. Das ist nämlich bei jedem Tier besonders – und
10 für Zebras sehr wichtig.
Zebras leben in Herden und das geht nur, wenn man sich gut kennt. Der Anführer der Herde ist immer ein Hengst. Zu ihm gehö-
15 ren gleich mehrere Stuten und viele Fohlen.
Bei der Geburt wiegt ein Junges 30 Kilogramm. Damit Löwen die Jungtiere nicht so leicht erwi-
20 schen, lernen die Babys schon eine Stunde nach ihrer Geburt zu galoppieren.

Ausgewachsen sind Zebras mit etwa drei Jahren. Dann sind sie von Kopf bis Schwanz etwa 2,30 25 Meter und wiegen bis zu 385 Kilogramm – so viel wie fünf Erwachsene.
Zebras leben in der Steppe im Süden und Osten Afrikas. 30 Die Tiere verständigen sich mit verschiedenen Lauten. Langes Schnauben bedeutet etwa: „Ich fühle mich wohl." Das helle Jammern der Fohlen bedeutet: 35 „Ich habe Angst!" Damit es allen in der Herde gut geht, hält nachts ein Tier Wache. Es ruft Alarm, sobald sich ein Raubtier nähert. So können die Zebras meist 40 rechtzeitig fliehen. Zebras können sehr schnell galoppieren, wenn sie angegriffen werden. In der Wildnis werden Zebras durchschnittlich 20 Jahre alt. 45

1 Schau dir das Foto an und überfliege den Text.
Welche Überschrift passt zum Text?
a. Zebras im Zoo
b. Zebras in freier Wildbahn
c. Vergleich zwischen Zebras und Pferden

2 Suche wichtige Informationen über Zebras im Text.
Beantworte dazu die W-Fragen:
a. Wie sehen Zebras aus?
b. Wie groß und wie schwer werden Zebras?
c. Wo leben Zebras?
d. Wie alt werden die Tiere?
e. Was fressen Zebras besonders gern?
f. Was können Zebras besonders gut?

3 Denke über den Text nach und beantworte die Fragen schriftlich.
a. Warum ist das Streifenmuster für Zebras so wichtig?
b. Wie verständigen sich Zebras? Nenne ein Beispiel.
c. Wie schützen die Zebras sich vor Raubtieren?

4 Wähle Aufgabe **A** oder **B** aus.

A Erstelle einen Steckbrief zum Zebra.
Nutze die Ergebnisse aus Aufgabe 2.

B Welche Informationen waren für dich
neu und interessant? Warum?
Schreibe eine E-Mail an die Zeitschrift.
Nutze die Ergebnisse der Aufgaben 2 und 3.

> Steckbrief: Zebra
> Lebensraum: ...
> Aussehen: ...
> Alter: ...
> Lebensweise: ...
> Nahrung: ...
> Besonderheit: ...

> Liebes Redaktions-Team,
> ich habe Ihren Text über Zebras gelesen. Gut gefallen hat mir ...
> Neu für mich war ...
> Herzliche Grüße ...

Über Medien nachdenken

Bist du ein Bücherfan? Welche Figuren aus Film und Fernsehen
hast du besonders gern? Magst du Computerspiele?
In diesem Kapitel geht es darum, wie ihr Medien nutzt.
Ihr sollt aber auch über den Gebrauch der Medien nachdenken.

TEXTE UND MEDIEN

1 Seht euch die Bilder an und beschreibt sie.
– Welche Situationen sind dargestellt?
– Was machen die Personen auf den Bildern?

2 Welche Situationen sind euch besonders vertraut?
Erzählt von eigenen Erfahrungen. Zur Vorbereitung könnt ihr Wörterkarten
anlegen (siehe Seite 169, Aufgabe 1).

3 Welche Fotos würdet ihr gern noch ergänzen?

Wörter sammeln und ordnen

wortstark!

1 a) Legt eine **Wörterkarte** zum Thema „Fernsehen" an.
   b) Welche Wörter aus der Wörterliste kannst du übernehmen?
   c) Nutze auch die anderen Wörter und lege eine weitere Wörterkarte an.

~~die Sendung~~   die Seite   der Titel   der Bildschirm   das Kapitel
der Umschlag   die Serie   der Autor   die Fernbedienung
die Hauptfigur   das Programm   die Lieblingssendung

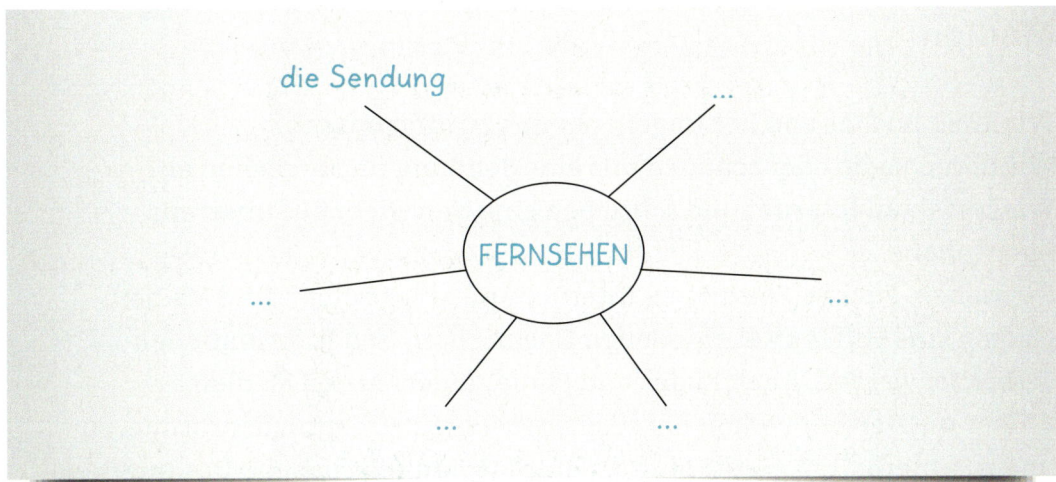

2 Nomen und Verben gehören zusammen: Zeichne die Wortsterne ab und schreibe passende Verben an die Spitzen der Sterne. Einige Verben könnt ihr mehrmals verwenden. Ihr könnt auch neue hinzufügen.

anhören   anschauen   aufnehmen   bekommen   drehen
posten   downloaden   kopieren   machen   beantworten
schreiben   runterladen   verschicken   weiterleiten   löschen
bewerten   abspielen

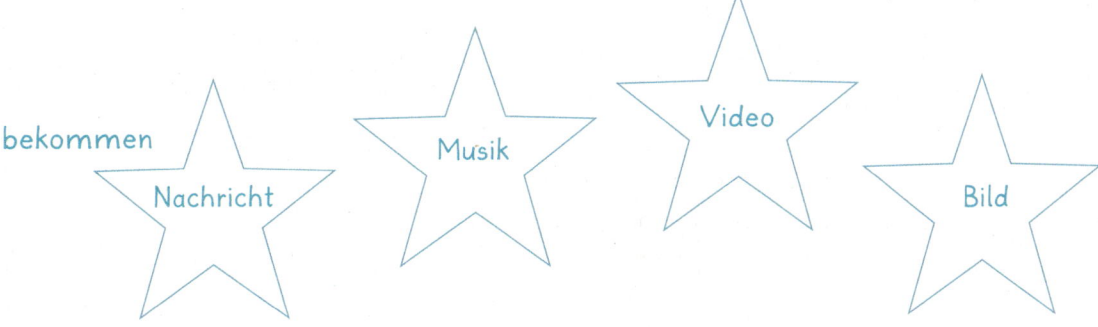

Medien unterscheiden

**Was sind Medien? Welche Medien gibt es und wie nutzen wir sie?
Antworten auf diese Fragen findest du in einem Lexikonartikel.**

🔊 Medien

Wir lesen Bücher und Zeitungen, um uns zu informieren.
Wir hören Radio oder schauen uns eine Sendung im Fernsehen an.
Wir surfen im Internet und schreiben eine Nachricht auf unserem
Smartphone.

5   Fernsehen, Bücher, Zeitungen, Internet und Smartphone sind Medien.
Medien sind Hilfsmittel, mit denen Nachrichten und Informationen
verbreitet werden. Auch Bilder und Filme zählen zu den Medien.
Früher nutzten wir vor allem gedruckte Medien, um uns zu informieren
und zu unterhalten. Heute sind digitale Medien sehr beliebt. Das Internet,

10   Mobiltelefone und Computer gehören zu den digitalen Medien. Auch Bücher
oder Zeitungen sind heutzutage online verfügbar.

❶ Lies den Lexikonartikel.
- – Was sind Medien? Suche die Erklärung im Text und schreibe sie auf.
- – Welche verschiedenen Medien werden im Text genannt?
  Ordne sie in einer Tabelle.

gedruckte Medien	neue (digitale) Medien
Bücher	E-Books

❷ Kennst du noch weitere Medien? Ergänze die Tabelle.
Schau dir dazu auch die Abbildungen an.

❸ Welche Medien kannst du sowohl gedruckt als auch digital nutzen?
Was machst du lieber? Warum?

Medien nutzen – wozu?

Wozu kann man ein Smartphone nutzen? Wozu dient eine Suchmaschine? Wozu kannst du soziale Medien nutzen? Antworten auf diese Fragen kannst du mit einem um-zu-Satz beantworten.

Ich recherchiere im Internet. Ich suche Material für mein Referat.

Ich nutze mein Smartphone auch, um Fotos zu machen.

1 Lies, was die Schüler sagen.

a) Welche Aussage ist genauer? Warum? Nutze die Information im Kasten.

b) Formuliere auch die linke Sprechblase in einen um-zu-Satz um.

WISSEN UND KÖNNEN ▸ **Ziel und Zweck angeben**

Mit um ... zu kannst du genau ausdrücken, wozu jemand etwas macht:

Opa liest die Zeitung, um sich zu informieren.

Frage: Wozu liest Opa die Zeitung?

Antwort: ... um sich zu informieren.

---

2 Erkläre, wozu die Schülerinnen und Schüler die verschiedenen Medien nutzen. Schreibe die Sätze auf. Verwende um-zu-Sätze.

Oskar nutzt das Internet, um Material für ein Referat zu finden. ...

Oskar nutzt das Internet	ihre Mutter anrufen
Adriana nimmt ihr Smartphone	sich ein Buch ausleihen
Katharina geht in die Bibliothek	sich mit einem Freund verabreden
Julian schreibt eine SMS	sich ein Fußballspiel ansehen
Marius schaltet den Fernseher an	Material für ein Referat finden

Den Mediengebrauch vergleichen

Wenn du über den Mediengebrauch nachdenkst, kannst du dazu verschiedene Texte bearbeiten. Du kannst aus diesen Texten Informationen entnehmen und diese miteinander vergleichen. Es ist aber auch wichtig, dass du über die Informationen nachdenkst und dir eine eigene Meinung bildest.

1 Lies, was Janina und Tobias über Medien schreiben.
Markiere im Text (Folientechnik),
– welche Medien sie nutzen,
– welche Gründe sie dafür nennen.

Welche Medien nutzt ihr?

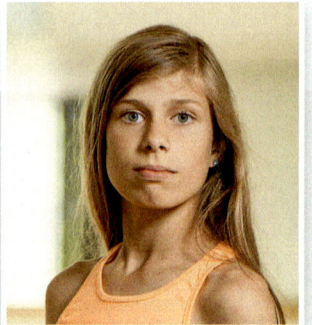

Janina (12) 🔊

Ich höre viel Musik mit meinem Smartphone. Auch wenn ich draußen rumlaufe, hab ich immer die Kopfhörer an. Das finde ich total cool.
Fernsehen gucke ich vielleicht zwei bis drei Mal die Woche – eigentlich nur meine Lieblingsserie. Manchmal schau ich mir auch ein Video auf Youtube an.
Abends im Bett lese ich immer – ich hab am liebsten Bücher, die irgendwas mit mir zu tun haben – oder die lustig sind.
Ich mag aber auch Harry Potter – die Bücher sind mir lieber als die Filme. Das finde ich total entspannend.

Ein Smartphone hab ich keins, brauche ich auch nicht. Es gibt hier Mitschüler, die stellen Freunden online eine Frage, obwohl sie alle in der Pausenhalle sitzen. Ich verstehe nicht, warum die nicht einfach miteinander reden.
Ich lese ganz gern Zeitschriften.
Fernsehen gucke ich fast jeden Tag – vor allem Nachrichten, weil ich wissen will, was in der Welt passiert.

🔊 **Tobias (11)**

2 Nutze deine Ergebnisse aus Aufgabe 1:
Übertrage die Tabelle auf ein Blatt und fülle sie aus.

Name	Medien	Gründe
Janina	Smartphone ...	Musik hören ...
Tobias	Zeitschriften ...	...

wortstark!

Beide sind der Meinung ...
Janina sagt ...
Tobias betont dagegen ...
Ich habe noch eine Gemeinsamkeit entdeckt: ...
Einen Unterschied gibt es noch bei ...

3 Vergleiche mündlich, wie Janina und Tobias die verschiedenen Medien gebrauchen. Nutze die Formulierungshilfen auf dem wortstark!-Zettel.

4 Lege deine persönliche „Medienkarte" an:

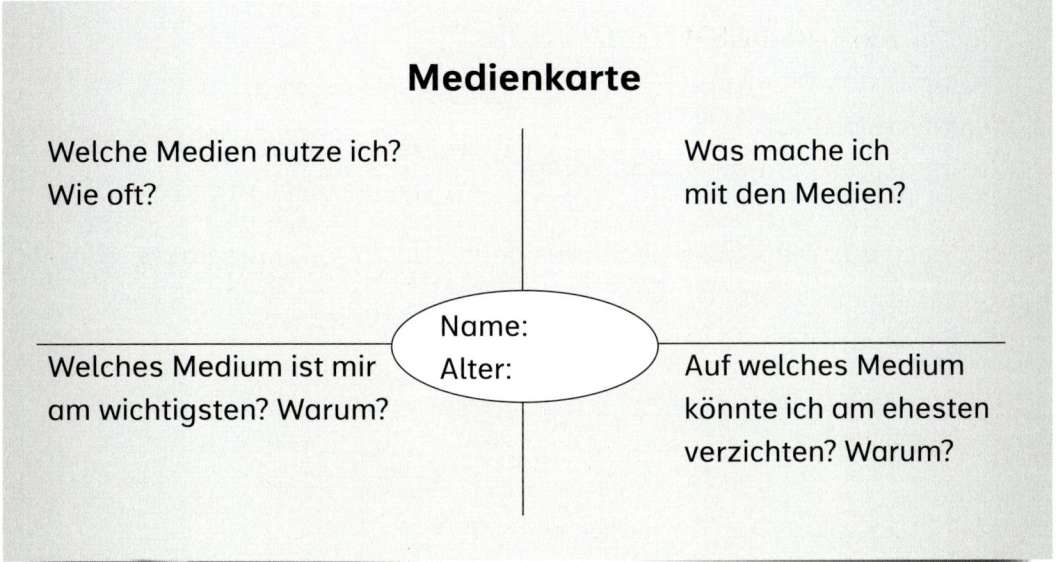

Medienkarte

Welche Medien nutze ich?
Wie oft?

Was mache ich
mit den Medien?

Name:
Alter:

Welches Medium ist mir
am wichtigsten? Warum?

Auf welches Medium
könnte ich am ehesten
verzichten? Warum?

5 Wähle Aufgabe **A** oder **B**:
A Berichte deinen Mitschülern mündlich, wie du Medien nutzt.
B Schreibe für die Wandzeitung „Wie wir in unserer Klasse Medien nutzen" einen kleinen Beitrag. Nutze dazu deine Medienkarte.

6 Vergleicht, wie ihr in der Klasse die Medien nutzt.

Ich bin ein absoluter
Bücherfan, weil ...

Du bist ein absoluter Bücherfan. Ich finde das Lesen
anstrengend und ...

Ein Diagramm lesen und verstehen

Welche Medien nutzen Kinder und Jugendliche in ihrer Freizeit? Experten untersuchen diese Fragen und stellen ihre Ergebnisse in Schaubildern (Diagrammen) dar.

1 Sprecht darüber: Was machen Kinder und Jugendliche in ihrer Freizeit wohl am liebsten?

2 Experten haben untersucht, welche Medien Kinder und Jugendliche tatsächlich nutzen. Seht euch dazu das Schaubild auf Seite 175 an. Sprecht über das Schaubild.
- Wie lautet das Thema?
- Wer hat das Schaubild erstellt?
- Wie alt ist das Diagramm?
- Wer wurde befragt?
- Was bedeuten die Balken und Zahlen?

3 Schaut euch das Diagramm nochmals genau an. Ergänzt die Sätze:

Das Schaubild informiert über das Thema: „ ...“
Die Experten wollten wissen, welche Medien Kinder und Jugendliche jeden Tag nutzen.

An erster Stelle steht ...
Kinder sehen jeden Tag oder fast jeden Tag fern.
An zweiter Stelle steht ...
Auf Platz 3 landet ...
Für viele Kinder und Jugendliche ist es wichtig ...
Genauso viele nennen ...
Computer- und Onlinespiele stehen an ... Stelle.
Bücherlesen landet dahinter, nur ... von 100 Kindern lesen jeden Tag.

Ich finde interessant, dass ...
Ich wundere mich, dass ...

Freizeitaktivitäten von Kindern und Jugendlichen (6 – 13 Jahre)

Was macht ihr jeden Tag/fast jeden Tag in eurer Freizeit?
Von 100 befragten Kindern haben geantwortet:

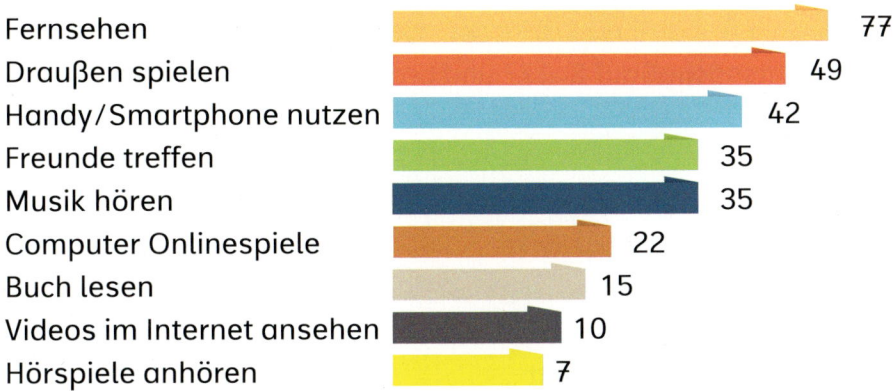

Fernsehen 77
Draußen spielen 49
Handy/Smartphone nutzen 42
Freunde treffen 35
Musik hören 35
Computer Onlinespiele 22
Buch lesen 15
Videos im Internet ansehen 10
Hörspiele anhören 7

Quelle: KIM-Studie 2016

→ *Über die neuesten Zahlen der KIM-Studie könnt ihr euch jährlich im Netz informieren:*
https://www.mpfs.de/studien/?tab=tab-18-2

4 Erstellt ein Diagramm zu den Mediengewohnheiten in eurer Klasse.
 – Schreibt alle Medien auf, die ihr nutzt.
 – Macht euch eine Strichliste, welches Medium wie oft genannt wird.
 – Ihr könnt auch nach Jungen und Mädchen unterscheiden.

		gesamt
Bücher	卌	5
Handy/Smartphone	卌 卌	10
...	...	...

Informationen vergleichen und bewerten

Im Unterricht habt ihr über Medien nachgedacht und dabei Informationen herausarbeitet, diese miteinander verglichen und sie bewertet. Hier kannst du zeigen, was du alles in diesem Kapitel gelernt hast.

1 Lies den Text „Ansichtssache" auf S. 177 und ordne die Überschriften den Abschnitten zu:

Postkarten heute gehört zu Abschnitt ...

Neue Medien verdrängen Postkarten gehört zu Abschnitt ...

Postkarten früher gehört zu Abschnitt ...

2 Bearbeite den Text Abschnitt für Abschnitt. Beantworte die Fragen schriftlich:
a) Lies Abschnitt ①:
   Warum hat man seit 1970 Ansichtskarten
   aus dem Urlaub geschickt? Nenne zwei Gründe.
b) Lies Abschnitt ②:
   Warum gibt es seit 2014 weniger Postkarten?
   Nenne den wichtigsten Grund.
c) Lies Abschnitt ③:
   Warum schreibt man heute Ansichtskarten?
   Nenne den Grund.

3 Vergleiche Ansichtskarten früher und heute. Übertrage dazu die Tabelle auf ein Blatt und trage die fehlenden Informationen ein.

	Ansichtskarten	
	früher	heute
Anzahl		
Gründe		

4 Und du? Schreibst du noch Ansichtskarten? Oder nutzt du lieber moderne Medien? Beantworte die Fragen schriftlich und begründe deine Meinung.

🔊 Ansichtssache

(1) Die Geschichte der Postkarte begann in Deutschland im
Jahr 1870. Damals wurde die erste Postkarte gedruckt.
Um das Jahr 1900 wurden im Jahr mehr als eine Milliarde
Postkarten verschickt, in Berlin wurden sie zum Beispiel
5 mehrmals täglich zugestellt.
Später, nach 1970, als immer mehr Menschen in Urlaub
fuhren, waren Ansichtskarten sehr beliebt. Es ging
darum, der Familie mitzuteilen, dass man gut am Ur-
laubsort angekommen war. Zudem wollte man Freunden
10 und Familie zeigen, wie schön der Urlaub ist: Schau her,
ich liege am Strand.

(2) Wer heute mitteilen will, dass er angekommen ist, ruft
per Handy an. Wer sich zeigen will, nutzt kostenlose On-
line-Dienste wie soziale Medien. Diese sind viel schneller
15 als die Postkarte. Heute ist die Postkarte auf dem Rück-
zug. Laut Deutscher Post wurden 2014 noch 210 Millio-
nen Karten verschickt, 2017 waren es nur noch 173 Milli-
onen. Gezählt wurden nicht nur Ansichtskarten, sondern
alle Formen, zum Beispiel auch Karten für Preisaus-
20 schreiben.

(3) Ansichtskarten werden aber auch heute noch verschickt.
Die Karte erfüllt heute aber einen anderen Zweck, sie
wird mehr als Geschenk gesehen. Du bekommst sie geschickt und weißt: Da hat sich einer Mühe gegeben, er
25 hat eine Karte ausgesucht, eine Briefmarke gekauft und
die Ansichtskarte ist mit der Hand geschrieben. Mit der
Postkarte verbindet fast jeder etwas, sie steht für die
schönsten Tage des Jahres. Auf ihrer Vorderseite scheint
meist die Sonne. Und wer eine Postkarte erhält, wirft sie
30 selten in den Müll. Im Gegenteil, oft erhält sie einen besonderen Platz an der Pinnwand oder am Kühlschrank.
Wer morgens die Milch für den Kaffee herausholt, wird
daran erinnert, wie schön es doch wäre, mal wieder zu
verreisen.

Mit Hörbüchern arbeiten

Ein Buch kannst du lesen – oder hören: als Hörbuch.
Wenn du eine Geschichte hörst, musst du nicht selbst lesen –
aber auch das Zuhören will gelernt sein!
Ihr beschäftigt euch in diesem Kapitel mit
Episoden aus diesem Hörbuch:

TEXTE UND MEDIEN

1 Informiere dich zunächst
über das Hörbuch.
Schau dir dazu die Vor-
derseite des Hörbuchs an.
Was erfährst du?
– Wer spielt in diesem
Hörbuch wohl eine
wichtige Rolle?
– Was verrät dir das Bild?

HörCompany

MICHAEL GERARD BAUER

MEIN HUND
MISTER MATTI

vorgelesen von Samuel Weiss

Zuhören will gelernt sein!
– Ich schließe die Augen und höre nur zu.
– Ich achte besonders auf die Stimme
des Sprechers.
– ...

2 Sammelt Ideen,
was beim Zuhören
wichtig ist.
Erstellt ein Lernplakat
„Zuhören will gelernt
sein!".

METHODE **Mit einem Hörbuch arbeiten**

Hört die einzelnen Episoden des Hörbuchs zwei Mal:
– Nach dem ersten Hören sprecht ihr darüber, worum es in dieser
Episode geht und was euch besonders auffällt.
– Lest dann die Aufgaben und hört die Episode noch einmal.
– Besprecht zum Schluss eure Ergebnisse und arbeitet damit weiter.

Die Hauptfiguren kennenlernen

**Wenn du eine Geschichte hörst, musst du dir klarmachen,
wer die Geschichte erzählt und wer in der Geschichte mitspielt.
Zwei Hauptfiguren dieser Geschichte habt ihr schon auf der Vorderseite
des Hörbuchs entdecken können ...**

1 Hört den Anfang des Hörbuchs. Ihr lernt die wichtigsten Figuren kennen.

→ Medienpool:
Mein Hund Mister
Matti (1)

   a) Wer ist Mister Matti? Wer gehört zur Familie Ingram?

   Schreibe die Figuren auf und notiere dazu, wer gemeint ist.

   b) Corey und Mister Matti – was erfährst du über die beiden?

   – Warum fährt Corey mit den Eltern zu Onkel Gavin?

   – Welchen Hund sucht sich Corey aus?

   – Warum sucht sich Corey ausgerechnet diesen Hund aus?

   – Wie kommt Mister Matti zu seinem Namen?

2 Die Geschichte ist in der Ich-Form erzählt.
   Wer erzählt die Geschichte?

3 Sprecht darüber, wie es euch beim Zuhören geht.

Es macht Spaß, zuzu-
hören, weil ...

Zuhören ist schöner,
als selber lesen.

Ich finde, der Sprecher
klingt ziemlich alt ....

4 Ergänzt euer Lernplakat „Zuhören will gelernt sein!"

Eine Hörszene nacherzählen

Beim Nacherzählen einer Geschichte müsst ihr auf verschiedene Dinge achten: Erzählt der Reihe nach, was passiert. Achtet dabei darauf, was besonders wichtig oder interessant ist.
Erzählt also immer so, dass eure Zuhörer aufmerksam bleiben. Wenn ihr einen Erzählfaden spinnt, können eure Zuhörer die Geschichte besser verstehen. Hier könnt ihr das einmal ausprobieren.

→ Medienpool:
Mein Hund Mister
Matti (2)

1 Mister Matti beherrscht ein einziges Kunststück. Hört, wie es dazu kam. Sprecht nach dem Hören über folgende Fragen:

a. **Wie alles begann:** Was machte Corey, wenn der Zeitungsausträger kam?
b. Was machte Mister Matti am **Anfang** mit der Zeitung?
c. Was brachte Corey Mister Matti **zuerst** bei?
d. Was passierte **eines Tages völlig unerwartet**?
e. Was passierte **kurze Zeit später**?
f. Was passierte **an einem Samstag Besonderes**?
g. Warum heißt die Episode **Mattis einziges Kunststück**?

2 Hört die Episode noch einmal. Erstellt dann gemeinsam eine Liste mit Bildern und Stichwortzetteln, die ihr an eine „Erzählleine" hängt.
– Ihr könnt euch die Hörszene mehrmals anhören.
– Malt Bilder und macht euch Notizen wie im Beispiel.
– Gestaltet zu den Fragen aus Aufgabe 1 Bild- und Notizzettel.

3 Erzählt die Episode nach. Wechselt euch beim
Erzählen ab.
- Nutzt die Erzählleine
- Erzählt in der Ich-Form und im Präteritum.
- Nutzt die „Erzählwörter" vom wortstark!-Zettel.

4 Wechselt euch mit der Erzähler- und Zuhörerrolle
ab. Macht mehrere Erzähldurchgänge.
Ihr könnt eure Erzählungen auch aufnehmen und
gemeinsam besprechen.

wortstark!

Alles begann mit …
Einmal war ich …
Nach diesem Erlebnis …
Aber es gab ein kleines Problem …
Eines Tages passierte etwas völlig
Unerwartetes: …
Am nächsten Tag …
Kurze Zeit später …
An einem Samstag …
Er machte es jeden Tag und
vergaß es nie.

5 Lass dir von deinen Zuhörern Rückmeldungen geben.
- Was hast du als Erzähler gut gemacht?
- Was ist unklar geblieben?
- Wo hättest du ausführlicher erzählen sollen?
- Was hat den Zuhörern besonders gut gefallen?
- Was kannst du beim Nacherzählen noch verbessern?

Ich habe dir gern zugehört, weil …

Am Ende hast du zu viel weggelassen …

▶ Wenn ihr euch die CD besorgt, könnt ihr auch andere Episoden aus dem Hörbuch anhören und nacherzählen.

Verstehen, was die Figuren denken und fühlen

In einer Geschichte ist wichtig, was alles passiert. Es ist aber auch wichtig, was die Personen denken oder fühlen.

→ Medienpool:
Mein Hund Mister
Matti (3)

1 Hört euch „Meine Lieblingsgeschichte von Mister Matti" an.
Erzählt, was Mister Matti macht, wenn Corey aus der Schule kommt.
Schaut euch dazu auch das Bild an.

Mister Matti wartet jeden Mittag auf Corey, wenn er aus der Schule kommt.

Mister Matti wedelt immer verrückt mit dem Schwanz, wenn er …

2 Versetze dich in die Gedanken und Gefühle von Corey. Was bedeutet Mister Matti für Corey? Suche dir Aufgabe **A** oder **B** aus.
A Schreibe einen Tagebucheintrag Coreys.
B Arbeitet zu zweit und macht ein Interview: Einer spielt Corey, der andere befragt ihn. Wechselt die Rollen. Überlegt euch gemeinsam Fragen an Corey.
  – Erzähl mal, wie sieht dein Hund aus?
  – Was ist typisch für Mister Matti?
  – Was macht er, wenn du aus der Schule kommst?
  – …

3 Sprecht darüber, wie ihr diese „Lieblingsgeschichte" von Corey findet.

So einen Hund hätte ich auch gern, denn …

Ich finde nicht schön, was Corey am Ende der Geschichte mit Mister Matti macht: …

Mit einer Hörszene weiterarbeiten

Es macht Spaß eine Geschichte zu hören, die Figuren kennenzulernen und zu verstehen, was alles passiert. Geschichten haben aber auch immer etwas mit dir zu tun: Arbeite mit der Geschichte weiter und zeige, wie du sie verstehst.

1 Hört eine weitere Episode und erzählt sie nach.
  – Was ist auf den Bildern zu sehen?
  – Erzähle, warum sich Corey eines Tages große Sorgen macht.
  – Was macht die Familie alles, um Mister Matti zu finden?
  – Erzähle, wie die Geschichte ausgeht.

→ *Medienpool:*
Mein Hund Mister
Matti (4)

Hinweise für das Plakat bekommt ihr auch im Hörtext.

2 Arbeite mit deinen Ergebnissen weiter.
Wähle Aufgabe **A**, **B** oder **C** aus.

A Entwirf das Plakat, mit dem Corey Mister Matti wiederfinden möchte.
– Zeichne in die Mitte ein Bild von Mister Matti.
– Schreibe eine Überschrift darüber.
– Schreibe unter das Bild, wie Mister Matti aussieht.
– Erfinde eine Telefonnummer und eine E-Mail-Adresse.

B Schreibe eine Vermisstenanzeige, die Corey in der Schule aufhängt.
– Überlege dir eine Überschrift, die die Leser aufmerksam macht.
– Formuliere zunächst dein Anliegen.
– Beschreibe Mister Matti genauer.
– Seit wann ist Mister Matti verschwunden?
– Wo soll man sich hinwenden, wenn man etwas beobachtet hat?

C Erfinde eine Geschichte: Was könnte Mister Matti auf seinem Ausflug erlebt haben?
– Denke dir aus:
Bei wem war der Hund?
Warum blieb er dort?
Was machte er?
– Erfinde auch eine Erklärung, woher die Blumen und der Ring kamen.
– Plane, was du schreiben willst. Du kannst dafür auch diesen Stichwortzettel benutzen:

Mister Mattis Abenteuer

Hier war Mister Matti: ...
So ist er dort hingekommen: ...
Das hat er alles erlebt: ...
Darum ist er dort geblieben: ...
Erklärung für Blumen und Ring: ...

Eine Hörszene selbstständig bearbeiten

Manche Menschen hatten Angst vor Mister Matti, weil er so groß war. Aber es gab auch Dinge, die Mister Matti Angst machten ...

1 Hört eine weitere Episode von Mister Matti.
Schreibt drei Fragen auf, die ihr eurem Lernpartner stellt.
  – Was macht Mister Matti?
  – Wie versucht Corey, Mister Matti zu helfen?
  – Warum hat Mister Matti Angst?

→ Medienpool:
Mein Hund Mister
Matti (5)

2 Nun sollt ihr zeigen, wie ihr die Geschichte versteht.
Wählt Aufgabe **A**, **B** oder **C** aus:
A Male oder zeichne ein Bild oder einen Comic zu der Geschichte.
  Erkläre, was du gemalt hast.
B Schreibe eine E-Mail an Onkel Gavin. Schreibe darin,
  – was Onkel Gavin macht und
  – wie du sein Verhalten findest. Begründe deine Meinung.
C Sucht euch eine Szene aus und gestaltet in kleinen Gruppen ein Schatten-
  theater. Wie das geht, steht in dem Methodenkasten.
  – Spielt die Szene mehrmals und lasst euch von den Zuschauern Rück-
    meldungen geben: Was ist gut gelungen? Was könnt ihr beim Erzählen
    noch verbessern?

Ihr könnt eure Aufführ-
rungen auch aufneh-
men.

METHODE **Erzählen und dabei das Schattentheater nutzen**

Beim Schattentheater lasst ihr beim Erzählen Figuren sprechen,
um eure Zuhörer zu unterhalten.

1. Ihr braucht für das Schattentheater nur eine Lampe und eine
   helle Wand. Gestaltet die Schattenfiguren mit den Händen.
   Ihr könnt aber auch Figuren und Gegenstände ausschneiden.
2. Hört noch einmal die Episode: Was passiert? Welche Figuren
   kommen vor? Was könnten die Figuren sagen?
3. Spielt nun die Geschichte und lasst die Figuren sprechen:
   Was denken und fühlen sie? Drücke das mit deiner Stimme aus.
   Probiert verschiedene Möglichkeiten aus und lasst euch vom
   Publikum Rückmeldung geben.

Sprache untersuchen

Unsere Sprache ist nach Regeln aufgebaut. Diese Regeln nennen wir Grammatik. In diesem Kapitel lernst du einige wichtige Regeln der Grammatik kennen. Wenn du diese Regeln kennst, fällt dir das Lesen und Schreiben leichter.

SPRACHE UNTERSUCHEN

1 Seht euch die Abbildung an. Lies, was die Schülerinnen und Schüler sagen.
- Welches Problem haben die einzelnen Schüler?
- Könnt ihr ihnen Hinweise für ihre Fragen geben?
- Blättert im Kapitel „Sprachen untersuchen": Auf welchen Seiten dieses Kapitels finden sich Hinweise auf ihre Fragen?

Nomen und ihre Begleiter erkennen

Nomen sind Wörter für Lebewesen, Pflanzen, Dinge und Gefühle.

1 Schreibe die Tabelle ab und ordne die Nomen ein.
Schreibe vor die Nomen die bestimmten Artikel.

Angst   Baum   Blume   Buch   Freude
Freund   Gras   Katze   Lehrerin   Maus
Regal   Stift
Tisch   Wut

Lebewesen	Pflanzen	Dinge	Gefühle
die Katze			

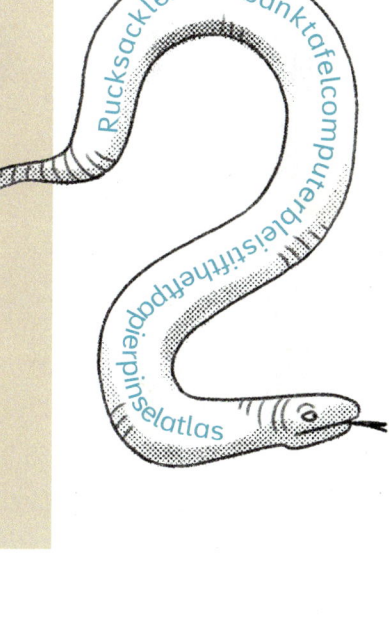

WISSEN UND KÖNNEN ▸ Artikel und Nomen bestimmen

Nomen haben einen Artikel:
– **bestimmter Artikel:** der Lehrer, die Lehrerin, das Buch …
– **unbestimmter Artikel:** ein Lehrer, eine Lehrerin, ein Buch …
Am Artikel erkennt man das **grammatische Geschlecht** (Genus):
männlich (der, ein), weiblich (die, eine), sächlich (das, ein).
Auch **Possessivpronomen** können als Begleiter vor einem Nomen
stehen: mein, dein, sein, ihr, unser, euer, ihr; z. B.: meine Lehrerin …
Mit **Demonstrativpronomen** wird auf eine bestimmte Person oder
Sache verwiesen: dieser, diese, dieses; z. B.: diese Lehrerin …
Nomen können in der **Einzahl** (Singular) oder in der **Mehrzahl** (Plural)
stehen: der Lehrer → die Lehrer, das Buch → die Bücher …

2 Wie heißen die Nomen in der Wörterschlange?
Schreibe sie mit ihren Artikeln auf: der/ein Rucksack, das/ein …

3 Welche Nomen sind hier abgebildet? Schreibe die Nomen in der Mehrzahl
auf. Ordne sie nach den Endungen auf einem Merkblatt.

4 Welche beiden Wörter fallen aus der Reihe? Warum?

5 Suche noch jeweils drei weitere Nomen für jede Gruppe.

-e: die Hefte, die …
-en: …
-er: …
-n: …
-s: …

Wenn du nicht sicher bist, ob ein Wort ein Nomen ist, kannst du eine Nomenprobe machen.

6 Welche Wörter sind Nomen? Nutzte die Hinweise im Kasten.

große   große   große

Elefanten   fressen   Blätter

> **WISSEN UND KÖNNEN** ▸ **Nomen erkennen**
>
> Nomen kannst du mit der **Nomenprobe** bestimmen:
> – Du probierst aus, ob das Wort einen Artikel hat und ob du
>   die Mehrzahl bilden kannst: der/ein Elefant, die Elefanten.
> – Auch wenn du ein Adjektiv vor ein Wort setzen kannst,
>   ist es ein Nomen: Große Elefanten fressen frische Blätter.
> Nomen werden großgeschrieben.

7 Lies die Sätze und finde heraus, welche Wörter Nomen sind.
a) Suche zwei Sätze aus und mache dazu Nomenproben mit Adjektiven.

a. IM ZOO ARBEITEN TIERPFLEGER
   UND TIERPFLEGERINNEN.
b. VOLKER KÜMMERT SICH UM
   SEINE ELEFANTEN.
c. ER SPRITZT DIE DICKHÄUTER
   MIT WASSER AB.
d. DER TIERPFLEGER BEREITET
   DAS FUTTER FÜR SEINE TIERE VOR.
e. EIN ELEFANT WILL NICHT FRESSEN. VOLKER RUFT DEN TIERARZT.
f. AM LIEBSTEN TRAINIERT VOLKER DIE ELEFANTEN.

b) Schreibe die Sätze ab. Achte auf die Großschreibung der Nomen.

8 Mache auch in diesen Sätzen Nomenproben und schreibe sie ab.
EINEM ELEFANTEN MACHT MALEN SPASS. OHNE TRAINIEREN GEHT ES
NICHT! EIN BILD ZU MALEN SCHAFFT ER NUR MIT HILFE DES PFLEGERS.

Zusammensetzungen bilden

Nomen kann man wie Puzzle-Teile zusammensetzen.

1 Welche zusammengesetzten Puzzle-Wörter kannst du mit Sonne und Regen bilden? Schreibe fünf zusammengesetzte Nomen auf.

Sonne
Regen

Schirm   Hut   Blume   Tag   Tropfen   Brille   Creme
Wolke   Schein   Uhr · Wetter   Jacke   Wasser   Rinne

Sonnen   Hut

> **WISSEN UND KÖNNEN** **Nomen zusammensetzen**
>
> Viele Nomen sind aus zwei oder mehreren Wörtern zusammengesetzt: Sonnenschirm, Regenschirm. Diese Wörter nennt man daher **Zusammensetzungen**. Zusammensetzungen bestehen aus einem **Grundwort** und einem **Bestimmungswort**:
>
> die Sonne(n)   +   der Schirm   =   der Sonnenschirm
> **Bestimmungswort +   Grundwort   =   Zusammensetzung**
> Manchmal wird in die Zusammensetzung ein n (Sonnenschirm) oder s (Namenstag) eingefügt oder ein e weggelassen (Schulferien).

2 Finde möglichst viele zusammengesetzte Nomen mit Sonne-, Strand-, Wasser-, -ferien, -reise, -tag. Unterstreiche jeweils das Grundwort.

Du kannst auch dein Schulwörterbuch benutzen. Dort findest du viele Zusammensetzungen.

3 Lies den Text und unterstreiche alle Zusammensetzungen.

Hurra – endlich Sommerferien!
Viele Familien machen in den Sommermonaten eine Ferienreise. Jugendliche verbringen die Schulferien auch oft in einem Ferienlager. Aber auch zu Hause können wir schöne Ferientage verbringen. Was haltet ihr von einem Stadtrundgang? Oder einem Familienwandertag mit einem Picknick am Waldrand? Oder einer Fahrradtour bei leichtem Sommerregen? Bitte nicht vergessen, Ferienfotos zu machen …

4 Erklärt euch gegenseitig, was die Zusammensetzungen bedeuten.

Sommerferien sind die Ferien im …

Verben erkennen und gebrauchen

**Zu den Wortarten zählen auch die Verben. In jedem Satz
steht ein Verb. Du findest es mit der „Was-macht-Frage".**

Was macht Anna?

Sie beobachtet.

1 Lies den Text über Artisten. Finde die Verben mit der
„Was macht-Frage". Schreibe die Verben in der Grundform auf.

Artisten im Zirkus

Gespannt beobachtet Anna die Artisten und Akrobaten.
Die Akrobaten bauen eine Menschenpyramide.
Eine Artistin jongliert mit Äpfeln und Birnen.
Eine Frau und ein Mann klettern am Trapez.

→ Seite 43:
Trennbare Verben
→ Seite 87:
Auffordern: Impe-
rativ, Grundform,
Du-Form

WISSEN UND KÖNNEN ▶ **Verben konjugieren**

Wörter, mit denen du sagen kannst, was man macht oder was
geschieht, nennt man **Verben**. Verben haben eine **Grundform:** liegen.
In einem Satz steht das Verb in einer **Personalform**:
ich liege, du liegst, er/sie/es liegt, wir liegen, ihr liegt, sie liegen.
Du kannst die Verben durch die **Verbprobe** bestimmen:
Prüfe, ob du das Wort in die Personalformen setzen kannst.

geben

ich	geb	e
du	gib	st
er/sie/es	gib	t
wir	geb	en
ihr	geb	t
sie	geb	en

2 Bilde die Personalform der Verben fahren, lachen, werfen, geben.

3 In den folgenden Sätzen fehlen die Verben. Setze passende Verben
in der richtigen Personalform ein.
stolpern lachen hängen trainieren machen turnen werfen fahren fliegen

Plötzlich ⬚ ein Clown durch die Manege. Das Publikum ⬚. Ein junger
Mann ⬚ viele kleine Bälle in die Luft und fängt sie wieder auf. Eine junge
Frau ⬚ rückwärts auf dem Einrad. Dann ⬚ eine Trapezkünstlerin
mit dreifachem Salto durch die Luft. Ein Artist ⬚ mit dem Kopf nach unten an einer Schaukel. Die Seiltänzer ⬚ auf einem Hochseil 10 Meter
über dem Boden. „Wie ⬚ die das nur?" fragt Anna. „Die Artisten ⬚
bestimmt jeden Tag!", meint Oskar.

Präsens und Präteritum gebrauchen

Das Verb in einem Satz steht in einer bestimmten Zeitform.

Heute fahren die Menschen mit dem Auto.	**Früher** ▭ sie mit der Kutsche.
Heute schreiben die Menschen E-Mails.	Früher ▭ die Menschen Briefe.
Heute haben die Bauern viele Maschinen.	Früher ▭ sie nur wenige Arbeitsgeräte.
Heute hören die Menschen Musik aus dem Internet.	Früher ▭ sie Musik aus dem Radio.

1 a) Was machen die Menschen heute? Schreibe die Sätze ab.
Unterstreiche die Verben.

b) Was machten die Menschen früher? Schreibe die Sätze ab. Ergänze die
fehlenden Verben im Präteritum: hatten, fuhren, schrieben, hörten.

2 Lege eine Tabelle an. Ordne die Verben in der passenden Zeitform zu.
Nutze die Hinweise im Kasten.

Präsens (heute)	Präteritum (früher)	Grundform
sie fahren	sie fuhren	fahren

WISSEN UND KÖNNEN ▸ **Präsens und Präteritum gebrauchen**

Verben können in verschiedenen **Zeitformen** stehen.
Sie sagen uns, ob etwas in der Gegenwart (heute) passiert
oder in der Vergangenheit (früher) passierte.
Texte, die von früher berichten, stehen im Präteritum.
Präsens: sie fahren, sie schreiben, sie haben ...
Präteritum: sie fuhren, sie schrieben, sie hatten ...

→ Seite 119 :
Präteritum in Mär-
chen gebrauchen

3 Lies den Text über das Leben der Bauern früher. Schreibe die Sätze ab und
ergänze die Verben in der richtigen Zeitform.

Früher ▭ (arbeiten) die Bauern viele Stunden lang auf dem Feld. Sie ▭
(haben) nur wenige Maschinen. Kühe, Ochsen und Pferde ▭ (helfen) bei
der Feldarbeit. Fast alle Arbeiten ▭ (machen) der Bauer und seine Frau
mit den Händen. Auch die Kinder ▭ (müssen) helfen.

Das Perfekt gebrauchen

Wenn wir mündlich erzählen, was wir erlebt haben, gebrauchen wir das Perfekt.

1 Conny und Conrad haben mal wieder Streit.
a) Unterstreiche alle Verben (Folie). Achte auf die Hinweise im Kasten.
b) Überlegt, was Conny und Conrad noch alles gemacht haben.

WISSEN UND KÖNNEN ▸ **Das Perfekt gebrauchen**

Wenn man mündlich erzählt, was man gemacht hat, benutzt man das Perfekt: Du hast die Stifte genommen. Du bist mit dem Rad gefahren. Du benutzt auch das Perfekt, wenn du auf einer Karte oder einem Brief schreibst, was du erlebt hast.

---

2 Lies den Brief von Tim an seinen Freund Lars.
Schreibe ihn ab und ergänze die fehlenden Verbformen.

> Lieber Lars,
> wir sind vier Tage mit dem Bus _____ (fahren). Wir sind spät abends auf der Insel _____ (ankommen). Wir haben immer draußen _____ (essen), sogar einmal am Lagerfeuer! Papa und ich sind jeden Tag auf dem See _____ (rudern). Ich habe sogar einen Fisch _____ (fangen) Die Ferien haben mir sehr gut _____ (gefallen)
> Bis bald, dein Tim

Die Formen des Perfekts kannst du auch in deinem Schulwörterbuch nachschlagen:

fah|ren *er/sie/es* **fährt, fuhr, ist ge|fah|ren**

3 Lege eine Tabelle an: Welche Verben aus dem Brief bilden das Perfekt mit sein, welche mit haben?

Perfekt mit haben	Perfekt mit sein
wir haben ...	wir sind gefahren

Adjektive erkennen und gebrauchen

Adjektive geben an, wie eine Person, ein Tier oder eine Sache ist.

1 a) Lies, was Till über Katzen geschrieben hat. Was fällt dir auf?

b) Schreibe den Text ab und setze vor die unterstrichenen Wörter passende
Adjektive: weiches, spitze, kleinen, scharfe, großen.

> Viele Menschen haben eine Katze als Haustier.
> Die Katze hat ein <u>Fell</u> und lässt sich streicheln.
> Mit ihren <u>Ohren</u> kann die Katze gut hören.
> Mit ihren <u>Augen</u> kann sie auch nachts gut sehen.
> Katzen sind Raubtiere. Sie haben <u>Krallen</u> und <u>Zähne</u>.

WISSEN UND KÖNNEN ▶ **Adjektive erkennen**

Mit **Adjektiven** kannst du Personen, Tiere oder Dinge genau beschreiben. Adjektive verändern sich, wenn sie vor den Nomen stehen:

Das Fell ist weich. – Ihr weich<u>es</u> Fell streichele ich gern.

– Adjektive kannst du durch die **Adjektivprobe** bestimmen:
Prüfe, ob du das Wort zusammen mit einem Nomen gebrauchen
kannst: weich – ein weich<u>es</u> Fell, scharf – scharf<u>e</u> Zähne …

– Probiere, ob du das Wort steigern kannst: groß – größer – am größten.

→ Seite 78:
Mit Adjektiven
Tiere beschreiben
→ Seite 165:
Adjektive in Texten
gebrauchen

2 Vergleiche die Tiere miteinander. Schreibe die Sätze auf. Setze dabei die Adjektive in der passenden Form ein: klein, dick, schnell, alt.

a. Eine Maus ist viel ▭ als ein Elefant.

b. Ein Gepard läuft ▭ als eine Giraffe.

c. Straußeneier sind ▭ als Hühnereier

d. Eine Schildkröte wird viel ▭ als ein Kaninchen.

3 Schnecke – Schlange, Sofa – Holzbank, Äpfel – Schokolade, Straße – Weg,
Sommer – Winter, Fluss – Bach, Seil – Faden, Erdbeere – Zitrone
Vergleiche die Gegenstände. Schreibe Sätze, z. B.:
Rakete – Flugzeug: Eine Rakete fliegt schneller als ein Flugzeug.

Mit Pronomen Wiederholungen vermeiden

Personalpronomen können in einem Satz Stellvertreter für Nomen sein.

❶ Lies den Text über Schafe und Schäfer. Ersetze die unterstrichenen Nomen durch sie oder er.

Schafe fühlen sich nur in einer Herde wohl. <u>Schafe</u> fressen gemeinsam Gras und <u>Schafe</u> schlafen aneinandergekuschelt. Der Schäfer kennt seine Schafe ganz genau. <u>Der Schäfer</u> kann die Tiere an den Augen, den Ohren oder der Wolle voneinander unterscheiden.

→ Seite 62:
Personalpronomen
erkennen und ein-
setzen
→ Seite 63:
Anredepronomen in
Briefen verwenden

WISSEN UND KÖNNEN   **Personalpronomen gebrauchen**

Die Wörter ich, du, er, sie, es, wir, ihr, sie sind **Personalpronomen**.
Die Personalpronomen er, sie, es (Einzahl) und sie (Mehrzahl) können
Nomen ersetzen. So kannst du Wiederholungen vermeiden:
<u>Schafe</u> fühlen sich nur in einer Herde wohl. <u>Sie</u> fressen gemeinsam.

❷ a) Lest die Fortsetzung des Textes laut vor. Was fällt euch auf?
b) Vermeide Wiederholungen: Ersetze die Nomen Schäfer und
Schafe an passenden Stellen durch er oder sie.

Der Schäfer hütet seine Herde das ganze Jahr. Der Schäfer zieht mit seiner Herde von Weideplatz zu Weideplatz. Der Schäfer gibt Befehle und der Schäfer führt die Herde. Die Schafe sind bei Wind und Wetter auf der Weide: Die Schafe haben Ihren „Regenmantel" ja dabei. Die Wolle ist ein guter Schutz!

❸ Was stimmt hier nicht? Lies den Text und finde die Stellen, an denen du das Pronomen durch ein Nomen ersetzen musst.

Schäfer haben oft einen Hund dabei. Er muss hart arbeiten und die Schafe auch regelmäßig scheren. Er hilft, auf die Schafe aufzupassen. Sobald die Schafe die Wiese verlassen, rennt er los und treibt sie wieder zurück auf die Wiese.

Satzglieder bestimmen

Ein Satz besteht aus verschiedenen Satzgliedern.

füttert   Elefanten   Tag   die   jeden   ihre   Tierpflegerin

1 a) Baue die Wörter zu einem Satz zusammen.
b) Vergleicht eure Sätze: Was ist gleich? Worin unterscheiden sie sich?
   Nutzt die Hinweise im Kasten.

Schreibe jedes Wort auf einen Zettel.
Sortiere die Zettel so, dass ein Satz entsteht.

> **WISSEN UND KÖNNEN**   **Satzglieder bestimmen**
>
> Wörter, die beim Umstellen zusammenbleiben, bilden ein **Satzglied**.
> Sätze bestehen aus mehreren Satzgliedern. Ein Satzglied hat ein oder
> mehrere Wörter.
>
> | | | | |
> |---|---|---|---|
> | Die Tierpflegerin | füttert | ihre Elefanten | jeden Tag |
> | Ihre Elefanten | füttert | die Tierpflegerin | jeden Tag |
> | Jeden Tag | füttert | die Tierpflegerin | ihre Elefanten |
>
> Das Satzglied, das du betonen willst, steht am Satzanfang.

2 Aus wie vielen Satzgliedern besteht der Satz aus Aufgabe 1?

3 a) Suche dir einen Satz aus. Schreibe ihn auf einen Papierstreifen.
b) Zerschneide den Satz in seine Satzglieder.
c) Bilde neue Sätze, indem du die Satzglieder anders anordnest.
Anna und Tina gehen zum ersten Mal gemeinsam in den Zoo.
Die Mädchen besuchen zuerst die neugierigen Erdmännchen.
Sie fotografieren die Pinguine bei ihrem Spaziergang mehrere Male.

4 Stelle in dem folgenden Satz die Satzglieder um:
Tina und Anna essen zum Schluss ein leckeres Eis im Zoocafé.
a) Betone den Zeitpunkt. Welches Satzglied steht dann am Satzanfang?
b) Betone den Ort. Welches Satzglied steht jetzt vorn?

Umstellproben machen

Mit Umstellproben kannst du üben, abwechslungsreich zu schreiben.

In den Kindergarten ...
Fünfjähriger ...
Mit 30 Stundenkilome-
tern ...

1 a) Formuliere aus den Satzgliedern Überschriften, wie sie in der Zeitung stehen könnten.

b) Vergleicht eure Lösungen: Welche Überschriften klingen am besten?

| in den Kindergarten | mit 30 Stundenkilometern | braust | Fünfjähriger |

| blinder Passagier | während des Flugs | versteckt sich | im Fahrgestell |

| wie durch ein Wunder | einen Sprung | überleben | aus der dritten Etage | Mutter und Kind |

> **WISSEN UND KÖNNEN** **Umstellproben machen**
>
> Beim Schreiben einer Geschichte könnt ihr durch die **Umstellprobe** eure Texte interessanter gestalten:
> – Stelle Satzglieder um, wenn du Wiederholungen vermeiden willst.
> – Stelle das Satzglied, das du betonen möchtest, an den Satzanfang.

2 Überarbeite den Schülertext: Stelle die unterstrichenen Satzglieder an den Anfang des Satzes, um sie zu betonen.

Wir haben am Sonntag eine Radtour am Fluss entlang gemacht. Wir sind <u>morgens um 10 Uhr</u> gestartet. Wir haben <u>um die Mittagszeit</u> am Ufer ein Picknick gemacht. Dann ging es weiter. Es hat <u>plötzlich</u> geknallt. Wir sind alle sehr erschrocken. Es war mein Reifen! Er war platt. Wir hatten <u>glücklicherweise</u> Flickzeug dabei.
Wir waren <u>den ganzen Tag</u> unterwegs. Wir sind <u>abends</u> alle todmüde ins Bett gefallen.

Das Subjekt erkennen

Das Subjekt ist ein Satzglied. Hier kannst du üben, wie du das Subjekt bestimmen kannst.

Edelstein entdeckt
Zwei Kinder haben bei Gartenarbeiten einen besonderen Fund gemacht. Ein wertvoller Diamant lag im Gebüsch. Die Mutter der Kinder brachte den Edelstein zur Polizei. Die Polizeibeamten fanden heraus, dass der Stein vor 20 Jahren gestohlen worden war.

1 a) Lies den Anfang der Zeitungsmeldung.
b) Schreibe die Fragen ab und beantworte sie.

a. Wer hat einen besonderen Fund gemacht?   Antwort: …
b. Was lag im Gebüsch?   Antwort: …
c. Wer brachte den Edelstein zur Polizei?   Antwort: …
d. Wer …   Antwort: …

WISSEN UND KÖNNEN   **Das Subjekt erkennen**

Das Subjekt ist ein Satzglied. Nach dem Subjekt fragt man
mit Wer? oder Was?
Wer hat einen besonderen Fund gemacht? **Antwort:** zwei Kinder
Was lag im Gebüsch? **Antwort:** ein wertvoller Diamant

2 a) Lies die Fortsetzung der Zeitungsmeldung. Frage in jedem Satz nach dem Subjekt. Formuliere dazu Fragen mit Wer? oder mit Was?.
b) Schreibe drei Fragen mit den passenden Antworten auf.
Markiere das Fragewort und das Subjekt: Wer …? Ein Polizeibeamter …

Wer brachte der Besitzerin …?

Ein Polizeibeamter brachte der Besitzerin den Edelstein zurück.
Der Diamant hat die Jahrzehnte im Efeu aber gut überstanden.
Die mittlerweile knapp 80 Jahre alte Frau freute sich sehr.
Der Edelstein war ein Geschenk ihres verstorbenen Mannes.
Die Kinder bekamen eine Belohnung.

Prädikate bestimmen

Zu einem Subjekt gehört ein Prädikat. Hier lernst du, das Prädikat zu bestimmen.

1 Lies den Text über die Dinosaurier. Was fällt dir auf?

> Die letzten Dinosaurier verschwanden vor 65 Millionen Jahren. Niemand die Gründe dafür. Damals auf der Erde noch keine Menschen. Heute man immer noch Knochen von Dinosauriern. Dinosaurier sahen ganz unterschiedlich aus: Manche auf zwei, manche auf vier Beinen. 2012 Forscher in Südafrika Nester eines riesengroßen Dinos. Er Massospondylus. Die Wissenschaftler sein Alter auf 190 Millionen Jahre.

2 a) Schreibe den Text ab und probiere aus, welche Wörter passen:
   kennt lebten fanden findet liefen heißt schätzen
   b) Zu welcher Wortart gehören die Wörter, die du eingesetzt hast?
   c) Wie heißt das Satzglied, das du in die Lücken eingesetzt hast.
   Nutze die Hinweise im Kasten.

WISSEN UND KÖNNEN ▶ **Das Prädikat bestimmen**

Jeder Satz hat ein Prädikat. Das **Prädikat** sagt aus, was jemand macht oder was geschieht. Du erkennst das Prädikat, indem du so fragst:
Die Forscher entdeckten einen Dino.
Prädikatsfrage: Was machten die Forscher?
Prädikat: entdeckten
Das Prädikat besteht aus einem Verb oder einer Verbgruppe.

---

3 Schreibe den Text ab und markiere die Prädikate.

Dinosaurier legten wie alle Reptilien Eier. Aus den Eiern schlüpften die Jungtiere. Einige Dinosaurierarten buddelten ihre Eier einfach so in den Sand. Dann scharrten sie Sand darüber. Die Bodenwärme brütete die Eier aus.

Objekte ermitteln

Auch Objekte sind Satzglieder. Hier lernst du, wie du diese Satzglieder ermitteln kannst.

1 Als Jessy, Jim und Lukas aus der Schule kommen, finden sie im Treppenhaus einen Stall mit zwei Kaninchen. Daneben liegt ein Zettel der Nachbarin. Die Kinder lesen den Zettel und wissen sofort, was sie machen müssen. Ergänzt die Sätze.

a. Jim macht ⬛ sauber.   b. Lukas gibt ⬛ Wasser.
c. Jessy füttert ⬛.   d. Lukas schreibt ⬛ eine E-Mail.

Wer?

Wen oder was?

Wem?

NOTFALL!!!

Muss zwei Wochen zu meinen kranken Eltern.
Bitte versorgt Caesar und Bert!!!
→ sauber machen
→ Wasser geben
→ füttern
Schreibt mir eine kurze E-Mail!
Ulrike Müller

WISSEN UND KÖNNEN ▸ **Subjekte und Objekte ermitteln**

Das Prädikat bildet den Satzkern, um den sich die anderen Satzglieder gruppieren. Für einen vollständigen Satz sind die wichtigsten Satzglieder Subjekt, Prädikat und **Ergänzungen (Objekte)**.

Es gibt zwei Arten von Objekten:
– Mit der Frage Wen oder Was? bestimmst du das Akkusativobjekt.
– Mit der Frage Wem? erhältst du das Dativobjekt.
Lukas schreibt der Nachbarin eine E-Mail.

– Was schreibt Lukas der Nachbarin? Akkusativobjekt: eine E-Mail
– Wem schreibt Lukas eine E-Mail? Dativobjekt: der Nachbarin

2 Bestimme in den folgenden Sätzen die Satzglieder.
– Stelle passende Fragen zu den Satzgliedern.
Nutze die Hinweise im Kasten.

a. Jim zimmert einen neuen Kaninchenstall.
b. Lukas baut den Kaninchen ein Versteck.
c. Jessy gibt den Kaninchen frische Salatblätter.
d. Jim kauft den Kaninchen Futter.
e. Jessy bringt dem Kaninchen Heu und Stroh.

> Wer zimmert?
> Jim

> Was macht Jim?
> Er zimmert.

> Was zimmert Jim?
> einen ...

3 Übertragt die Tabelle auf ein Blatt. Tragt die Satzglieder aus Aufgabe 2 in die Tabelle ein.

Subjekt Wer ...?	Prädikat Was macht ...?	Dativobjekt Wem ...?	Akkusativobjekt Wen oder Was ...?
Jim	zimmert	–	einen neuen Kaninchenstall
Lukas	...	...	...

4 Bestimme die Satzglieder aus Aufgabe 1 und trage sie in die Tabelle ein.

5 Die Kinder schreiben der Nachbarin eine E-Mail. Schreibe die E-Mail ab und setze für die Bilder passende Akkusativ- und Dativobjekte ein.
Liebe Frau Müller, wir haben den Zettel gefunden und nun schon ...

POSTEINGANG

Von: Lukas17@mail.de   Gesendet: 18.9.20..

An: ulrikemueller@mail.de

Betreff: Caesar + Bert

Liebe Frau Müller,

wir haben 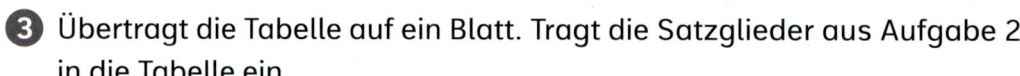 gefunden und nun schon eine Woche 🐰🐰 gefüttert.

Wir haben 🐰🐰 auch 🥣 gegeben.

Nach zwei Tagen hat Jim 🏠 sauber gemacht und 🪺 in den Stall gestreut.

Caesar und Bert fühlen sich wohl: Gerade fressen sie 🥕.

Machen Sie sich keine Sorgen. Es geht 🐰🐰 gut!

Liebe Grüße von Lukas, Jessy und Jim

Punkte am Satzende setzen

Ein Punkt zeigt dir an, wo der Satz zu Ende ist.

Du kannst deine Texte auch aufnehmen und anhören.

1 Lies dir den Text über die Simpsons halblaut vor – am besten mehrere Male. Überlege dabei, was zusammengehört.
  – An welchen Stellen machst du eine Sprechpause, weil ein neuer Gedanke anfängt?
  – Was kannst du beim Vorlesen noch verbessern?

> Meine Lieblingssendung sind die Simpsons es ist eine Zeichentrickserie sie handelt vom Leben der Familie Simpson zur Familie zählen die Eltern Homer und Marge und die Kinder Bart, Lisa und Maggie die Geschichten sind total lustig.

2 Schreibe den Text über die Simpsons ab. Mache dort Punkte, wo ein neuer Gedanke anfängt. Schreibe die Satzanfänge groß.

WISSEN UND KÖNNEN ▶ **Punkte setzen**

Am Ende eines Satzes steht ein Punkt. Einen Punkt setzt man, wenn eine Sinneinheit zu Ende ist und ein neuer Gedanke anfängt.
Meine Lieblingssendung sind die Simpsons. Es ist eine Zeichentrickserie.
Nach einem Punkt schreibt man den Satzanfang groß.

Du kannst dir den Text vorher auch mehrmals halblaut vorlesen.

3 Schreibe Corinnas Text über die Pfefferkörner ab.
Setze die fehlenden Punkte.

> Ich mag die Pfefferkörner besonders gern die Pfefferkörner sind Mädchen und Jungen aus Hamburg sie lösen Kriminalfälle früher wurden die Hamburger Kaufleute „Pfeffersäcke" genannt davon wurde der Name des Detektivklubs abgeleitet die Pfefferkörner kommen aus aller Herren Länder und haben es ganz schön in sich die Sendung ist eine Kinderserie und läuft im KiKa

Satzschlusszeichen verwenden

Am Ende eines Satzes steht ein Punkt, ein Fragezeichen oder ein Ausrufezeichen.

1 Lest vor, was die Schüler sagen. Lest mit verteilten Rollen.
 – Wie müsst ihr die Sätze betonen? Macht mehrere Versuche und probiert verschiedene Sprechweisen aus.
 – Nutzt die Hinweise im Kasten.

> Was ist denn deine Lieblingssendung?

> Seid mal ruhig! Schloss Einstein fängt an.

> Ich mache lieber was draußen.

> Kommt die Serie jeden Tag?

> Mach doch endlich mal den Kasten aus!

WISSEN UND KÖNNEN　**Satzschlusszeichen setzen**

1. Am Ende eines Gedankens oder einer Aussage steht ein **Punkt:** .
   Beim Sprechen senkst du am Ende des Satzes die Stimme.
2. Eine Frage erkennst du an einem **Fragezeichen:** ?
   Die Stimme geht hier nach oben.
3. Bei Aufforderungen oder Ausrufen steht ein **Ausrufezeichen:** !
   Hier kann deine Stimme lauter werden.

→ Seite 33:
Fragen stellen

Du kannst dir den Text vorher auch mehrmals halblaut vorlesen.

2 Marius stellt seinen Lieblingsfilm vor. Schreibe den Text ab und setze die fehlenden Satzschlusszeichen ein.

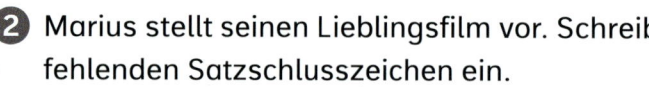
Kennt ihr den Film „König der Löwen" Den müsst ihr gesehen haben Es ist ein Zeichentrickfilm aus dem Jahr 1994 Ein toller Film Es gibt nur ein Wort für den Film: Magisch Er hat viele Preise gewonnen Es geht um den jungen Löwen Simba, der gegen seinen bösen Onkel kämpfen muss Total spannend Habt ihr Lust, euch den Film anzusehen

Wörtliche Rede kennzeichnen

Was jemand wörtlich sagt, steht in wörtlicher Rede.
Denke beim Schreiben daran, diese Sätze zu kennzeichnen.

Beim Essen
spricht man nicht!

Was wolltest
du mir sagen?

Jetzt ist es zu spät.
Du hast die Fliege
mitgegessen.

1 Schau dir den Witz an und schreibe ihn auf.
  – Verwende Redeeinleitungen: sagt streng, fragt, antwortet.
  – Achte auf die Satzzeichen bei der wörtlichen Rede.
  Nutze die Hinweise im Kasten. Der Vater sagt streng: „..."

WISSEN UND KÖNNEN ▸ **Satzzeichen bei der wörtlichen Rede**

Das, was jemand sagt, nennt man **wörtliche Rede**. Vor der wörtlichen
Rede stehen **Anführungszeichen** unten. Nach der wörtlichen Rede
stehen Anführungszeichen oben: „Beim Essen spricht man nicht!"
Vor der wörtlichen Rede kann ein Begleitsatz stehen.
Nach dem Begleitsatz steht ein Doppelpunkt:
Der Vater sagt streng: „Beim Essen spricht man nicht!"

→ Seite 153:
Wörtliche Rede
erkennen und
gebrauchen

2 Schreibe den Witz für eine Witze-Zeitung auf.
Achte dabei auf die Satzzeichen bei der wörtlichen Rede.

> Lena macht mit ihren Eltern Ferien auf dem Bauernhof.
> Da sieht sie, wie der Bauer die Schubkarre mit Mist belädt.
> Lena fragt Wohin bringen sie den Mist?
> Der Bauer antwortet Der kommt auf die Erdbeeren!
> Lena wieder Ach, wir machen immer Sahne drauf!

Ein Wörterbuch nutzen

Wie kannst du mögliche Fehler in deinen Texten finden?
Wie kannst du im Zweifelsfall das Wörterbuch nutzen?
Wie kannst du im Wörterbuch Wörter schnell und sicher finden?
Dazu erhältst du hier Tipps und Anregungen.

RICHTIG SCHREIBEN

Wer zweifelt, ist schlau!

1 Jens überprüft die Rechtschreibung in seinem Textentwurf.
Welches Problem taucht beim Kontroll-Lesen auf?
- Um welches Wort geht es?
- Wo ist die Schwierigkeit im Wort? Beschreibe sie.
- Nenne die Schreibweisen, die für Jens in Frage kommen.

2 Wie würdest du das Wort schreiben? Suche das Wort im Wörterbuch und kontrolliere deine Schreibung.

3 Erkläre, wie Jens beim Kontroll-Lesen seines Textes vorgeht.

Mein gesuchtes Tier hat ziemlich lange Ohren.

ziehmlich? zimlich? zihmlich? Oder doch ziemlich?

Fehler im eigenen Text aufspüren

**Fehler in einem eigenen Text zu finden, ist gar nicht so einfach.
Wie kann es trotzdem gelingen?**

METHODE   **Rückwärts lesen – Fehler aufspüren**

Lies den Text Wort für Wort **rückwärts – von unten nach oben**.
Dazu kannst du eine Abdeckkarte aus Pappe verwenden.
Unten rechts schneidest du ein Sichtfenster aus:

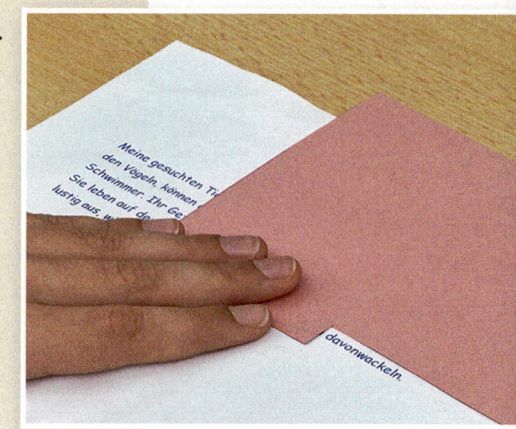

Lies, was da steht, und sieh dir dabei jedes Wort genau an:
– Fehlt ein Buchstabe?
– Sind Buchstaben vertauscht?
– Wird der Buchstabe anders geschrieben als gesprochen?
Unterstreiche Fehler und auch solche Wörter, bei denen du
unsicher bist, ob sie richtig geschrieben sind.

1 Erprobe die Methode „Rückwärts lesen – Fehler aufspüren" an Renatas
Entwurf für ein Tierrätsel. Unterstreiche Fehler im Text (Folie).

> Meine gesuchten Tiere tauchen selten allein auf. Sie gehöhren zu
> den Vögeln, können aber nicht fliegen. Sie sind aber besonders gute
> Schwimmer. Ihr Gefider ist schwarz, am Bauch sind sie weiß. Sie leben
> auf der Südhalpkugel, am Nortpol gibt es sie nicht. Es siet lustig aus, wie
> sie auf ihren kurzen, kreftigen Beinen davonwackeln.

2 Überprüfe alle Wörter, die du unterstrichen hast. Gehe so vor:
a) Schreibe die Wörter so, wie <u>du</u> sie schreiben würdest. Begründe!
b) Suche die Wörter im Wörterbuch und kontrolliere deine Schreibung.
c) Berichtige Fehler im Heft oder auf einem Zusatzblatt.

3 Denke über das Nachschlagen im Wörterbuch nach:
a) Welche Wörter konntest du leicht finden?
b) Bei welchen Wörtern war das anders? Gibt es dafür besondere Gründe?
   Äußere deine Vermutungen.

Stichwörter im Wörterbuch finden

Die Stichwörter sind im Wörterbuch nach dem Alphabet geordnet.
Nur wer Stichwörter schnell finden kann, nutzt das Wörterbuch auch.

1 Übe mit dem Alphabet, bis du es flüssig kannst:
a) Ergänze und sprich vor dich hin.
   Nach EFG kommt ... – Nach QRS ... – Zwischen N und P steht ...
   Zwischen F und H steht ... – Vor W steht ... – Vor G steht ...
b) Ersetze die Buchstaben immer mal wieder durch andere.
   Nach GHI kommt ... – Zwischen R und T steht ... – Vor P steht ..

2 Zu welchen Buchstaben findest du im Wörterbuch wohl besonders viele
oder auch besonders wenige Stichwörter?
Überprüfe deine Vermutung mit Hilfe des Wörterbuchs.

3 a) Schlage die folgenden Stichwörter in der Reihenfolge nach,
   wie sie in deinem Wörterbuch stehen: Zahl, Durst, Hase, Uhr –
   Moor, Magnet, Mund, Mühle – Schalter, Schaufel, Schatten, Schall.
   Unterstreiche den Buchstaben, auf den es ankommt (Folie).
d) Suche im Wörterbuch das erste Wort mit Schl..., si..., ver... und das letzte
   Wort mit sp... und Str.... Schreibe die Wörter auf.

4 Wörter mit ä, ö, ü und äu findest du, als hätten sie keine Umlautpünktchen.
ß findest du wie ss.
a) Zwischen welchen Wörtern stehen der Ärmel, öde, übel, die Säure und
   häufig? Schlage nach.
b) Steht das Floß vor oder nach die Flosse? Begründe und schlage nach.

> **WISSEN UND KÖNNEN** **Stichwörter im Wörterbuch finden**
>
> – Im Wörterbuch sind die Stichwörter nach dem Alphabet geordnet.
> – ä findest du wie a, ö wie o, ü wie u, äu wie au und ß wie ss.
> – Wenn du ein Stichwort mit einem bestimmten Anfangsbuchstaben
>   suchst, musst du auch auf den zweiten und dann folgenden Buchsta-
>   ben achten: enden – Erde – etwa, Kabel – Kaffee – Kakao ...

Zurück- oder weiterblättern? Kopfwörter nutzen

Das Kopfwort links oben auf der Wörterbuchseite zeigt an, welches das erste Stichwort auf der Seite ist. Das Kopfwort rechts oben zeigt an, welches das letzte Stichwort auf der Seite ist.

---

fassen   104   **Februar**

fassen
1. → *festhalten*: *Du musst das Seil mit beiden Händen fassen.*
   Gegenwort: loslassen
   → los-
2. berühren: *Du darfst nicht an den Ofen fassen.*

Wenn Obst oder Gemüse verfault, spricht man auch von **Fäule**.

2. *nicht fleißig*: *Der Schüler ist **faul** und lernt nicht.*
   Gegenwörter: → fleißig, → eifrig
   Das Nomen zu *faul* heißt *Faulheit*, das Gegenwort dazu ist: → Fleiß.

faul
1. *verdorben*: Lebensmittel, Obst oder Gemüse, aber auch Holz können **faul** sein oder **faulen**: **faules** Fleisch, **faule** Eier, **faule** Äpfel.
   Ersatzwort: ungenießbar, morsch (Holz)
   Gegenwörter: → gut, gesund
   → un-

Febr.
Abkürzung für: → *Februar*.

Februar (*der Fe|b|ru|ar, die Fe|b|ru|are; meist Einzahl*)
Der **Februar** ist der zweite → Monat des → Jahres. Er ist auch der kürzeste Monat: Meist hat er 28, in Schaltjahren 29 Tage. In den

---

① a) Wie lauten die Kopfwörter auf dieser Wörterbuchseite?
   b) Können die Wörter Fax, Fasching und faul zwischen den beiden Kopfwörtern stehen? Begründe: ja, weil ... oder nein, weil ...

② Du suchst das Wort Kühlschrank.
   Begründe, zwischen welchen der folgenden Kopfwörter es steht:
   a. kroch – Kugelschreiber   b. Krebs – Kripo   c. Kuh – Kurve

③ Wähle Aufgabe **A** oder **B** aus:
   A Suche in deinem Wörterbuch mit Hilfe der Kopfwörter so schnell wie möglich das erste Wort, das mit RE ..., MAN ..., ENT..., VER ..., SAL... beginnt. Schreibe es auf.
   B Ein Suchspiel zu zweit:
   – Einer beginnt und nennt ein Stichwort aus dem Wörterbuch.
   – Der andere versucht das Wort mit Hilfe der Kopfwörter möglichst schnell zu finden. Dabei begründet er, ob er zurück- oder weiterblättern muss.
   – Legt fest, wann gewechselt wird.

Oft hilft auch eine Grifftabelle am Rand

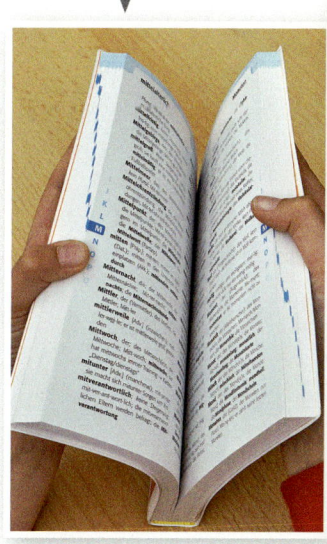

An verschiedenen Stellen nachschlagen

Manche Wörter werden anders geschrieben, als sie gesprochen werden. Dann muss man wissen, unter welchen anderen Buchstaben man nach-schlagen kann.

❶ Unter welchem Buchstaben muss man die Wörter zu den einzelnen Abbildungen nachschlagen? Schreibe die Wörter richtig auf.

❷ Wähle aus den Übungen **A – C** aus:

A Manchmal wirst du bei diesen Wörtern an zwei Stellen nachschlagen. Schreibe die Wörter richtig auf.
- **e** oder **ä**?   das P▮ckchen   n▮mlich   die K▮rbe   l▮nken   der M▮rz
- **c/C** oder **k/K**?   der ▮ousin   die ▮amera   ▮ool   der ▮akao   ▮ampen

B Bei diesen Wörtern musst du vielleicht sogar an drei Stellen nachschlagen. Schreibe die Wörter richtig auf.
- Mit **f/F**, **v/V** oder **ph/Ph**?   die ▮ysik   ▮ielleicht   das ▮ohlen
                                             das ▮ieber   der ▮ampir   der ▮arao
- Mit **x**, **chs** oder **cks**?   we▮eln   der Kle▮   die E▮e   wa▮en
                                         der Te▮t   die He▮e   tri▮en   mi▮en

C Diese Fremdwörter sind so geschrieben, wie sie gesprochen werden. Schlage die Wörter nach und schreibe sie richtig auf:
der Klaun   das Kwiss   die Jiens   der Tüp   der Hotdock

Die richtige Wortform bilden und nachschlagen

**Im Wörterbuch stehen nicht alle Wörter oder Wortformen.
Manchmal muss man gut nachdenken, wie man ein Wort finden kann.**

die Ärzte   die Pizzas   die Polizisten   die Rosinen   die Schwäne
die Gesichter   die Handys
der Luftballonverkäufer   der Schlossgeist   riesengroß   die Postleitzahl
blaugrau
sieht   packte   klammerte   besaß   ärgerte   versprach   pflückte

1 Informiere dich in „Wissen und Können", was man tun muss, um die Wörter
Ärzte, Luftballonverkäufer und sieht zu finden – und was du dir dabei überlegen musst.

> **WISSEN UND KÖNNEN** ▸ **Die richtige Wortform bilden**
>
> – Ein **„Mehrzahlwort"** suchst du unter dem „Einzahlwort":
>   Ärzte unter Arzt.
> – Wenn du ein **zusammengesetztes Wort** nicht findest,
>   zerlege es und schlage die einzelnen Wörter nach:
>   Luftballonverkäufer unter Luftballon und Verkäufer.
> – **Verben** suchst du unter der Grundform: sieht unter sehen.

2 Übt zu zweit oder dritt:
  – Einer zeigt auf ein Wort in einer Wortreihe oben auf der Seite.
  – Wer das Wort am schnellsten gefunden hat, sagt, wie er vorgegangen ist,
    und zeigt auf das nächste Wort.

3 Erstelle eine Suchübung: Überlege dir Wörter, die sich nicht leicht finden
lassen. Schreibe sie auf einen Suchbogen für andere Mitschülerinnen und
Mitschüler.

4 Schlage die unterstrichenen Wörter nach und berichtige sie.
Mein neues Bild klept jetzt am Fussende in meinem Hochbet.
Darauf siet man mein Lieplingspfert. Mein Bruder hat mich gelopt.

fraßen
nahmst
Elefantenrüssel
Späße
...

Rechtschreibstrategien kennenlernen

Die Silbenprobe, das Verlängern von Wörtern und das Zerlegen von Wörtern in ihre Wortbausteine sind wichtige Werkzeuge für das Richtigschreiben. In diesem Kapitel erprobst du, wie du mit diesen Rechtschreibstrategien arbeiten kannst.

RICHTIG SCHREIBEN

1 Worum geht es auf dem Foto? Womit beschäftigen sich Maria und Sven? Sprecht darüber.

2 Zerlege die Wörter Besen, Nase und Pflanze in Silben:
- Sprich beim Schreiben die einzelnen Silben des Wortes.
  Wo machst du beim Sprechen eine Pause? Das ist die Silbengrenze.
  Kennzeichne sie so: En|te.
- Setze unter jede Silbe einen Silbenbogen: En|te

▶ Um die Silbengrenze zu finden, kannst du auch das Silbengehen probieren.
Sven erklärt am Beispiel des Worts Ente, wie das geht:

1. Zu Beginn stehe ich mit beiden Füßen nebeneinander.
2. Dann spreche ich die erste Silbe des zweisilbigen Wortes: **En** ... Gleichzeitig mache ich einen Schritt nach rechts und schwinge mit dem rechten Arm von links nach rechts.
3. Anschließend stelle den linken Fuß nach in die Ausgangsstellung.
4. Bei der zweiten Silbe mache ich es genauso: ... te
5. Das wiederhole ich mehrmals mit demselben Wort: **En te, En te** ...

Das Silbengehen geht auch besonders gut mit mehreren zusammen

Silben in Wörtern untersuchen

Die Wörter unserer Sprache bestehen aus einer Silbe, zwei Silben oder mehr Silben. Zu jeder Silbe gehören einfache Vokalbuchstaben (a, e, o, i/ie, u) und besondere Vokalbuchstaben für Umlaute (ä, ö, ü) und für Zwielaute/Doppellaute (ei, ai, au, äu).

1 Die Wörter unserer Sprache bestehen aus einer Silbe, zwei Silben und mehreren Silben:

eine Silbe	zwei Silben	drei oder mehr Silben
der Stuhl	die Pause	die Kartoffel

a) Wie kann man die Anzahl der Silben feststellen?

b) Schreibe die Tabelle ab und ergänze sie mit den folgenden Wörtern:

  der Ball   bauen   die Elefanten   oft   die Papageien   hören

  Unterlege die Wörter mit Silbenbögen.

2 Untersuche die Silben der Wörter in der Tabelle genauer:

– Kreise in den Wörtern alle Vokalbuchstaben ein.

– Vergleiche die Anzahl der Silben mit der Anzahl der Kreise in einem Wort. Was stellst du fest?

– Halte fest, was du heraufgefunden hast.

  In jeder Silbe steht immer ein …

3 Bilde aus die Tanne, die Hose, wundern, leben neue Wörter.

– Tausche dazu in der ersten Silbe jeweils den Vokalbuchstaben aus.

– Markiere den Vokalbuchstaben im neuen Wort.

  aus *Tanne* wird *T*o*nne* …

4 a) Schreibe die Wörter fassen, legen, der Mund, die Läuse ab und markiere den Konsonantbuchstaben am Wortanfang.

  *f*assen

b) Tausche jeweils den markierten Buchstaben durch einen anderen aus. So entsteht ein neues Wort.

  aus *fassen* wird *l*assen oder …, aus *l*egen wird …

Strategie: Die Silbenprobe anwenden

Für das Verstehen der Rechtschreibung spielen die zweisilbigen Wörter eine wichtige Rolle. Es sind deshalb Schlüsselwörter.
Mit der Silbenprobe findest du heraus, ob die erste Silbe offen oder geschlossen ist.

Die **Silbenprobe** wird durch die Lupe mit den beiden Silbenbögen angezeigt:

→ Lies dazu auch in „Wissen und Können" auf Seite 258.

1 Mache die Silbenprobe bei den zweisilbigen Wörtern Boden und Wolke:
a) Markiere in beiden Wörtern die Vokalbuchstaben.
b) Setze unter jede Silbe einen Silbenbogen.
c) Untersuche, wie die erste Silbe endet. Halte fest, was du siehst.
d) Wie sprichst du das o in Boden und in Wolke? Probiere es aus.
   Besprich mit einem Partner, was du hörst.

2 a) Überprüfe mit der Silbenprobe wie in Aufgabe 1, ob die erste Silbe der Wörter offen oder geschlossen ist:
die Blume   böse   die Ente   glänzen   die Hose   der Kasten
der Korken   der Name   quälen   sehen   die Tante   warten
Sortiere und notiere die Wörter in einer Tabelle.
b) Vergleiche deine Lösung mit einem Partner. Findet weitere Wörter.

offene Silbe (endet mit einem Vokalbuchstaben)	**geschlossene Silbe** (endet mit einem Konsonantbuchstaben)
die Blu|me	die En|te

3 a) Bilde aus den Silben im grünen und blauen Kasten zweisilbige Wörter und schreibe sie auf, die Nomen mit Artikel.
b) Setze Silbenbögen unter die Wörter. Markiere die Wörter mit offener und geschlossener Silbe unterschiedlich. scherzen

| scher-   of-   Pfif-   Schu-   Ru- | -fen   -he   - he   -le   -le |
| Spu-   Schu-   Fü-   Grü- | -ße   -ße   -zen |

Strategie: Einsilbige Wörter verlängern

Einsilbige Wörter musst du um eine Silbe verlängern.
Damit findest du heraus, ob die erste Silbe offen oder geschlossen ist.

Das **Verlängern** eines einsilbigen Wortes wird durch
die Lupe mit dem Silbenbogen und dem Pfeil angezeigt:

→ Lies dazu auch in „Wissen und Können" auf Seite 258.

der Fluss   alt   sie bleibt   breit
der Fuß   er ruft

viele Flüsse   breiter   wir rufen
viele Füße   wir bleiben   alte

1 Finde zu einsilbigen Wörtern die zweisilbigen Schlüsselwörter:
a) Schreibe die Wörter des grünen Zettels untereinander.
   Markiere Nomen, Verben und Adjektive unterschiedlich.
b) Suche auf dem blauen Zettel die zweisilbige Wortform
   und schreibe sie dahinter.
c) Erkläre im Gespräch mit einem Partner, wie es zu
   den zweisilbigen Wörtern kommt.
   bei Nomen durch: viele ...   bei Verben durch: ...
   bei Adjektiven durch: ...

2 a) Suche zu diesen einsilbigen Wörtern die zweisilbigen Schlüsselwörter:
   das Buch   bunt   er fliegt   der Held   klein
   er quält   tief   sie turnt   das Wort
b) Überprüfe deine Lösung mit einem Partner.
c) Überprüft mit der Silbenprobe, ob die erste Silbe offen oder
   geschlossen ist.

3 a) In den beiden Wortreihen fehlt ein Wort. Ergänze es.
   er legt, er näht, wir legen, ...?...   grün, klein, grüner, ...?...
b) Bilde eine ähnliche Wortreihe mit einem fehlenden Wort.
   Ein Partner soll es ergänzen.

4 Untersuche in den einsilbigen Adjektiven, Nomen und Verben, ob die Silbe
offen oder geschlossen ist. Verlängere dazu die Wörter:
bunt   fein   er bremst   froh   der Ast   sie trägt   der Kopf
das Kleid   sie sah   zart   es glänzt   der Weg

Strategie: Wörter in Wortbausteine zerlegen

Gleiches
schreibt
man gleich!

→ Lies dazu auch
in „Wissen und
Können" auf
Seite 258.

Wörter bestehen häufig aus mehreren Bausteinen.
Gleiche Wortbausteine werden immer gleich geschrieben.
Das hilft dir, Wörter richtig zu schreiben und Fehler zu vermeiden.

Das **Zerlegen** eines Wortes in **Wortbausteine** wird
durch die Lupe mit dem gedrehten T angezeigt:

1 Bilde aus diesen Wortbausteinen möglichst viele sinnvolle Wörter:

 lich   freund   in   et   schaft   be   un

2 Untersuche deine Wörter im Gespräch mit einem
Partner:
  – Welcher Baustein kommt in allen Wörtern vor?
  – An welcher Stelle stehen im Wort jeweils die
    gelben, grünen und blauen Bausteine?
    Haltet eure Beobachtungen fest.

3 Schreibe die folgenden Wörter ab und markiere ihre
Bausteine blau, grün und gelb wie in Aufgabe 1: spaßig …

spaßig   vorwitzig   die Heizung   erstaunlich   die Vorfahrt
freundlich   die Sauberkeit   einsteigen   unverkäuflich

4 Wörter, die miteinander verwandt sind, bilden eine **Wortfamilie**:

lesen   vorlesen   lies!   durchlesen   unleserlich   er liest   lesbar
der Leser   die Leserin   das Lesezeichen   die Leseratte   …

a) Was ist der gemeinsame Wortstamm der Wortfamilie lesen?
   Du findest ihn so: Schreibe die Wörter ab und markiere blau,
was in allen Wörtern vorkommt. Das ist der gemeinsame Wortstamm.
b) Markiere in zwei Wörtern den Wortstamm, der etwas anders
   geschrieben wird.

5 Suche zu zwei der folgenden Verben möglichst viele Wörter der Wortfamilie und markiere den gemeinsamen Wortstamm.

laufen   wählen   schreiben   lachen   fahren   fühlen   zählen

6 a) Untersuche die fettgedruckten Stellen in den folgenden Wortreihen: Warum stehen dort zwei Konsonantbuchstaben?
  – der Schul**l**eiter, das Moto**rr**ad, feue**rr**ot, die Schir**mm**ütze
  – ve**rr**echnen, vo**rr**echnen, a**bb**rechen, a**nn**ehmen, au**ss**teigen
b) Schreibe die Wörter ab und zerlege sie in ihre Wortbausteine.
  – Schul│leiter …
  – ver│rechnen, …

7 Untersuche Wörter mit der Nachsilbe -ig:
a) Warum schreibt man kräftig am Ende mit g und nicht mit k?
  – Zerlege das Wort in Wortbausteine.
  – Erkläre das g.
b) Erkläre im Gespräch mit einem Partner das g am Wortende auch in den Wörtern lustig, ruhig, häufig.

8 Erkenne die Vorsilbe ver-:

der Langschlä▮   die Regel▮letzung   ▮tig   ▮lernen
die Buch▮käu▮in   an▮tigen   un▮ständlich   fried▮tig

a) Setze ver- oder fer ein.
b) Begründe deine Entscheidung.
  An dieser Stelle im Wort … ist ver- Vorsilbe, in … nicht, deshalb …

9 Welche Rechtschreibschwierigkeit gibt es in diesen Wörtern?
der Liebling   die Mannschaft   gesagt   die Erfindung
  – Warum werden die Wörter so geschrieben?
  – Welche Strategien können dir helfen?
  – Wie musst du vorgehen?

So kannst du vorgehen:
  – Trenne die Vorsilbe oder Nachsilbe ab.
  – Verlängere anschließend den Wortstamm.
  – Führe zum Schluss die Silbenprobe durch.

Rechtschreibregeln entdecken

Wenn du mit einer Rechtschreiblupe auf ein Wort schaust, kannst du selbst herausfinden, wie du das Wort schreiben musst.
Ihr könnt das auch zu zweit oder in Kleingruppen tun und euch wechselseitig viele Tipps und Anregungen geben.
So lernt ihr voneinander und miteinander.

RICHTIG SCHREIBEN

1 Seht euch das Bild an und erklärt, womit sich die Schülerinnen und Schüler beschäftigen.

2 Welche Rechtschreibstrategien, die du aus dem Unterricht kennst, kommen zum Einsatz?

Wörter und Sätze unter der Lupe

Wörter mit silbentrennendem h erkennen

Es gibt ein h, das Silben trennt. Wo steht es im Wort?

1 Untersuche die folgenden Wörter:

die Schuhe   gehen   nahe   stehen   die Rehe   die Zehen   früher

a) Mache die Silbenprobe.

b) Kreise die Vokalbuchstaben in beiden Silben ein.

c) Wo steht das h? Halte deine Beobachtung fest.

d) Überprüfe deine Beobachtung auch an drohen, drehen, fliehen, krähen, hohe, die Ruhe und an eigenen Wörtern.

wir blühen

2 Auch in blüht muss ein h vorkommen.

a) Welche Strategie wendet Maren an?

b) Probiere es auch mit: es glüht, es zieht, sie sieht.

zu *er flieht* bilde ich: *wir fliehen*, zu … bilde ich: …

3 Suche mit dem Wörterbuch zu einigen h-Wörtern der Aufgabe 2 verwandte Wörter und schreibe sie dazu. Markiere jeweils das h.

sieht, wegsehen, zusehen, Sehkraft, sehenswürdig …

Was stellst du fest? Denke an den Satz: Gleiches schreibt man gleich.

4 a) Schreibe die Verben ab: glühen, brühen, ziehen, nähen.

Begründe das h mit der Silbenprobe.

b) Bilde aus den Verben aus Aufgabe a) und den Nomen Würmchen, Wurst, Brunnen, Maschine zusammengesetzte Nomen.

das Glühwürmchen …

5 a) Was musst du nacheinander tun, um das h in der Schuhschrank zu erklären? Führt dazu ein Rechtschreibgespräch.

b) Probiert es genauso mit den Wörtern der Kuhstall und das Nähgarn.

→ Ein Rechtschreibgespräch führen, Seite 237

6 Sieh dir die Wörter in der Randspalte an. Finde das Kuckucksei: Jeweils ein Wort passt nicht zu den anderen. Warum?

Zehen
Flöhe
Fehler
Kühe

stehen
fahren
drehen
ziehen

7 Begründe die Wortschreibungen mit den Rechtschreibstrategien.

Warum der Zeh, früh, es glüht mit h? Warum das h in der Drehpunkt?

Wann schreibt man Wörter mit ie?

Der i-Laut wird auch ie geschrieben. Wann ist das so?

der Diener   der Frieden   die Zwiebel   die Rinde   der Ziegel

1 a) Schreibe die Wörter mit Silbenbögen auf.

der Diener

b) Untersuche die Wörter am Ende der betonten Silbe:
- – Wie endet die betonte Silbe? Markiere sie.
- – Wie wird der i-Laut gesprochen?
- – Ein Wort passt nicht in die Reihe. Begründe!

2 a) Schreibe die folgenden Wörter mit Silbenbögen auf:

gießen, kriechen, lieben, die Schiene, spielen, die Zwiebel.

gießen

b) Begründe das ie im Gespräch mit einem Partner.

Der i-Laut wird ... gesprochen.

c) Ergänze die Liste mit eigenen Wörtern. Nutze das Wörterbuch.

3 a) Lies die folgenden Wörter:

es gießt, der Brief, es friert, schief, der Sieg, tief, es riecht, das Tier.

Was stellst du fest?

b) Verlängere die Wörter um eine Silbe. Schreibe sie als Wortpaare
mit Silbenbögen auf.

es gießt – wir gießen

b) Was zeigt das zweisilbige Wort an? Besprich es mit einem Partner.

4 a) Schreibe die Tabelle ab:

Wörter mit ie	Wörter mit i
er wiegt – wir wiegen	der Wind – viele Winde

b) Verlängere die einsilbigen Wörter und trage sie in die richtige Spalte
der Tabelle ein.

er w_gt   der W_nd   das B_ld   der P_lz   er r_f   das S_b   der St_ft

5 a) Sieh dir das Wort die Brieffreundschaft mit einem Partner an:
   Wie musst man vorgehen, um das ie zu erklären?
   b) Probiert es auch mit: sieglos, der Spielleiter oder das Tierheim.

6 Warum wirkt das Gedicht von Josef Guggenmos so lustig?

Josef Guggenmos
Wenn Riesen niesen

Sieben Riesen,
die mit bloßen Füßen
über nasse Wiesen liefen,
niesten mit ihren Riesennasen so laut,
dass von diesem Riesenniesen sieben Wieselkinder,
die in tiefen Zimmern schliefen,
aufwachten und „Gesundheit" riefen.

7 Wähle aus den Übungen **A** bis **C** aus.

A Begründe die Schreibweise des i-Lautes in den Wörtern des Gedichts
in einem Partnergespräch.

B Bilde Sätze mit vielen ie-Wörtern. Es dürfen auch lustige Unsinnsätze sein.
Diktiere sie einem Partner.
Ein Wiesel lief mit seinen Papierwieselstiefeln über seine Wiese.
Es schlief …

C Welches Wort passt nicht in die Reihe? Begründe mit der Silbenprobe.
   a. fließen, bilden, frieren, schieben
   b. die Biene, das Fieber, die Silbe, die Fliege
   c. das Lied, schief, er rief, der Pilz

8 Begründe die Wortschreibungen mit den Rechtschreibstrategien.
   – Warum das Fieber, lieb und es piept mit ie?
   – Warum die Tinte und der Pilz mit i?

l, m, n … – einfach oder doppelt?

In manchen Wörtern wird der Konsonantbuchstabe verdoppelt.
Warum ist das eigentlich so?

1 Wann schreibt man doppelte Konsonantbuchstaben?
a) Schreibe die Wortreihen ab und führe zu jedem Wort die Silbenprobe
durch: stempeln …
   – stempeln, folgen, rennen, bringen, der Apfel, selten
   – stopfen, dürfen, denken, die Butter, pflanzen, kälter
   – falten, golden, offen, das Fenster, die Ente, halten

b) Ein Wort in jeder Reihe ist anders aufgebaut als die anderen.
Finde es und begründe deine Entscheidung im Gespräch mit einem Partner.
Wie endet die erste Silbe und wie fängt die zweite Silbe an?

2 Wie macht Maren das nn
in rennen deutlich?
Erkläre, was die Silbenbögen
unter rennen anzeigen.

Ein weiteres n schließt die Silbe.

3 a) Schreibe die folgenden Wörter mit dem richtigen Buchstaben ab.
   – f oder ff: der Löel, die Häfte, kläen, prüen
   – l oder ll: haten, der Teer, die Hife, been, quäen
b) Begründe deine Lösung im Gespräch mit einem Partner.

4 Warum haben diese einsilbigen Wörter doppelte Konsonantbuchstaben?
das Blatt   er hofft   nett   das Fell   hell   es summt
a) Schreibe die Wörter ab und verlängere sie zu zweisilbigen Wörtern.
   das Blatt – viele Blätter, er hofft – wir …
b) Erkläre den doppelten Konsonantbuchstaben. Führe die Silbenprobe durch.
   das Blatt – viele Blätter

5 a) Warum wird der Pfannkuchen mit nn geschrieben?
Was musst du nacheinander tun, um das nn zu erklären?
b) Probiere es auch mit das Rennpferd und das Stofftier.

6 Wie erklärst du das tt in die Sporttasche und das fff in die Schifffahrt?
Welche Strategien musst du nacheinander nutzen?

7 Wähle aus den Übungen **A** bis **E** aus:

A Ergänze in den folgenden Wörtern bb, dd, ll, mm, nn, pp oder tt.
Manchmal gibt es mehrere Möglichkeiten. Schreibe sie auf.
knaen   paeln   die Wee   schüen   die Flae   die Wae   schaen

B Welches Wort passt nicht in die Reihe? Begründe!
a. hoffen, die Kanne, die Quelle, schälen, die Welle
b. fassen, kippen, lassen, proben, schnappen, wippen
c. die Bissen, brummen, gaffen, das Kissen, die Blumen, summen

C Bilde ähnliche Reihen wie in Übung B mit anderen Wörtern.
Ein Partner soll das Wort finden, das nicht passt.

D Setze die Reihen fort und suche Reimwörter
a. mit -assen: fassen, lassen ...
b. mit -ille: Brille, Grille ...
c. mit -uss: muss, Fluss ...
d. mit -all: Ball, Knall ...

E a) Bilde mit den folgenden Verben Reimpaare:
knurren, gaffen, rollen, lassen, schaffen, wollen, murren, fassen.
knurren – murren, gaffen – ...
b) Bilde zu den Verben die Du- und die Ihr-Form.
du knurrst, ihr knurrt ...

8 Begründe die Wortschreibungen mit den Rechtschreibstrategien:
– Warum wird die Flamme und es stimmt mit mm geschrieben?
– Warum wird die Bremse und es pumpt mit einem m geschrieben?
– Warum wird das Schlossgespenst mit ss geschrieben?

Wörter mit ä und äu

**Manchmal kann es dir helfen, nach einem Wortverwandten
zu suchen. Das nennt man „Wörter ableiten".
Die Lupe mit dem Pfeil nach unten
zeigt das Ableiten an.**

Läuse
Freund
Kräuter
bläulich

1 In jedem Ei befindet sich ein Wort, das nicht zu den anderen passt.
– Lies die Wörter laut und vergleiche mit der Schreibweise.
– Welche Gemeinsamkeit haben jeweils drei Wörter in einem Ei?

Becher
Gräser
Äste
Bänke

2 Zu allen Wörtern auf dem blauen und auf dem grünen Zettel
gibt es eine einsilbige Form mit a oder au:

die Wälder	die Bälle
die Länder	die Räder
die Sätze	

die Bäume	die Träume
die Mäuse	die Bäuche
die Zäune	

Schreibe die Wörter als Wortpaare mit der einsilbigen Form auf.
Markiere, was sich ändert

     ↓   ↓

die Wälder – der Wald ...   die Bäume – der Baum ...

→ Ein Recht-
schreibgespräch
führen, Seite 237.

3 Führt ein Rechtschreibgespräch:
– Was fällt euch auf, wenn ihr die Wortpaare der beiden Gruppen
in Aufgabe 2 miteinander vergleicht?
– Schreibt auf, was ihr herausgefunden habt.
Man schreibt ä, wenn es ein verwandtes Wort mit ... gibt.
Man schreibt äu, wenn es ein verwandtes Wort mit ... gibt.

4 a) Suche zu jedem Wort mit ä ein verwandtes Wort mit a:
ich zähle, ich wähle, die Bärte, die Nägel, hässlich, das Kätzchen.
Ich zähle kommt von ...
b) Suche zu jedem Wort mit äu ein verwandtes Wort mit au:
ich träume, die Räume, die Zäune, bläulich, das Mäuschen, ich läute.
Ich träume kommt von ...

5 Bei welchen Wörtern kannst du sicher sein, dass sie mit ä oder äu geschrieben werden? Was machst du mit den anderen Wörtern?
  – ä oder e: gef rbt, l rnen, k mmen, die M nschen, er f llt, gl nzend, die Eisgl tte, die Mülls cke, verdr ckt
  – äu oder eu: die Kr ter, das F er, die L ferin, die Z ne, r mlich, die B te, die L se, die Str cher

6 Wähle aus den Übungen **A** bis **D** aus:

A Suche verwandte Wörter mit a oder au und schreibe sie dazu.
  wählen   zählen   die Jäger   die Kälte   säubern   träumen
  ↓
  wählen – die Wahl

B Aus vielen Nomen mit a oder au lassen sich Verkleinerungsformen mit -chen bilden. Probiere es mit den folgenden Wörtern aus.
  der Baum   das Fass   der Hahn   der Hase   die Katze   die Maus
  ↓
  der Baum – das Bäumchen

C Suche 5 Minuten lang einsilbige Wörter mit a oder au, die als zweisilbiges Wort ein ä oder äu haben. Schreibe sie zusammen auf.
  ↓   ↓
  die Zahl – zählen, …   der Raub – die Räuber

D Suche zu den unterstrichenen Wörtern das verwandte Wort mit a oder au und schreibe beide auf: spärlich – spart …

  a. Wer sich spärlich kleidet, sp an Kleidung.
  b. Bei Schläuche denke ich an Schl , bei Kräfte an Kr , bei Räuber an R .
  c. Die Einzahl (Singular) von Sträucher ist St , die Einzahl von Bäume ist ,
     die Einzahl von Ärzte ist   und die Einzahl von Äste ist .
  d. Häuptling ist verwandt mit H , Fälscher ist verwandt mit f und die Erklärung ist verwandt mit k .

7 Begründe die Wortschreibungen mit den Rechtschreibstrategien.
  – Warum Wärme und gefälscht mit ä, Träume und säubern mit äu?

Wörter mit b, d oder g am Wortende

In manchen Wörtern hört man ein p, ein t oder ein k, obwohl sie mit b, d oder g geschrieben werden: der Dieb, der Korb, der Wald.

1 a) Wie macht Finja das b in Dieb hörbar?

Woran denkt Finja? Welche Strategie nutzt sie?

b) Mache in den Wörtern der Dieb, der Korb, der Wald, das Rad, der Zweig, der Zwerg das b, d oder g hörbar. Mache es wie Finja.

2 Mache zu den Wörtern der Wortreihen a – c die Verlängerungsprobe im Kopf und schreibe dann das Wort richtig auf.

aus *blei t* mache: *wir bleiben*, also: *bleibt* ...

a. mit b oder p? sie blei t, er schrei t, plum , gro , es pie t

b. mit d oder t? blon , gesun , bun , der Win , der Or

c. mit g oder k? der Erfol , kran , schrä , er trä , es blin t

3 a) Sprich den markierten Laut im Wort der Farbtopf deutlich aus.

– Welchen Laut hörst? Wie schreibst du ihn?

– Was musst du nacheinander machen, um das b hörbar zu machen? Begründe.

b) Probiere es so wie in a) mit den Wörtern die Erlaubnis, das Handtuch und die Flugstunde.

4 Wähle aus den Übungen **A** bis **E** zum blauen Wörterkasten aus:

> das Lob   der Korb   er bleibt   grob   lieb   sie schreibt
> blond   das Feld   gesund   es stand   der Wind   er band   rund
> die Burg   schräg   sie flog   der Zwerg   es fliegt   klug

Die Wörter könnt ihr auch ergänzen oder austauschen.

A Macht mit den Wörtern ein Diktierspiel zu zweit:
- Einer **diktiert** ein Nomen: der Korb,
  der andere **nennt** den Plural: viele Körbe
  und **schreibt** das Nomen auf: der Korb.
- Einer **diktiert** ein Verb: sie bleibt,
  der andere **nennt** die Form mit wir: wir bleiben
  und **schreibt**: sie bleibt.
- Einer **diktiert** ein Adjektiv: grob,
  der andere **nennt** die verlängerte Form mit e: grobe
  und **schreibt**: grob.

B Suche zu den Verben loben, finden oder fliegen verwandte Wörter
mit dem Wörterbuch und schreibe sie als Wortfamilie auf.

C Bilde zu den Verben
geben   graben   biegen   schweigen   treiben   finden   fliegen
- die Du- und die Ihr-Form der Gegenwart (Präsens),
  du gibst, ihr gebt ...
- die Du- und die Ihr-Form der Vergangenheit (Präteritum).
  du gabst, ihr gabt ...

D In diesen Wortzusammensetzungen stimmt was nicht:
Staubschmerzen – Kalbstuch – Schaumbraten – Leibbad.
Setze die Wörter richtig zusammen und schreibe sie auf.

E Bilde ähnliche Wortverdreher wie in Übung D. Der Partner muss sie richtig
hinschreiben. Begründet anschließend die Rechtschreibung.

5 Begründe die Wortschreibungen mit den Rechtschreibstrategien.
- Warum der Stab und er tobt mit b?
- Warum der Ring und er fliegt mit g?

Wörter mit ss und ß

Warum Straßen mit ß und Gassen mit ss?
Hier hilft die Silbenprobe weiter!

> Straßen – Gassen   Gefäße – Fässer   Füße – Flüsse

1 a) Vergleiche die Wortpaare im grünen Kasten:
  – Was stellst du beim Lesen der Wörter fest?
  – Mache die Silbenprobe: Schreibe die Wörter mit Silbenbögen auf
    und markiere die Buchstaben am Ende der ersten Silbe.
    Straßen …

b) Sortiere nun die Wörter. Schreibe die Tabelle ab und trage die Wörter
   in die richtige Spalte ein.

Betonte Silbe offen	Betonte Silbe geschlossen
Vokal wird lang gesprochen	Vokal wird kurz gesprochen
Straßen	Gassen

2 Führe über deine Tabelle ein Gespräch mit einem Partner:
  – Was fällt euch auf, wenn ihr die Wörter der beiden Spalten miteinander
    vergleicht?
  – Haltet fest, was ihr zur Schreibung mit ss und ß herausgefunden habt.
    Man schreibt ss, wenn …
    Man schreibt ß, wenn …

3 a) Setze in die zweisilbigen Wörter ein ss oder ß ein und schreibe sie auf.
    die Grü e   die Kü e   die Spä e   die Ta e   die Fü e
    die Kla e   bei en   la en   me en   schie en

b) Begründe die Schreibweise, indem du Silbenbögen setzt.
    die Grüße …

4 Begründe in den folgenden Wörtern die Schreibung mit ss oder ß.
Verlängere die Wörter dazu im Kopf und setze ss und ß richtig ein.
  bei t   das Fa   der Flu   gie t   ha t   sa   das Schlo   stö t

5 a) Lies die Wörter Spaßvogel und Schlossgeist.

Was hörst du beim Lesen? Wie wird der s-Laut geschrieben?

b) Was musst du nacheinander tun, um das ß und ss zu begründen?

c) Probiere es auch so bei Gießkanne und Kusshand.

6 Wähle aus den Übungen **A** bis **E** aus:

A Schreibe die Sätze ab und setze ss und ß ein. Begründe jede Schreibweise im Gespräch mit einem Partner.

a. Mit einem Ma band mi t sie seine Sprungweite.

b. Mu das sein? Die Suppe ist ungenie bar.

c. André baut mit seinen Freunden ein Flo . Das macht ihm Spa .

d. Das Geschenk pa t kla e.

e. Bestelle Gro vater einen lieben Gru von mir.

B Schreibe die falsch zusammengesetzten Wörter richtig auf:

Gießboden – Fußkanne – Nusspferd – Flussknacker.

C Bilde ähnliche Wortverdreher wie in Übung **B**.

Dein Partner soll sie richtig aufschreiben.

D Begründe im Gespräch mit einem Partner die unterschiedliche Schreibweise des s-Lautes in den Wörtern der Wortfamilie gießen:

es gießt – es goss – vergießen – vergossen – der Guss – die Gießkanne.

E a) Schreibe zweisilbige Wörter mit ss und ß einzeln auf Kärtchen.

– mit ss: dic Tasse, das Wusser, essen, lassen, passen, die Kasse …

– mit ß: beißen, reißen, grüßen, schließen, die Größe …

Überprüfe deine gesammelten Wörter mit dem Wörterbuch.

b) Mache mit einem Partner ein Klopfdiktat mit den Wörtern.

– Mischt die Wortkärtchen.

– Lass dir die Wörter diktieren. Jedes Mal, wenn ein Wort mit ß geschrieben wird, klopfe leise auf den Tisch oder sage „Stopp!".

– Du schreibst das Wort auf und erklärst das ß.

Wenn ihr auch einsilbige Wörter sammelt, wird das Klopfdiktat schwieriger.

Ihr könnt auch festlegen, dass bei Wörtern mit ss geklopft wird.

7 Begründe die Wortschreibungen mit den Rechtschreibstrategien.

– Warum der Spaß und es gießt mit ß?

– Warum nass und es passt mit ss?

Mit Merkwörtern besonders üben

**Die Lupe mit dem M zeigt an, dass es im Wort
oder in einer Wortgruppe eine Schreibbesonderheit gibt,
die du dir besonders einprägen musst.**

1 a) Schau dir die Wörterliste an. Welche Besonderheit fällt ins Auge?

der Aal   die Beere   das Beet   das Boot   doof   die Fee   das Haar
leer   das Moor   das Moos   paar   der Saal   die Saat   der See
die Waage   der Zoo

b) Mache die Silbenprobe: Aal – viele Aale, Beet – viele Beete,
Boot – viele Boote, …
Benenne im Gespräch mit einem Partner, was am Ende der ersten Silbe
zu sehen ist.

c) Schreibe die Wörter der Liste nach ihrer Schreibbesonderheit geordnet
auf. Versuche drei Gruppen zu bilden.

mit aa: der Aal, …   mit ?: …   mit ?: …

d) Bilde zusammengesetzte Wörter mit den Wörter aus der Liste.

die Beere: die Erdbeere, das Erdbeerbeet, …

2 Überprüfe bei den drei Wörtergruppen aus Aufgabe 1 c),
– ob sich eine Pluralform oder eine Verkleinerungsform bilden lässt,
bei der ein Umlaut entsteht,
– ob sich dabei der Doppelvokal verändert.

der Saal – die Säle …

Nutze das Wörterbuch.

3 Übe mit einer Wörtergruppe. Wähle dazu aus den Übungen aus:

A Lass dir einige Wörter von jemandem diktieren.

B Suche mit dem Wörterbuch zu einigen Wörtern verwandte Wörter.

C Denke dir Witzsätze mit vielen Merkwörtern aus.

Der Klee auf dem Kleebeet …

D Bilde lustige Wortzusammensetzungen.

der Erdbeersee …

E Merke dir möglichst viele Wörter und schreibe sie auswendig auf.

F Erfinde mit den Wörtern eine kleine Geschichte.

Das Beet der Fee war ganz leer …

Gleiches
schreibt man
gleich.

Wörter mit Dehnungs-h

Wörter mit Dehnungs-h sind Merkwörter. Du musst sie dir also gut einprägen und besonders mit ihnen üben.

> die Bahn   berühmt   fahren   fehlen   das Fohlen   führen
> der Hahn   der Kahn   kühl   lahm   mehr   nehmen   ohne
> das Ohr   das Rohr   die Sahne   sehr   stehlen   der Stuhl
> wählen   wahr   wohl   wohnen   zählen   zahm

1 Das Dehnungs-h verdeutlicht die offene Silbe:

die Bahn – die Bahnen, fahren,

Überprüfe das auch an anderen Wörtern aus dem grünen Kasten.

2 Die Wörter im grünen Kasten sind nach dem Alphabet geordnet.

a) Ordne die Wörter neu. Versuche vier Gruppen zu bilden:

Wörter mit hl: kühl, wählen, ...   Wörter mit hm: berühmt, ...

Wörter mit h...: ...   Wörter mit h...: ...

b) Stelle fest, vor welchen Buchstaben das h in diesen Wörtern steht.

3 Schreibe die Tabelle ab und sortiere die Wörter vom Zettel ein.
Füge eigene Beispiele hinzu.

hl	hm	hn	hr
kühl	berühmt		

4 Wähle aus den Übungen **A** bis **D** aus:

A Bilde mit einigen Wörter Reimpaare.

Hahn –Kahn ...

B Mache aus Reimpaaren lustige Zweizeiler.

Der stolze Hahn

fährt mit dem Kahn.

C Schreibe zu einigen Verben eine Wortfamilie auf.

fahren: Fahrrad, fährt, Fahrzeug ...

D Schreibe zu den Verben die Du- und Ihr-Form in der Gegenwart (Präsens)
und auch in der Vergangenheit (Präteritum) auf.

Verben: stehlen, fahren, leihen, fliehen, sehen ...

stehlen: du stiehlst, ihr stehlt, du stahlst, ihr stahlt ...

→ Mehr Aufgaben
zum Üben findest
du auf Seite 228.

Die Großschreibung von Wörtern ermitteln

**Am Satzanfang schreibt man groß. Aber wann muss
man ein Wort im Satz großschreiben?
Dazu übst du hier mit einer Strategie,
mit der du das herausfinden kannst.
Die Lupe mit dem Pfeil nach links zeigt diese Suche an.**

Ein Wort, das sich durch
ein Adjektiv erweitern lässt,
musst du großschreiben.

Mein Lieblingsort | ist | ein Bauwagen.

1 Erweitere im Kopf die großgeschriebenen Wörter Lieblingsort und Bauwagen
mit schön und alt.

a) Beschreibe, was dabei mit den Erweiterungswörtern schön und alt
passiert. Aus *schön* wird ..., aus *alt* wird ...

b) Beschreibe, was beim Erweitern mit den großgeschriebenen Wörtern
Holzwagen und See passiert:

Dieser <u>Bauwagen</u> | steht | an einem <u>See</u>.
Dieser bunt**e** <u>Bauwagen</u> | steht | an einem klein**en** <u>See</u>.
Dieser bunt**e**, alt**e** <u>Bauwagen</u> | steht | an einem klein**en**, still**en** <u>See</u>.

c) Welche Wörter in folgendem Satz werden großgeschrieben?
Es | ist | ein toller, netter unterschlupf | für raue, trübe, nasse tage.
– Schreibe den Satz richtig auf.
– Begründe einem Partner die Großschreibung der Wörter.

2 Welche Wörter in den Sätzen a – d müssen großgeschrieben werden?
a. Dort | bin | ich | nach der schule | häufig | mit meinem dackel.
b. Durch ein fenster | beobachte | ich | gern | die forellen | im See.
c. Im wagen | riecht | es | nach holz.
d. Diesen geruch | finde | ich | gut.
Mache im Kopf die Erweiterungsprobe. Erweiterungswörter können sein:
anstrengend, langweilig, braun, niedlich, klein, munter, still ...

3 In jedem Satz gibt es einen Fehler bei der Großschreibung:

a. Mein Lieblingsplatz ist im pferdestall.

b. Dort gibt es eine Ecke mit Heu und stroh.

c. Darüber habe ich eine Decke und ein kissen gelegt.

d. Darauf ist es kuschelig und gemütlich und es riecht hier angenehm nach heu und eben nach Pferden.

a) Finde den Fehler. Führe dazu die Erweiterungsprobe im Kopf durch.

b) Berichtige den Fehler.

4 Begründe, warum lesen in Satz a klein- und Lesen in den Sätzen b und c großgeschrieben werden muss.

a. Wir lesen gern in unserer Leseecke.

b. Beim Lesen kann ich mich entspannen.

c. Mir macht Lesen Spaß.

METHODE ▸ **Die Großschreibung ermitteln**

Großgeschrieben werden die erweiterbaren Wörter im Satz.

Dieser bunte Holzwagen | steht | an einem kleinen See.

Du findest diese Wörter mit der **Erweiterungsprobe**:

1. Setze zur Probe im Kopf ein Erweiterungswort ein.
   Ein Erweiterungswort kann jedes Adjektiv sein.
2. Achte auf die Endung des Erweiterungswortes.
   Es erhält beim Einsetzen ein **-e**, **-er**, **-es**, **-em** oder **-en** als Endung.

---

5 Finde heraus, welche Wörter großgeschrieben werden. Begründe mit der Erweiterungsprobe.

Im hinterhof in unserer laube ist mein lieblingsplatz

Die Großschreibung spielerisch üben

Wann schreibt man ein Wort groß und wo steht das Wort im Satz?
Das könnt ihr auch spielerisch üben.

 **1** Wähle aus den Übungen **A** bis **C** aus.

A Übe gemeinsam mit einem Partner:

a) Bildet Sätze mit möglichst wenigen Wörtern,
es dürfen auch lustige Sätze sein:
– Frösche fangen Fliegen.
– Teddys essen Pudding.
– Giraffen krabbeln mit Affen in Tannen.

b) Abwechselnd fügt ihr jetzt immer ein Adjektiv mehr ein:
– Flinke Frösche fangen süße Fliegen.
– Flinke, hungrige Frösche fangen süße, … Fliegen.
– Flinke, hungrige, … Frösche fangen süße, …, … Fliegen.

B Schreibt einige Sätze als Treppensätze auf.
Nehmt für jedes Satzglied eine neue Stufe.
Dazu könnt ihr auch den Computer nutzen.

> Frösche
> flinke Frösche
> flinke, hungrige Frösche
>
> fangen
>
> Fliegen
> süße Fliegen
> süße, … Fliegen

a) Stellt eure Treppensätze vor.
b) Sprecht auch darüber:
– In welche Richtung werden die Satzglieder
erweitert?
– Wo steht das Wort, das großgeschrieben wird?
– Was fällt euch noch auf?

C Hier geht es umgekehrt: Nimm bei einem der Treppensätze von Stufe zu
Stufe ein Wort weg. Am Ende steht der einfache Satz.
– …
– Flauschige, knuffige Teddys essen leckeren, cremigen Pudding.
– Flauschige Teddys essen süßen Pudding.
– Teddys essen Pudding.

Großschreibung an Nachsilben erkennen

**Manche Wörter, die großgeschrieben werden, erkennt man auch
an den Nachsilben wie -heit, -keit, -nis oder -ung.**

1 Was üben Janine und Carsten gerade? Finde eine Antwort.
- – Was ändert Carsten?
- – Wie werden die Wörter jetzt geschrieben?

> bescheiden aufmerksam erlauben entdecken gestehen
> gesund übel wohnen kennen gleich üben dankbar

2 Bilde mit den Wörtern im grünen Kasten neue Wörter mit den Nachsilben
-heit, -keit, -nis und -ung. Sie werden großgeschrieben.
Schreibe die neuen Wörter mit einem Adjektiv auf.
die falsche Bescheiden<u>heit</u>, …

3 Forme die Sätze a – e mit den Nachsilben -heit, -keit, -nis und -ung so um,
dass die unterstrichenen Wörter großgeschrieben werden.
Er fürchtet sich bei groß<u>er</u> Dunkel<u>heit</u>.

a. Karl hat Angst, wenn es sehr <u>dunkel</u> ist.   Er fürchtet sich bei großer …
b. Auf meinem Eis ist <u>flüssige</u> Schokolade.   Das ist eine leckere …
c. Uta will die neue Entdeckung <u>geheim</u> halten.   Es ist unser neues …
d. Im Kletterwald konnten wir viel <u>erleben</u>.   Es war ein tolles …
e. Joscha kann spannend <u>erzählen</u>.   Es wird immer eine spannende …

Rechtschreibstrategien nutzen

In diesem Kapitel geht es darum, Rechtschreibstrategien weiter zu nutzen: beim Erkennen und Berichtigen von Fehlern und im Rechtschreibgespräch.

1 Schau dir das Foto an. In einigen Wörtern, die Anna mit dem Schreibprogramm ihres Laptops geschrieben hat, gibt es ein Rechtschreibproblem. Wie zeigt der Computer es Anna an?

2 Wie kann Anna die Rechtschreibfehler im Computertext berichtigen?
a) Sammle Ideen.
   - Wie hilft der Computer?
   - Wie helfen Strategien, die du aus dem Unterricht kennst?
b) Tausche dich mit anderen aus.
c) Probiere einige Ideen aus und berichtige damit die Fehler im Computertext.

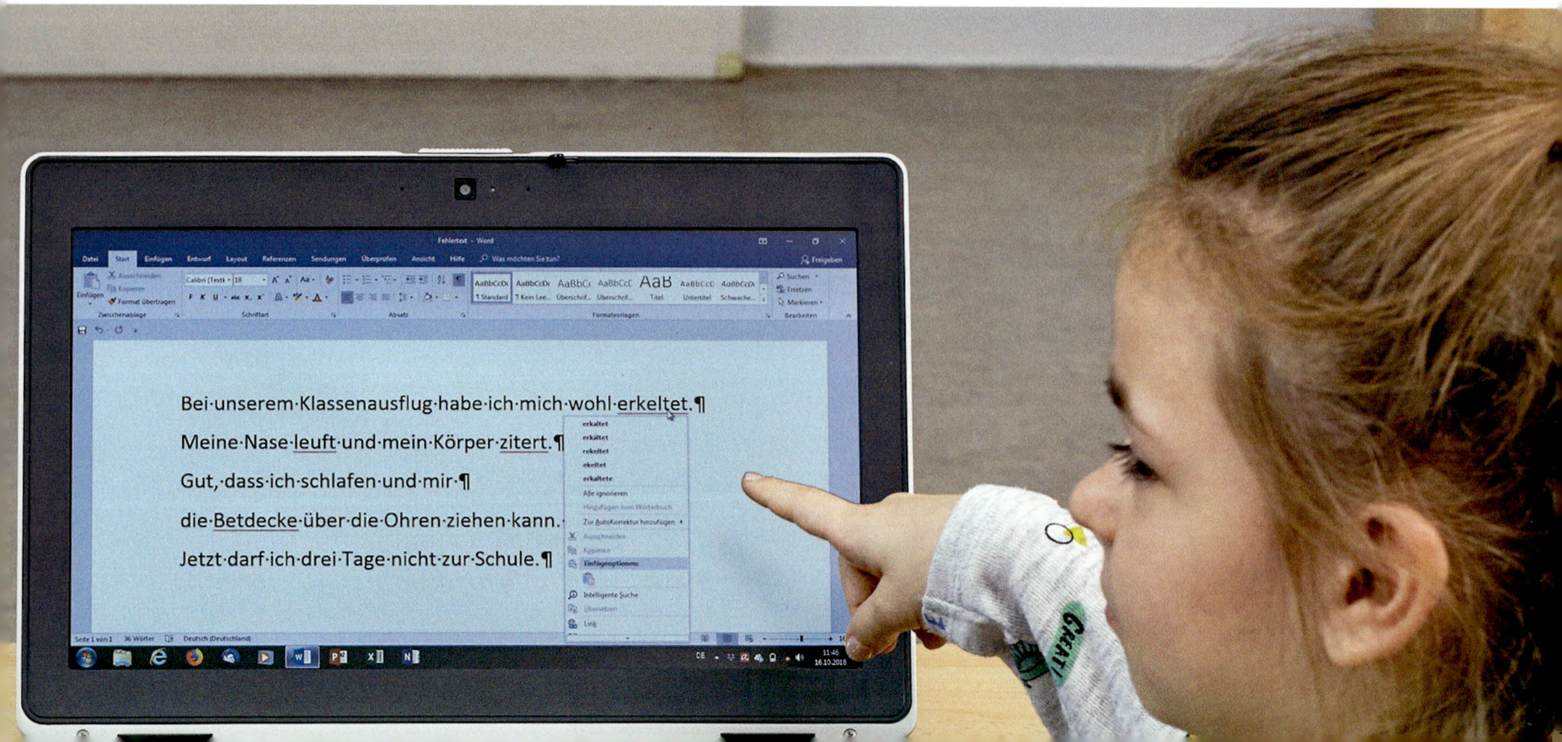

Beim Schreiben Zweifel markieren

**Wenn du einen Text schreibst, interessiert dich erst einmal der Inhalt.
Zweifel bei der Rechtschreibung markierst du schnell während des
Schreibens. Dann kannst du sie danach besser klären.**

Volker hat beim Schreiben seiner Geschichte markiert, wo er Zweifel hat:

Ich erhole mich bei meiner neten   netten (?) [näten]
Tante Gisela. Sie ist eine Frühaufsteherin (?) [nätten]
Schon um acht Uhr will sie mit mir ins
Schwimbad (?). Anschließend (?) geht es
zum fitnesspark. Von dort aus leuft (?)
Tante Gisela mit mir nach Hause.

1 Wie weist Volker auf Zweifel hin, die er später klären will?

2 Wo könnte ein Rechtschreibproblem in den markierten Wörtern sein?
Kennzeichne die Stellen (Folie). Begründe!

3 Kläre Volkers Zweifel. Nutze dazu die Rechtschreibstrategien und das
Wörterbuch. Schreibe Fehlerwörter richtig auf.

4 Welche Markierungen von Volker willst du beim Schreiben deiner Texte
nutzen? Probiere aus und tausche dich mit anderen aus.

Fehler entdecken und berichtigen

Rechtschreibstrategien helfen dir, Fehler zu finden und zu berichtigen.

1 Philis lädt ihre Freundin zum Spielenachmittag ein:

Am Freitag musst du unbedingt mit zu meiner Schule <u>komen</u>!
Da <u>get</u> um 16.00 Uhr unser Spielenachmittag los. Wir haben jede
Menge neue Pausenspiele vorbereitet. Aber viel mehr <u>verate</u> ich
nicht. Ich zeige dir auch die neue <u>Spielfleche</u> vor der <u>mensa</u>.
Nutze die Strategien am Rand und schreibe die Wörter richtig auf.

2 Finde die passende Strategie und schreibe die Wörter richtig auf.

Solche <u>spiele</u> hast du noch nicht gesehen! Das ganze Fest <u>leuft</u> bis
zum <u>Abent</u>. Dass ich schon ganz aufgeregt bin, kannst du dir bestimmt
<u>forstellen</u>. Zum Abschluss tritt nämlich meine <u>singgruppe</u> auf.

METHODE ▶ **Einen Rechtschreibfehler berichtigen**

Fehler in Wörtern oder in der Großschreibung kannst du im Heft
oder auf einer Karteikarte berichtigen. Gehe so vor:
1. Schreibe das Wort richtig ab und unterstreiche die Stelle,
   die du falsch geschrieben hast.
2. Bilde mit dem Wort einen kurzen Satz.
3. Schreibe einige Wörter aus der Wortfamilie dazu.
4. Schreibe eine Regel auf, die hilft, den Fehler zu vermeiden.

---

3 Erkläre einem Partner, wie Philis zwei Fehler berichtigt hat:

ko<u>mm</u>en
Ich komme gern.
kommen, ankommen, bekommen
kommen, weil: <u>kommen</u>

<u>M</u>ensa
Ich gehe gern in die Mensa.
Mensa groß, weil: neue, große, helle
Mensa

4 Berichtige auch die anderen Fehler, die Philis gemacht hat. Nutze die Methode „Einen Rechtschreibfehler berichtigen" und die Beispiele.

Rechtschreibgespräche führen

Rechtschreibgespräche helfen dir, dein Rechtschreibwissen zu nutzen und herauszufinden, was du schon ganz gut kannst.

Heute geht es Mia und ihren Mitschülern aus der 5b
um das Wort Schuhanzieher:

Schuhanzieher

❶ Führt das Gespräch. Probiert dabei die Schritte der Methode
„Ein Rechtschreibgespräch führen" aus:

METHODE ▸ Ein Rechtschreibgespräch führen

1. Schreibt auf, worüber gesprochen werden soll – das Wort oder
den Satz.
2. Jeder Gesprächsteilnehmer bereitet sich vor und sucht eine
Antwort auf diese Fragen:
   - Wo ist eine schwierige Stelle?
   - Was hilft weiter?
   - Wie ist das Wort gebildet?
   - Bei welchen Wörtern könnte die gleiche Schwierigkeit auftreten?
   - Wo findet man das Wort im Wörterbuch?
   - Worüber möchte ich noch sprechen?
3. Tauscht im Gespräch aus, was ihr herausgefunden habt.

❷ Suche in einem Text, den du geschrieben hast, Wörter, die für dich schwierig
sind. Sprecht darüber in einem Rechtschreibgespräch.

Arbeitsaufträge verstehen

Im Unterricht bearbeitet ihr Aufgaben. Dazu müsst ihr verstehen, was genau von euch erwartet wird. Hier könnt ihr das üben. Ihr könnt das Kapitel ganz durcharbeiten (z. B. im Rahmen von Methodentagen). Oder ihr schaut euch einzelne Seiten an, wenn ihr solche Aufgaben bearbeiten sollt.

METHODEN

1 Die Klasse 5b arbeitet an einer Wandzeitung mit besonderen Gebäuden.
Die Lehrerin hat dazu etwas auf das Whiteboard gestellt.

a) Lies die Aufgabe auf dem Whiteboard und schreibe sie ab.
   Unterstreiche alle Verben, die angeben, was genau von dir verlangt wird.

b) Schau dir das Foto an und lies den Text daneben.
   Schreibe den Text ab und bearbeite dann die Aufgabe zum Text.
   Nutze dazu die Hinweise im Methodenkasten auf S. 239.

Die **Porta Nigra** ist ein Gebäude in Trier.
Es stammt aus der Römerzeit und war ein Tor in der Stadtmauer.
Gebaut wurde das Stadttor wahrscheinlich um das Jahr 180 nach Christus.

Aufgabe
– Schau dir das Bild an und lies den Text.
– Welches Gebäude ist zu sehen? Nenne den Namen.
– Aus welcher Zeit stammt das Gebäude?
  Unterstreiche die Information im Text.
– Was war das Gebäude früher?
  Markiere die Information mit einem Textmarker.

Was ist ein Archäologe?

Ein Archäologe ist ein Wissenschaftler, der Sachen erforscht, die die Menschen hinterlassen haben. Der Archäologe interessiert sich also für die Geschichte des Menschen. Er will zum Beispiel wissen, was die
5 Menschen früher gebaut und hergestellt haben, was für Werkzeuge sie benutzten, was für Häuser sie bauten und wie sie ihr Leben gestalteten. All diese Dinge finden Archäologen heraus, indem sie Ausgrabungen machen. Nachdem Archäologen etwas geborgen ha-
10 ben, zum Beispiel einen Krug, untersuchen sie das Fundstück. Das passiert in einem Labor. Und wenn sie mit der Arbeit fertig sind, kommt das Fundstück meistens in ein Museum.

2 Lies den Text über Archäologen. Bearbeite die Aufgaben a) bis d).
Nutze die Hinweise im Methoden-Kasten.

a) Was ist ein Archäologe? Schreibe die Antwort auf.

b) Womit beschäftigt sich der Archäologe? Ergänze den Satz.
   Der Archäologe beschäftigt sich ...

c) Was will der Archäologe herausfinden? Nenne zwei Beispiele.

d) Wie arbeitet der Archäologe? Gib die Informationen wieder.
   Zuerst ... Anschließend ... Dann ...

e) Formuliere eine Bildunterschrift, die verdeutlicht, was der Archäologe auf
   dem Foto macht.

METHODE ▶ **Aufgaben verstehen und bearbeiten**

1. Lies dir die Aufgabe aufmerksam durch.
2. Unterstreiche alle Verben, die deutlich machen, was genau von dir
   verlangt wird.
3. Überlege, ob du die Aufgabe mündlich oder schriftlich machen
   musst.
4. Bearbeite nun die Aufgabe Schritt für Schritt.
5. Überprüfe am Schluss, ob du alle Teilaufgaben erledigt hast.

Beschreiben

Oft musst du im Unterricht Personen, Gegenstände oder Vorgänge genau beschreiben, damit sich ein anderer diese genau vorstellen kann.

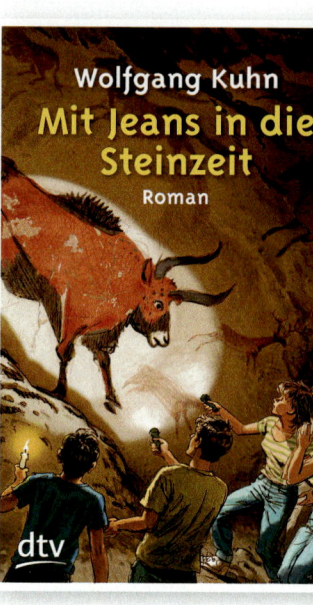

1 Wähle Aufgabe **A** oder **B** aus.

A Beschreibe das Buchcover mündlich. Gehe dabei so vor:
- Bereite dich vor: Um welches Buch handelt es sich? Was ist auf dem Cover zu sehen? Notiere deine Ergebnisse auf einem Blatt.
- Nenne Autor und Titel des Buchs. Beschreibe das Buchcover anschließend so, dass man es sich gut vorstellen kann.
- Sage zum Schluss, wie das Bild auf dich wirkt.

B Beschreibe das Buchcover schriftlich. Gehe dabei so vor:
- Lies die Satzanfänge und überlege, welche Informationen fehlen.
- Schreibe den Text ab und setze die fehlenden Informationen ein.
- Schreibe zum Schluss, wie du das Cover findest. Begründe deine Meinung.

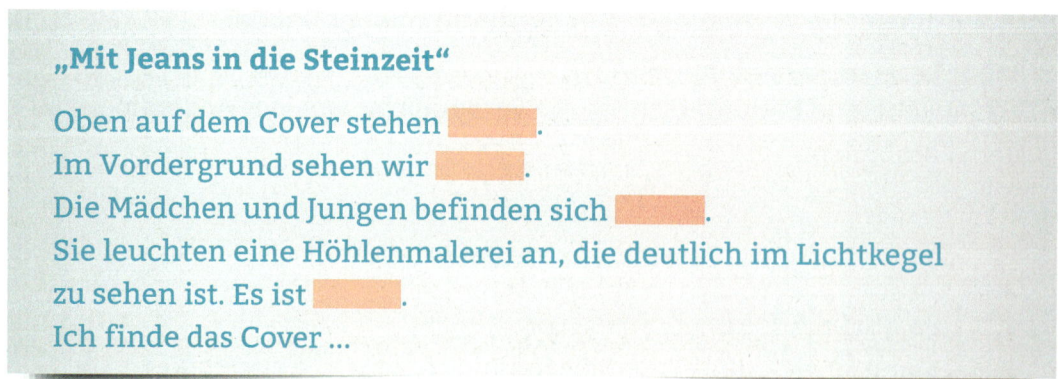

„Mit Jeans in die Steinzeit"

Oben auf dem Cover stehen   .
Im Vordergrund sehen wir   .
Die Mädchen und Jungen befinden sich   .
Sie leuchten eine Höhlenmalerei an, die deutlich im Lichtkegel zu sehen ist. Es ist   .
Ich finde das Cover …

Diese Wörter kannst du in den Text einsetzen:
- in einer dunklen Höhle
- zwei Jungen und zwei Mädchen
- der Name des Autors und der Titel des Buches
- ein großer Stier mit langen Hörnern

Erklären

Im Unterricht musst du oft etwas erklären. Du machst zum Beispiel deutlich, wie etwas funktioniert oder um welche Situation es geht. Dazu musst du die Zusammenhänge verstehen und so darstellen, dass dein Gegenüber sie versteht.

1 Schau dir das Bild an und lies den Text aus einem Museumführer, den Schülerinnen und Schüler geschrieben haben.

Ein Grabstein, der eine Geschichte erzählt ...

Hier seht ihr ein berühmtes Fundstück. Es ist ein römischer Grabstein, er ist ca. 1800 Jahre alt. Das Relief auf dem Grabstein zeigt drei Schüler mit ihrem Lehrer. Der Lehrer ist ver-
5 mutlich der Zweite von links. Er sitzt auf einem Stuhl. Zwei von drei Schülern sitzen auch auf Stühlen, beide haben jeweils eine Schriftrolle in der Hand; sie lesen. Ganz rechts kann man ebenfalls einen jüngeren Schüler erkennen. Er trägt mehrere Wachs-
10 täfelchen in der linken Hand, mit der anderen Hand grüßt er den Lehrer. Auf die Wachstafeln konnten die Schüler mit einem Griffel schreiben. Der jüngere Schüler lernt also schreiben.

2 Erkläre, warum das Fundstück eine Schulszene darstellt.
Gehe dabei so vor:
– Welche Personen sind zu sehen? Nenne sie.
– Woran erkennst du, dass es sich um eine Unterrichtsszene handelt? Nenne die Gegenstände, die für den Unterricht typisch sind.
– Beschreibe, was diese Personen machen.

3 Erkläre Museumsbesuchern, was das Besondere an diesem Fundstück ist.
Hier sehen Sie ein ganz berühmtes Fundstück. Ich erkläre Ihnen einmal, worum es sich handelt ...

→ Das **römische Reich** war das größte Reich im Gebiet des Mittelmeers. Es bestand von von 200 vor Christus bis 480 nach Christus. Du kannst in einer Suchmaschine für Schüler über das Leben der Römer recherchieren.

Begründen

Texte enthalten oft Begründungen. Sie geben Antwort auf Warum-Fragen. Wenn du Texte bearbeitest, musst du diese Begründungen erkennen.

1 Lies den Text und formuliere eine passende Überschrift.

In frühen Zeiten machten die Menschen Geschäfte, indem sie Dinge tauschten. Getreide wurde zum Beispiel gegen Vieh getauscht. Aber das war schwierig, denn man musste einen Geschäftspartner finden, der genau das anbot, was man brauchte. So kam es zum „Naturalgeld".
5 Diese „Geld" bestand aus wertvollen Dingen wie Muscheln, Perlen, Edelsteinen oder Metallen. Das Naturalgeld konnte man leicht nachzählen, aufbewahren und transportieren. Deshalb war es viel praktischer. Nachdem die Menschen das Metall entdeckt hatten, verwendeten sie statt der Muscheln Eisen-, Gold- oder Silberstücke. Diese gingen nicht
10 kaputt. Es war aber unbequem und auch gefährlich, immer einen Beutel voll Münzen mit sich herumzuschleppen. Aus diesem Grunde kam man auf die Idee, Papiergeld zu drucken. Weil heute Geldgeschäfte immer häufiger im Internet abgewickelt werden, brauchen wir oft keine Münzen und Scheine mehr.

wortstark!
Begründungswörter:
weil, denn, deshalb,
daher, aus diesem
Grund ...

2 Beantworte die Warum-Fragen. Gehe dabei so vor:
a) Suche und markiere die Begründungen auf die Warum-Fragen im Text. Achte auf die Begründungswörter!
b) Schreibe die Antworten auf die Warum-Fragen auf. Gebrauche nun selbst Begründungswörter.
a. Warum war das Tauschen schwierig?
b. Warum war Naturalgeld praktischer als Tauschen?
c. Warum wurde das Papiergeld erfunden?
d. Warum brauchen wir heute immer weniger Scheine und Münzen?

3 Begründe, warum die Illustration zum Text passt.

Vergleichen

Oft sollst du etwas miteinander vergleichen. Dann musst du herausfinden, welche Gemeinsamkeiten und Unterschiede du feststellen kannst.

Das **Mittelalter** ist die Zeit von 500 bis 1500. Du kannst mit einer Suchmaschine für Schüler recherchieren, wie die Menschen im Mittelalter gelebt haben.

1 Lies den Text über die Kinder Hans und Anna. Markiere (Folie) wichtige Informationen zu Anna und Hans mit unterschiedlichen Farben.

Kinder im Mittelalter

Hans ist der Sohn einer adeligen Familie, er wohnt in der Stadt. Anna ist ein Bauernkind und lebt auf dem Land. Im Mittelalter haben alle Kinder viele Geschwister. Anna, das Bauernkind, hat fünf Geschwister. Hans hat
5 neun Geschwister.
Anna und ihre älteren Geschwister helfen schon kräftig bei der Arbeit. Anna füttert immer die Gänse. In Hans' adeliger Familie haben die kleinen Kinder viel Zeit zum Spielen.
10 Nur Kinder von Adeligen oder reichen Bürgern gehen zur Schule. Bauernkinder lernen nicht lesen und rechnen, sondern werden bei der Haus- und Feldarbeit gebraucht.

2 Vergleiche, wie Anna und Hans lebten. Gehe dabei so vor:
– Überlege dir, was du genau vergleichen willst.
– Lege dazu eine Tabelle an und trage die Ergebnisse ein.
– Achte darauf, dass das, was du vergleichen willst (Familie, Wohnort ...), immer nebeneinandersteht.
– Präsentiere deine Ergebnisse und stelle vor, welche Gemeinsamkeiten und Unterschiede du herausgefunden hast.

wortstark!

Ich habe diese Gemeinsamkeiten gefunden:
Beide ...
Es gibt einige Unterschiede ...
Hans ist ... Anna dagegen ...
Er ... Sie aber ... Nur ...

Das will ich vergleichen ...	Anna	Hans
Familie	Bauern	
Wohnort		lebt in der Stadt
Geschwister		
Arbeit und Schule		

Aufgaben gemeinsam bearbeiten

Gemeinsam Aufgaben bearbeiten und lernen macht Spaß – und ist oft besonders erfolgreich. Dabei könnt ihr Methoden nutzen, die das möglich machen.

METHODEN

1 a) Lies den Methodenkasten A (S. 245).
  – Worauf kommt es bei dieser Methode besonders an?
  – Markiere (Folie) und nenne einige Punkte.
 b) Mache das mit den Methodenkästen B (S. 246) und C (S. 247) genauso.
 c) Suche dir einen Partner und erklärt euch die Methoden gegenseitig.

2 Die Fotos 1 – 3 zeigen jeweils einen typischen Arbeitsschritt der drei Methoden A, B und C. Ordne die Fotos den Methoden zu. Begründe deine Entscheidung im Gespräch.

3 Welche Methode möchtest du in nächster Zeit einmal ausprobieren? Begründe deine Wahl.

Nachdenken – austauschen – vorstellen

Ihr habt eine Aufgabe gelöst? Dann könnt ihr dazu den Austausch mit anderen suchen. Das macht ihr so:

Nachdenken – austauschen – vorstellen   (A)

1. Nachdenken
In dieser Phase arbeitest du allein an einer Aufgabe: Du denkst nach und notierst deine Gedanken oder bearbeitest einen Text.

2. Austauschen
Jetzt besprichst und vergleichst du deine Arbeitsergebnisse mit einem Partner.
Du kannst Fragen stellen, deine Ergebnisse ergänzen oder verbessern.

3. Vorstellen
Schließlich stellst du mit deinem Partner die Ergebnisse aus eurer Austauschphase einer größeren Gruppe oder der gesamten Klasse vor. Dabei bekommt ihr weitere Anregungen.

---

1 Überlegt, was ihr vorher untereinander regeln müsst, damit der Wechsel von der einen zur anderen Phase auch klappt. Notiere es.
 – Wie zeigt ihr an, dass eine Phase zu Ende ist und eine neue beginnen kann?

2 Sprich mit anderen nach der Arbeit über das Lernen mit dieser Methode.
 – Was hat gut geklappt?
 – Was sollte man ändern?

Lerntempo-Duett

Ihr möchtet euch selbst einteilen, wieviel Zeit ihr für eine Aufgabe benötigt? Dann hilft euch das Lerntempo-Duett. Dabei leistet ihr so viel, wie ihr könnt, ohne zu trödeln. Das macht ihr so:

METHODE ▸ **Lerntempo-Duett**

1. Aufgabe bearbeiten
Schau dir genau an, was von dir verlangt wird und beginne dann mit der Arbeit. Arbeite ruhig und konzentriert.

2. Ergebnisse vergleichen
Wenn du die erste Aufgabe gelöst hast, suche jemanden, der genauso weit ist wie du. Vergleicht in Partnerarbeit eure Ergebnisse miteinander. Helft euch gegenseitig, wenn etwas ungenau oder fehlerhaft ist.

3. Weiterarbeiten
Arbeite allein an der nächsten Aufgabe weiter.
Danach triffst du dich zur Partnerarbeit, jetzt aber mit einem anderen Partner.

❶ Überlegt, was ihr vorher untereinander regeln müsst, damit du einen Partner findest, der genau so weit ist wie du. Notiere es.
– Wie zeigst du, dass du mit der Partnerarbeit beginnen möchtest?
– Wo arbeitet ihr zusammen, ohne andere zu stören?

❷ Sprich mit anderen nach der Arbeit über das Lernen mit dieser Methode.
– Was hat geklappt?
– Was sollte man ändern?

Zwischendurch-Gespräche

Ihr möchtet wissen, ob ihr so weiterarbeiten könnt? Ihr sucht einen zündenden Anfang für eine Geschichte? Dann hilft euch ein Zwischendurch-Gespräch. Das macht ihr so:

METHODE ▷ **Zwischendurch-Gespäche**

1. Gespräch verabreden
Wenn du eine Anregung oder Hilfe brauchst, unterbrich deine Arbeit. Verabrede dich in kleiner Runde.

2. Fragen stellen – Anregungen bekommen
Nenne den Grund und stelle deine Frage. Die Teilnehmer geben reihum Tipps und Anregungen.

3. Anregungen auswählen und weiterarbeiten
Du wählst aus den Anregungen aus und arbeitest damit weiter.

1 Überlegt, was ihr vorher untereinander regeln müsst, damit ein Zwischendurch-Gespräch auch stattfinden kann. Notiere es.
  – Wie zeigst du an, dass du ein solches Gespräch führen möchtest?
  – Wo führt ihr das Gespräch, ohne andere zu stören?

2 Sprich mit anderen nach der Arbeit über das Lernen mit dieser Methode.
  – Was hat geklappt?
  – Was sollte man ändern?

Im Schulbuch nachschlagen

Was sind eigentlich Adjektive?
Was muss ich beachten, wenn ich einen Brief schreiben möchte?
Wie funktioniert die 5-Schritt-Lesemethode?
Antworten auf diese und andere Fragen kannst du in deinem
Schulbuch **wortstark** nachschlagen.

METHODEN

Als Nachschlagehilfen findest du am Ende von **wortstark** verschiedene
Verzeichnisse. Die Seitenangaben in den Verzeichnissen verweisen dich auf
die Stellen im Buch, auf denen du weitere Informationen findest.

WISSEN UND KÖNNEN

Sprechen und Zuhören

Gespräche führen

Wenn zwei oder mehrere Personen abwech-
selnd miteinander sprechen, führen sie ein
Gespräch. Die Gespräche in literarischen
Texten nennt man Dialoge.
An Gesprächen und Dialogen sind immer
Sprecher und Zuhörer beteiligt.

am Gespräch beteili...
dich am Unterrichts...
– Das Gesprächsve...
  obachten und dar...
– Im Gespräch zuhö...
  Gesprächspartne...

- In **Wissen und Können** (S. 250 – 259)
  kannst du alles nachschlagen, was ihr in **wortstark**
  gelernt habt. Hier findest du wichtige Informationen
  und Erklärungen. „Wissen und Können" ist in fünf
  Abschnitte gegliedert: Sprechen und Zuhören,
  Schreiben, Lesen – Texte und Medien, Sprache
  untersuchen, Richtig schreiben.

Autoren- und Quellenverzeichnis

Auer, Martin
Balaban und Selda S. 101
Herr Balaban kaufte auf dem Markt ... S. 102
Herr Balaban war zu einer Hochzeit eingeladen
... S. 105
*Aus: Martin Auer: Herr Balaban und seine Tochter
Selda. 222 Geschichten. Weinheim/Basel: Beltz*

Janosch
Das Lieb...
*Aus: Wie...
der Kinde...
Gelberg...
S. 137*

- Im **Autoren- und Quellenverzeichnis** (S. 260 – 261)
  findest du alle Autorinnen und Autoren und
  die Buch- oder Internetquellen ihrer Texte,
  die in **wortstark** behandelt werden.
  Das Verzeichnis ist alphabetisch geordnet.

Textsortenverzeichnis

Anleitungen
84   Faltanleitung „Buddy-Book"
86   Ein einfaches Leporello basteln
87   Getrocknete Bananen
88   Faltanleitung: Briefumschlag

- Im **Textsortenverzeichnis** (S. 263)
  stehen alle Textsorten nach dem Abc geordnet:
  Von Anleitungen bis Zeitungs- und Zeitschriftentexte.

Stichwortverzeichnis

ä/äu **222 – 223**
Abbildungen/Diagramme untersuchen
18, 157, 170, **174 – 175**
ableiten **222 – 223**
abschreiben **53**, 54
Adjektiv 72, 78, 152, **165**, **193**, 232

i/ie **218 – 219**
Infinitiv (Grundform)
informieren 16 – 17,
31, 34 – 35, 75 – 79, ...
158 – 159, 161
Interjektion **25**

- Im **Stichwortverzeichnis** (S. 264)
  sind alle wichtigen Fachbegriffe alphabetisch mit
  Seitenangaben aufgelistet, sodass ihr schnell zu
  den Erklärungen im Buch gelangt.

1 Bearbeite die Suchfragen. Nutze die Hinweise im Methodenkasten.

a. Was ist ein Gespräch?

Schlage in **Wissen und Können** nach.

b. Wie heißt der Text von Peter Härtling, der in **wortstark** behandelt wird?

Schlage im **Autoren- und Quellenverzeichnis** nach.

c. Welche Märchen kommen in **wortstark** vor? Nenne wenigsten drei.

Schlage im **Textsortenverzeichnis** nach.

d. Wie heißen die Personalpronomen im Deutschen?

Suche sie über das **Stichwortverzeichnis**.

2 Was musst du beachten, wenn du einen Brief schreibst?

– In welchem Teil von **Wissen und Können** musst du nachschlagen?

– Beantworte die Suchfrage.

– Notiere die Seiten, auf denen du in **wortstark** noch mehr Informationen
und Aufgaben zum Briefeschreiben findest.

– Vergleicht eure Lösungen.

3 Arbeite mit einem Lernpartner zu der folgenden Suchfrage:

Welche Informationen findet ihr zum Nomen?

– Erklärt euch gegenseitig, in welchen Verzeichnissen ihr Informationen
zu dieser Suchfrage findet.

– Entscheidet, wer in welchem Verzeichnis die Suchfrage beantwortet.

– Informiert euch gegenseitig über die Erklärungen, die ihr gefunden habt.

– Sprecht darüber, wie ihr beim Suchen vorgegangen seid.

METHODE ▶ **Im Schulbuch nachschlagen**

1. Formuliere deine Suchfrage möglichst genau und schreibe sie auf.
2. Unterstreiche in der Suchfrage das Wort, über das du Informationen und Erklärungen suchst.
3. Überlege, in welchem Verzeichnis du am besten nachschlägst.
4. Finde heraus, wie die Wörter geordnet sind: Meist ist das Verzeichnis nach dem Abc geordnet. In **Wissen und Können** musst du überlegen, in welchem Abschnitt du suchen musst.
5. Lies die Erklärung oder schlage die gesuchte Information im Schulbuch nach und beantworte dann deine Suchfrage.

Orientiere dich beim Suchen an den fett gedruckten Überschriften der Abschnitte.

WISSEN UND KÖNNEN

Sprechen und Zuhören

Gespräche führen

Wenn zwei oder mehrere Personen abwechselnd miteinander sprechen, führen sie ein Gespräch. Die Gespräche in literarischen Texten nennt man Dialoge.
An Gesprächen und Dialogen sind immer Sprecher und Zuhörer beteiligt.
Es gibt unterschiedliche Arten von Gesprächen: in Diskussionen kann man seine Meinung sagen und miteinander diskutieren → S. 12/13, im Unterricht finden in allen Fächern Unterrichtsgespräche statt → S. 8/9.

Gesprächsregeln beachten

Gesprächsregeln dienen dazu, dass man sich besser versteht und sich jeder am Gespräch beteiligen kann. Einige wichtige Gesprächsregeln sind → S. 12:

– Wir lassen andere ausreden.
– Wir hören anderen aufmerksam zu.
– Wir melden uns zu Wort und reden nicht einfach los.
– Wir gehen fair und respektvoll miteinander um.

Sich am Unterrichtsgespräch beteiligen

Im Unterrichtsgespräch versuchen Lehrer und Schüler ein Problem oder eine Aufgabe gemeinsam im Gespräch zu lösen. Jeder Schüler und jede Schülerin sollte im Unterrichtsgespräch gut zuhören und sich aktiv am Gespräch beteiligen. Du kannst lernen, dich am Unterrichtsgespräch zu beteiligen:

– Das Gesprächsverhalten im Unterricht beobachten und darüber nachdenken → S. 8/9
– Im Gespräch zuhören und auf den Gesprächspartner eingehen → S. 10/11
– Seine Meinung äußern und sich im Gespräch einigen → S. 12/13

Zuhören

Zuhören ist mehr als nur stilles Hinhören. Der aufmerksame Zuhörer nimmt mit dem Gesprächspartner Blickkontakt auf und unterbricht ihn meistens nicht.
Der Zuhörer kann selbst zum Sprecher werden: er bestätigt, er fragt nach, er äußert seine eigene Meinung und begründet sie, er widerspricht oder macht Ergänzungen.
Oft wird von dir als Zuhörer verlangt, einen Hörtext (z. B. ein Lied, ein Gespräch, einen Vortrag) zu bearbeiten. Dabei kannst du so vorgehen:

1. Genau hinhören und verstehen, worum es geht → S. 14/15
2. Wichtige Informationen heraushören und festhalten → S. 16/17
3. Zuhören und die gehörten Informationen weiter nutzen → S. 18/19

Mündlich erzählen

Erzählen macht Spaß: Der Erzähler versucht seine Zuhörer zu unterhalten. Es ist ein schönes Gefühl, wenn andere dir aufmerksam zuhören. Du kannst etwas erzählen, was tatsächlich passiert ist, oder aber dir etwas in deiner Fantasie ausmalen und erzählen. Das mündliche Erzählen kannst du lernen:

– Das Erzählen ausprobieren → S. 20/21
– Lebendig erzählen und aufmerksam zuhören → S. 22/23
– Erzählen und Feedback geben → S. 26
– Verschiedene Erzählideen nutzen: nach Erzählbausteinen erzählen, zu einem vorgegebenen Ende erzählen, einen Anfang unterschiedlich weitererzählen → S. 26–27
– Redensarten in Erzählungen verwenden → S. 24
– Gesprächswörter (Interjektionen) zum Ausdruck von Empfindungen gebrauchen → S. 25

Einen Kurzvortrag halten

Oft wird von dir im Unterricht verlangt, Ergebnisse in einem Kurzvortrag zu präsentieren.
Du kannst Schritt für Schritt vorgehen:

1. Themenvorschläge sammeln und sich auf ein Thema einigen → S. 37
2. Informationen sammeln und ordnen → S. 37/38
3. Den Kurzvortrag vorbereiten → S. 39
4. Ein Plakat als Unterstützung für den Vortrag gestalten → S. 40/41
5. Den Kurzvortrag halten und sich ein Feedback geben lassen → S. 39

Als zusätzliche Hilfen für den Vortrag kannst du Abkürzungen verwenden → S. 42 sowie typische Wortverknüpfungen zusammenstellen (ein Thema festlegen, den Vortrag vorbereiten, einem Vortrag zuhören ...). → S. 43

Ein Interview hören und bearbeiten

In einem Interview befragt ein Interviewer eine Person, von der er sich wichtige oder interessante Auskünfte verspricht.
So kannst du ein Interview Schritt für Schritt bearbeiten: → S. 34/35

1. Mache dich vor dem Hören mit dem Thema vertraut. → S. 28
2. Finde beim ersten Hören heraus, worum es im Interview geht. → S. 29
3. Höre beim zweiten Hören wichtige Informationen heraus. → S. 30

Der Erfolg eines Interviews hängt oft von der Fragetechnik ab (Ergänzungsfrage, Entscheidungsfrage); → S. 33 zudem gibt es typische Wortverbindungen:
eine Frage stellen, eine Antwort geben, ein Gespräch führen ... → S. 32

Theater spielen mit Standbildern

Theaterspielen macht Spaß: Du kannst dabei in verschiedene Rollen schlüpfen und mit Sprache, Mimik und Gestik Gedanken und Gefühle der Personen auszudrücken. Hier

– erprobt ihr Mimik und Gestik, → S. 45
– baut ihr Standbilder und Standbildketten, → S. 46
– interpretiert ihr Texte und Situationen über Standbilder, Erzählpantomime oder Erzähltheater. → S. 47/49

Schreiben

Schreibaufträge beachten

Wenn du einen Text verfasst, schreibst du ihn
meistens nicht nur für dich selbst. Oft hast
du einen ganz bestimmten Schreibauftrag:

- Du schreibst nach einem Muster, z. B.
  Briefe → S. 56-65, Anleitungen → S. 84-91,
  Tierbeschreibungen → S. 74-83 oder
  Geschichten. → S. 66-73
- Du äußerst Wünsche und Anliegen und
  begründest sie. → S. 92-99
- Du nimmst mit Figuren aus Büchern
  Kontakt auf (z. B. in einem Brief oder einer
  E-Mail) oder du schreibst einen Tagebuch-
  eintrag. → S. 148, 182, 185

Schreibplan beachten

Wie unterschiedlich die Schreibaufträge
auch sein mögen, die Vorgehensweise beim
Verfassen eines Textes ist fast immer gleich:
Du

- liest den Schreibauftrag sorgfältig,
- sammelst Ideen für das Schreiben,
- legst fest, in welcher Reihenfolge du
  schreibst (Anfang, Hauptteil, Schluss),
- formulierst und überarbeitest deinen Text.

Mit Stift und Computer schreiben

Alles was du schreibst, sollte für die Leser
gut lesbar sein. Wenn du deine Texte
besonders gestaltest, macht es mehr Spaß,
sie zu lesen.

- Entscheide, ob du mit dem Stift oder dem
  Computer schreibst. → S. 50
- Achte bei deiner Handschrift auf die Les-
  barkeit. → S. 51/52

- Trainiere das fehlerfreie Abschreiben von
  Texten. → S. 53
- Gliedere deinen Text und gestalte ihn
  übersichtlich. → S. 54
- Du kannst mit der Schrift spielen und kre-
  ative Schreibformen ausprobieren. → S. 55

Persönliche Briefe schreiben

Briefe schreibt man nach einem bestimmten
Muster, d. h. ein Brief besteht aus verschiedenen Textbausteinen: Anrede, Datum, Brieftext, Gruß, Unterschrift. → S. 57
Beim Schreiben von Briefen

- beachtest du die Textbausteine, → S. 57
- planst, entwirfst und formulierst du deinen
  Brieftext, → S. 58-61
- überarbeitest du deinen Brief. → S. 65

Beim Formulieren von Briefen spielen
Fachwörter (Absender, PLZ ...), → S. 64
Anrede- und Schlussformeln (Liebe ...
Sehr geehrter ...), → S. 64 Anredepronomen
(du oder Sie) → S. 63 und Personalprono-
men → S. 62 eine wichtige Rolle.

Anleitungen schreiben

Anleitungen sind Sachtexte. Es gibt verschiedene Anleitungen: Bastelanleitungen,
Rezepte oder Spielanleitungen.
Eine Anleitung sollte kurz, anschaulich und
genau formuliert sein. Anleitungen schreibt
man auch nach einem bestimmten Muster
(Überschrift, Materialliste, Vorgehen in der
richtigen Reihenfolge, Schluss). → S. 85
So kannst du das Schreiben von Anleitungen
trainieren:

– Textbausteine beachten, → S. 85
– in der richtigen Reihenfolge formulieren, → S. 86
– Arbeitsschritte nach Bildvorlage formulieren, → S. 88
– Formulierungen unterschiedlicher Anleitungen (auch Videos) vergleichen, → S. 90
– selbst Anleitungstexte (nach Bildvorlage) schreiben. → S. 91

Beim Formulieren von Anleitungen spielen Zusammensetzungen (Kochbuch, Klebestift ...), → S. 89 typische Wortverbindungen (Kartoffeln schälen ...) → S. 89 und unterschiedliche Formen des Aufforderns (Imperativ, Grundform, Du-Form) → S. 87 eine wichtige Rolle.

Geschichten schreiben

Wenn du eine Geschichte schreibst, kannst du von Erlebnissen erzählen, die du tatsächlich erlebt hast. Du kannst aber auch Geschichten erfinden. Geschichten kannst du auch nach einem bestimmten Muster schreiben. → S. 67-70
Dabei spielen folgende Schritte eine Rolle:
– eine Schreibidee finden und sich eine Geschichte ausdenken, → S. 67
– ins Schreiben kommen, → S. 68
– schreiben, was weiter passiert, → S. 69
– die Geschichte beenden. → S. 70

Zwischendurch-Gespräche mit einem Lernpartner helfen dir, die einzelnen Schreibschritte erfolgreich zu bewältigen. → S. 67-70
Beim Formulieren von Geschichten kannst du
– abwechslungsreiche Wörter verwenden (Synonyme: weinen, heulen, flennen ...), → S. 72

– typische Wortverbindungen gebrauchen (ängstlich antworten ...), → S. 72
– mit Adjektivsteigerungen anschaulich erzählen (spiegelglatt ...) → S. 72
– und mit passenden Erzählwörtern die Reihenfolge ausdrücken und Spannung erzeugen (Am Anfang ... Sofort ... Plötzlich ... Dann ... Zum Schluss ...). → S. 71

Genau beschreiben

Manchmal kommt es darauf an, etwas ganz genau zu beschreiben.
Damit man sich ein Tier (z. B. für eine Suchanzeige) ganz genau vorstellen kann, sollte es so genau wie möglich beschrieben werden. Tierbeschreibungen sind nach einem bestimmten Muster verfasst. → S. 75, 76, 79, 83
Beim Formulieren von Tierbeschreibungen spielen der treffende Wortschatz (Stoßzähne ...) und anschauliche Adjektive (spitze Ohren ...) eine wichtige Rolle. → S. 77
Zudem müssen die Adjektive sachlich, genau und nicht bewertend sein. → S. 78

Wünsche äußern und Anliegen vorbringen

In Schule und Freizeit formuliert ihr häufig Wünsche oder bringt ein Anliegen vor: Wünsche für die Klassenwand, → S. 93 Einladungen → S. 94-96 oder Briefe, mit denen ihr Mitschüler oder Lehrer von etwas überzeugen wollt. → S. 99 Beim Formulieren solcher Texte spielen Wunschformeln (Alles Gute zum Geburtstag ...), → S. 97 Zusammensetzungen (Glückwunsch ...), → S. 97 Wortbildungen (einladen, die Einladung ...) → S. 97 sowie Sätze mit sollen, müssen, können, wollen → S. 98 eine wichtige Rolle.

Lesen — Texte und Medien

Lesefertigkeit und Leseverstehen

Lesen ist eine sehr wichtige Fähigkeit, die du in der Schule erlernst und beherrschen musst.

Lesefertigkeit ist die Fähigkeit, Laute, Wörter, Sätze und Texte flüssig zu lesen oder anderen anschaulich vorzulesen. Dazu musst du

- Wörter und Sätze erkennen, → S. 100
- Wortbilder abrufen, → S. 101
- Wort- und Satzgrenzen erkennen, → S. 102
- die Augen beim Lesen „wandern" lassen. → S. 103

Die Lesefertigkeit kannst du auch mit einem Lesepartner trainieren. → S. 104/105

Leseverstehen ist die Fähigkeit, geschriebene Texte zu verstehen, darüber nachzudenken, sie zu bewerten und weiter zu nutzen. Das Leseverstehen bezieht sich auf literarische Texte oder Sachtexte.

Literarische Texte lesen und verstehen

Geschichten, Märchen oder Kinder- und Jugendbücher gehören zu den erzählenden Texten. Autorinnen und Autoren erzählen Geschichten, die sie meistens erfunden haben, um uns zu unterhalten oder zum Nachdenken zu bringen.

Ein Jugendbuch lesen

Autorinnen und Autoren schreiben Bücher für Kinder und Jugendliche. Diese Geschichten sind oft aus der Perspektive der Kinder und Jugendlichen verfasst.

Im Kapitel „Ein Jugendbuch lesen"

- erhältst du Hilfen, wie du ein passendes Buch für dich findest, → S. 125
- probierst du verschiedene Wege aus, dir ein Buch zu besorgen (Buchhandlung, Internet, Klassenbücherei, eBook-Reader), → S. 126
- liest und bearbeitest du ein Buch bzw. einen Buchausschnitt mit Hilfe einer Lesemappe, → S. 127-134
- bewertest du das Buch. → S. 135

Geschichten lesen

Wenn wir Geschichten lesen, lernen wir Menschen in verschiedenen Situationen kennen: Wir erfahren, was sie machen, und versuchen auch, ihre Gedanken und Gefühle zu verstehen. Personen, die in Geschichten vorkommen, nennen wir **Figuren**.

Beim Lesen von Geschichten musst du

- verstehen, was passiert, → S. 146
- Figuren beschreiben oder charakterisieren, → S. 147
- über die Geschichte nachdenken und zeigen, wie du sie verstehst, → S. 150, 155
- dir die Beziehungen zwischen Figuren klarmachen, z. B. mit einem Standbild, → S. 149
- Fragen zum Text beantworten. → S. 154

Beim Beschreiben und Charakterisieren der Figuren spielen treffende Adjektive eine wichtige Rolle. → S. 152

An der wörtlichen Rede und dem Redebegleitsatz erkennt man zudem, was die Personen denken und fühlen. → S. 153

Märchen erzählen und schreiben

Du kennst Märchen aus Märchenbüchern oder aus Film und Fernsehen. Ihr könnt
– Märchen hören und nacherzählen, → S. 113
– Fragen zu Märchen beantworten, → S. 115
– Märchenmerkmale bestimmen, → S. 117
– Märchen weiterschreiben. → S. 120-123
Beim Nacherzählen und Weiterschreiben von Märchen verwendet ihr typische Märchenwörter und Adjektive. → S. 118
Märchen werden im Präteritum erzählt.
→ S. 119

Gedichte lesen und vortragen

Gedichte lernst du verstehen, wenn du sie vorliest, vorträgst und inszenierst. Für einen gelungen Gedichtvortrag musst du
– mit Gefühl vortragen, → S. 137
– auf Sprechtempo, Lautstärke, Betonung und Sprechpausen achten, → S. 139
– Sprechweisen ausprobieren, → S. 140
– auf Satzzeichen und Zeilensprünge achten. → S. 141

Mit Hörbüchern arbeiten

Wenn du eine Geschichte hörst, musst du gut zuhören, um die Geschichte zu verstehen.
Bei der Arbeit mit einem Hörbuch
– lernst du die Hauptfiguren kennen, → S. 179
– erzählst du Hörszenen nach und zeigst damit, wie du sie verstanden hast, → S. 180
– versuchst du zu verstehen, was die Figuren denken und fühlen, → S. 182
– arbeitest du mit Hörszenen weiter: stellst Fragen, zeichnest einen Comic, führst ein Schattentheater auf oder nimmst mit einer Figur Kontakt auf. → S. 183-185

Sachtexte lesen und verstehen

Sachtexte liest man vor allem, um sich zu informieren. Zu den Sachtexten gehören z. B. Lexikonartikel, → S. 158/159 Zeitungs- und Zeitschriftentexte → S. 156, 160 oder Rezepte.
Sie kommen nicht nur in Fachbüchern, Lexika oder Zeitschriften vor, sondern auch im Internet → S. 157. Sachtexte enthalten häufig auch Abbildungen oder Tabellen, um Informationen kurz und übersichtlich darzustellen.
So kannst du Sachtexte verstehen:
– Vor dem Lesen: Vermutungen anstellen, → S. 157
– Informationen entnehmen, → S. 158
– Über die Texte nachdenken, Erklärungen und Begründungen herausarbeiten. → S. 160
In Sachtexten über Tiere kommen bestimmte Fachwörter (Stoßzahn, Rüssel …), → S. 164 typische Wortverbindungen (Pferde galoppieren …) → S. 164 sowie treffende Adjektive (mit buschigem Schwanz …) vor. → S. 165
Sachtexte kannst du mit der 5-Schritt-Lesemethode bearbeiten. → S. 162, 166

Über Medien nachdenken

Medien nutzt du in vielen Situationen:
Das Smartphone zum Musikhören,
das Internet zum Recherchieren oder das Fernsehen, um sich zu unterhalten. → S. 168
Du sollst
– Medien unterscheiden, → S. 170
– Medienwörter sammeln, → S. 169
– über Mediennutzung nachdenken, → S. 170
– Mediengebrauch vergleichen, → S. 172, 176
– Diagramme verstehen. → S. 174

Sprache untersuchen

Wortarten

Nomen (das Nomen, die Nomen)
- bezeichnen Lebewesen (Mädchen, Katze), Pflanzen (Baum), Dinge (Zange) oder Ideen und Gefühle (Spaß, Angst); → S. 187
- haben ein **grammatisches Geschlecht**: männlich/maskulin (der Regen), weiblich/feminin (die Wolke) oder sächlich/neutrum (das Weltall); → S. 187
- haben einen **Begleiter/Artikel**; → S. 187
- stehen in der **Einzahl/Singular** (der Ball) oder **Mehrzahl/Plural** (die Bälle); → S. 187
- stehen im Satz in einem bestimmten **Fall/Kasus** und haben Endungen, d. h. sie werden **dekliniert** (des Freundes, den Freunden);
- können aus anderen Wörtern zusammengesetzt werden (der Sonnenschirm); → S. 189
- werden großgeschrieben. → S. 188, 230-233

Verben (das Verb, die Verben)
- informieren darüber, was jemand tut (er liest), was geschieht (es regnet) oder in welchem Zustand jemand/etwas ist (er schläft);
- haben eine **Grundform/Infinitiv** (lesen) und **Personalformen** (ich lese, du liest, er/sie/es liest, wir lesen, ihr lest, sie lesen); **konjugieren** bedeutet: Verben in die Personalformen setzen; → S. 190
- stehen in bestimmten **Zeitformen**:
  Präsens: ich lese, → S. 191
  Präteritum: ich las, → S. 119, 191
  Perfekt: ich habe gelesen, ich bin gefahren

→ S. 192 (die **Hilfsverben** haben und sein dienen zur Bildung des Perfekts);
- kannst du in den **Imperativ/die Befehlsform** setzen (Lies vor! Lest vor!); → S. 87
- können trennbare Vorsilbe haben: vortragen: Tom trägt ein Gedicht vor. → S. 43
- Mit den Verben sollen, müssen, können, wollen kannst du Vorschläge formulieren: Wollen wir Fußball spielen? → S. 98

Artikel (der Artikel, die Artikel)
- sind die Begleiter des Nomens (der Hund, ein Hund); → S. 187
- werden unterteilt in bestimmte Artikel (der, die, das) und unbestimmte Artikel (ein, eine, ein); → S. 187
- werden im Satz dekliniert, d. h. verändert: Ich sehe den Hund; ich gebe es dem Hund.

Adjektive (das Adjektiv, die Adjektive)
- beschreiben/charakterisieren Menschen, Tiere oder Dinge: groß, hässlich ...; → S. 193, 78
- können zwischen Artikel und Nomen stehen und haben dann Endungen (werden dekliniert): ein großes Tier; → S. 193, 165
- können meistens gesteigert werden: groß, größer, am größten. → S. 193

Pronomen (das Pronomen, die Pronomen)
- ich, du, er, sie, es, wir, ihr, sie sind **Personalpronomen**; → S. 194
- er/sie/es (Einzahl) und sie (Mehrzahl) können im Text Nomen ersetzen; so kannst du Wiederholungen vermeiden (Der Hund ... Er ...); → S. 194, 62

– **du, dir, dich, ihr, euch** und **Sie, Ihnen** sind **Anredepronomen**; sie werden z. B. in Briefen verwendet (Ich gratuliere Ihnen zum Geburtstag). → S. 63

Interjektionen (die Interjektion, die Interjektionen)
sind besondere Wörter, mit denen du Gefühle und Stimmungen ausdrücken kannst:
mhm (Unsicherheit),
aha (Überraschung),
aua (Schmerz) ... → S. 25

Sätze, Satzglieder, Satzzeichen

Sätze bestehen aus verschiedenen Satzgliedern. Du kannst sie durch die Umstellprobe bestimmen: Wörter oder Wortgruppen, die man in einem Satz umstellen kann, ohne dass sich die Bedeutung verändert, heißen Satzglieder: Sie lebt im Wald – Im Wald lebt sie. → S. 195
Wenn du nicht immer die gleichen Satzanfänge gebrauchen willst, kannst du die **Umstellprobe** machen. → S. 196

Prädikat (das Prädikat, die Prädikate)
– wird aus einem Verb gebildet; → S. 198
– bildet das Zentrum des Satzes, um das sich die anderen Satzglieder gruppieren (Die Schülerin liest ein Buch); → S. 198
– kann aus zwei Teilen bestehen (Sie hat ein Buch in der Bibliothek gelesen).

Subjekt (das Subjekt, die Subjekte)
– erfragt man mit Wer? oder Was?
Der Hund bellt. Frage: Wer bellt?
Antwort: der Hund (= Subjekt); → S. 197

– besteht aus einem Nomen oder einem Personalpronomen im Nominativ (1. Fall): Der Hund bellt. Er ist wachsam. → S. 197

Akkusativobjekt (das Objekt, die Objekte)
– erfragt man mit Wen? oder Was?
Das Mädchen fragt den Bruder.
Frage: Wen fragt das Mädchen? Antwort: den Bruder (= Akkusativobjekt). → S. 199
– besteht aus einem Nomen oder Pronomen im 4. Fall (Akkusativ): Er liest das Buch und gibt es dann wieder zurück. → S. 199

Dativobjekt (das Objekt, die Objekte)
– erfragt man mit Wem?
Ich helfe meiner Schwester.
Frage: Wem hilfst du? Antwort: meiner Schwester (= Dativobjekt) → S. 199;
– besteht aus einem Nomen oder Pronomen im Dativ (3. Fall): Er hilft seiner Schwester und gibt ihr einen Tipp. → S. 199

Satzzeichen helfen, Texte besser zu verstehen.
– Einen **Punkt** (.) setzt man, wenn eine Sinneinheit zu Ende ist und ein neuer Gedanke beginnt. → S. 201
– Eine **Frage** erkennst du am Fragezeichen (?). → S. 202
Es gibt Ja-Nein-Fragen (Kommst du mit?) und W-Fragen (Wer kommt mit?). → S. 33
– Bei Aufforderungen oder Ausrufen steht ein **Ausrufezeichen** (!). → S. 202
– Ein **Doppelpunkt** (:) kündigt die wörtliche Rede an. Das, was jemand wörtlich sagt, steht in **Anführungszeichen**:
Der Vater sagt: „Pssst!" → S. 153, 203

Richtig schreiben

Rechtschreibstrategien

Die Silbenprobe anwenden → S. 212

Mit dieser Strategie zerlegst du ein zwei-silbiges Wort (Schlüsselwort) in Silben:

– Sprich das Wort in Silben. Dort, wo du beim Sprechen eine Pause machst, ist die Silbengrenze: Bo|den, Wol|ke. Setze unter jede Silbe einen Silbenbogen: Bo|den, Wol|ke.

– Am Ende der ersten Silbe siehst du, ob sie offen oder geschlossen ist: Endet die Silbe mit einem Vokalbuch-staben, ist sie offen. Der Vokal wird lang gesprochen. Endet die Silbe mit einem Konsonant-buchstaben, ist sie geschlossen. Der Vokal wird kurz gesprochen.

– In Boden endet die erste Silbe mit dem Vokalbuchstaben o. Sie ist offen. Der Vokal o wird also lang gesprochen.

– In Wolke endet die Silbe mit dem Kon-sonantbuchstaben l, einem Stopper. Sie ist geschlossen. Der Vokal o wird also kurz gesprochen.

Wörter verlängern → S. 213

Mit dieser Strategie verlängerst du ein ein-silbiges Wort um eine Silbe zu einem zwei-silbigen Wort (Schlüsselwort): bunt – bunte.

– Bilde bei einem **Verb** die **Wir-Form**: er bellt – wir bellen.

– Bilde bei einem **Adjektiv** eine Form mit e oder er: bunt – bunte, bunter.

– Setze vor ein **Nomen** viele: das Blatt – viele Blätter.

Mit der Silbenprobe kannst du nach dem Verlängern ermitteln, ob die Silbe offen oder geschlossen ist, ob der Vokal in der ersten Silbe lang oder kurz ausgesprochen wird.

Wörter in Wortbausteine zerlegen → S. 214

Wörter bestehen oft aus mehreren Wortbau-steinen:

a) Wörter mit gleichen Wortstämmen: das Schwimm|bad, die Schwimm|bad|decke

b) Wörter mit Vorsilben und Nachsilben: auf|fangen, brenn|bar.

– Gleiche Wortbausteine werden immer gleich geschrieben.

– Eine Lösung für ein Rechtschreib-problem findest du auch, wenn du nach dem Abtrennen einen Wortstamm mit einem Problembuchstaben verlängerst und die Silbenprobe machst.

Ein Wörterbuch nutzen → S. 204-209

Wörterbücher helfen dir bei der Recht-schreibüberprüfung. Dazu musst du

– das Abc flüssig beherrschen, um die **Stichwörter** im Wörterbuch zu finden,

– zurück- und weiterblättern können und dabei **Kopfwörter** nutzen,

– in Zweifelsfällen **an verschiedenen Stellen** (unter verschiedenen Buchstaben) **nachschlagen** können,

– Wortformen auf ihre **Grundform** zurück-führen können.

Rechtschreibregeln

Das silbentrennende h erkennen → S. 217

Wenn die erste Silbe mit einem Vokal endet und die zweite mit einem Vokal beginnt, setzt man meistens ein h dazwischen: sehen.
Es bleibt in verwandten Wörtern erhalten:
sehen, sieht, die Sehkraft ...

Wann schreibt man Wörter mit ie? → S. 218

Ist die Silbe offen, schreibt man meistens ie:
die Ziege, der Diener.
Ist die Silbe geschlossen, schreibt man i:
die Kinder, die Bilder.

m, n, l ... - einfach oder doppelt? → S. 220

In Wörtern wie rennen, Butter oder offen hört man in der Mitte nur einen Konsonanten.
Man muss den Konsonantbuchstaben verdoppeln, um anzuzeigen, dass die Silbe geschlossen ist und der Vokal in der ersten Silbe kurz ausgesprochen wird:
rennen mit nn, weil: rennen.

Wörter mit ä und äu → S. 222

Man schreibt ä, wenn es ein verwandtes Wort mit a gibt:
die Wälder mit ä, weil: der Wald.
Man schreibt äu, wenn es ein verwandtes Wort mit au gibt:
die Bäume mit äu, weil: der Baum.
Wenn du unsicher bist, ob ein Wort mit ä oder äu geschrieben wird, suche also in der Wortfamilie nach einem Wort mit a oder au.

Wörter mit b, d, g am Wortende → S. 224

In manchen Wörtern hört man ein p, ein t oder ein k, obwohl sie mit b, d oder g geschrieben werden.
Verlängere das Wort um eine Silbe.
Dann hörst du, ob das Wort mit b, d, g oder mit p, t, k geschrieben wird:
gelb – gelbe,
der Wald – viele Wälder,
er log – wir logen.

Wörter mit ß oder ss → S. 226

Mache die Silbenprobe:
- Ist die erste Silbe offen, schreibt man ß:
  die Straßen.
- Ist die erste Silbe geschlossen, schreibt man ss: die Gassen.

Wörter mit Dehnungs-h → S. 229

In manchen Wörtern mit offener Silbe steht ein Dehnungs-h. Dieses h kommt aber nur vor den Buchstaben l, m, n und r vor:
strahlen, zähmen, wohnen fahren.

Wann schreibt man Wörter im Satz groß? → S. 230-233

Großgeschrieben werden die erweiterbaren Wörter im Satz. Du findest sie durch die Erweiterungsprobe mit einem Adjektiv.
Das Adjektiv erhält beim Einsetzen ein -e, -er, -es, -em oder -en als Endung:
Im garten | steht | eine laube.
Im großen Garten | steht | eine kleine Laube.

Autoren- und Quellenverzeichnis

Auer, Martin
Balaban und Selda   S. 101
Herr Balaban kaufte auf dem Markt ...   S. 102
Herr Balaban war zu einer Hochzeit ...   S. 105
*Aus: Martin Auer: Herr Balaban und seine Tochter
Selda. 222 Geschichten. Weinheim/Basel: Beltz
2002, S. 14, S. 9, S. 13*

Brüder Grimm
Schneeweißchen und Rosenrot   S. 49
*Aus: Die besten Kinderbuchklassiker zum Vorle-
sen. Texte neu erzählt von Irma Krauß und Sibylle
Rieckhoff. Würzburg: Arena Verlag 2018*
Froschkönig (Ausschnitt)   S. 103
*https://www.grimmstories.com/de/grimm_
maerchen/der_froschkonig_oder_der_eiserne_
heinrich (10.09.2018)*
Prinzessin Mäusehaut   S. 115
*Aus: Brüder Grimm. Kinder- und Hausmärchen.
Stuttgart: Reclam Verlag 1984*
Sterntaler   S. 119
Originalbeitrag

Bydlinski, Georg
Die Dinge reden   S. 139
*Aus: Georg Bydlinski: Wasserhahn und Wasser-
henne. Düsseldorf: Patmos Verlag GmbH & Co. KG
Sauerländer Verlag 2006*

Guggenmos, Josef
Hauchte, wetterte, sprach, brüllte   S. 145
*Aus: J. Guggenmos. Das kunterbunte Kinderbuch.
Freiburg: Herder Verlag 1987.*
Wenn Riesen niesen   S. 219
*Aus: J. Guggenmos. Oh, Verzeihung sagte die
Ameise. Weinheim/Basel: Beltz & Gelberg 1990.
S. 49*

Härtling, Peter
Wie Bernd und Frieder miteinander reden   S. 47
*Aus: Peter Härtling. Der Traumschrank. Darmstadt:
Luchter-hand Verlag 1976*

Hohler, Franz
Eine kurze Geschichte   S. 146
*Aus: 111 einseitige Geschichten. Hrsg. v. Franz
Hohler. Darmstadt/Neuwied: Luchterhand 1981*

Joanniez, Sébastien
Ich bin immer woanders   S. 147
*Aus: Sébastien Joanniez: Ein Zwilling für Leo.
Übersetzt von Bernadette Ott. Weinheim/Basel:
Beltz & Gelberg 2006*

John, Jory/Barnet, Mac
Miles & Niles (aus Kapitel 2)   S. 128
Miles & Niles (aus Kapitel 4)   S. 130
*Aus: Jory John/Mac Barnet: Miles & Niles. Hirnzel-
len im Hinterhalt. Übersetzt von Alexandra Ernst.
München: ctb 2015. S. 8 – 10, S. 13 – 18*

Könner, Alfred
Das leise Gedicht   S. 138
*Aus: Christa Holtei/Carola Holland: Abc-Suppe
und Wortsalat. Düsseldorf: Patmos Verlag 2006.
S. 12*

Korschunow, Irina
Ich heiße Jörg ...   S. 154
*Aus: Das große Vorlesebuch. Illustrationen von
Hildegard Haun. Bindlach: Loewe Verlag 1991,
S. 34 – 35*

Lobe, Mira
Der verdrehte Schmetterling   S. 140
*Aus: Hans Domengo u.a.: Das Sprachbastelbuch.
Wien/München: Verlag Jugend und Volk 1975.
S. 78*

Maar, Paul
Einen König und einen Baum ...   S. 100
*Aus: Ins Land der Fantasie: Gedichte für Kinder.
Hrsg. von Ursula Remmers und Ursula Warmbold.
Stuttgart: Reclam Verlag 2013. S. 35*
Im Auto   S. 103
*Aus: Das fliegende Kamel. Geschichten von
Nasreddin Hodscha, neu erzählt von Paul Maar.
Bilder von Aljoscha Blau. Hamburg: Friedrich
Oetinger 2010, S. 44*
Ohne Zweifel!   S. 141
*Aus: Allerlei Getier: Gedichte für Kinder. Hrsg. von
Ursula Remmers und Ursula Warmbold. Stuttgart:
Reclam Verlag 2003. S. 56*

Manz, Hans
Abenteuer in der Nacht   S. 142
*Aus: Großer Ozean. Hrsg. von Hans-Joachim
Gelberg. Weinheim/Basel: Beltz & Gelberg 2000.
S. 31.*

Ruck-Pauquèt, Gina
Ein kleiner Eisbär   S. 105
*Aus: Gina Ruck-Pauquèt: Der Tag war lang.
Gutenachtge-schichten. München: Sauerländer
2011, S. 7*

Senft, Fritz
Die Fliege   S. 145
*Aus: Großer Ozean. Hrsg. von Hans-Joachim
Gelberg. Weinheim/Basel: Beltz & Gelberg 2000.
S. 202*

Spohn, Jürgen
Manchmal   S. 164
*Aus: Sieben Ziegen fliegen durch die Nacht.
Hundert neue Gedichte. Hrsg. Von Uwe-Michael
Gutzschhahn. Illustrationen von Sabine Kranz.
München: Deutscher Taschenbuch Verlag 2018.
S. 156*

van de Vendel, Edward
Soscha und Elmer   S. 149, 151
*Aus: Edward van de Vendel: Was ich vergessen
habe. Übersetzt von Rolf Erdorf. Hamburg: Carlsen
Verlag 2004, S. 13*

**Texte ohne Verfasserangabe und Texte
unbekannter Verfasser**

Das Sams ist ein respektloses ...   S. 152
*Verlag Friedrich Oetinger GmbH, Hamburg,
https://www.dassams.de/figuren/(10.09.2018)*

Deine Mutter würdest du unter tausenden
Menschen erkennen ...   S. 166
*Aus: GEOmini 11/2012, S. 28 – 29, G+J Medien
GmbH; Hamburg*

Der Mensch und der Igel   S. 102
*Aus: Viktor M. Gacak (Hrsg.): Das Buch aus reinem
Silber. Eine Märchenreise vom Amur bis zur Wolga.
Aus d. Russischen übertragen von Juri Elperin.
Düsseldorf: Marion von Schröder Verlag 1984, S.
170*

Die drei Wünsche   S. 120
*http://www.hekaya.de/txt.hx/die-drei-wuensche-
-maerchen--europa_340 (10.09.2018, Text leicht
verändert)*

Freizeitaktivitäten von Kindern und Jugendlichen
(6-13 Jahre)   S. 175
*Informationen aus: KIM-Studie 2016; Medienpäd-
agogischer Forschungsverbund Südwest, 02.2017;
Stuttgart*

Internetseite zu Paul Maar   S. 109
*https://www.hanisauland.de/buchtipps/autoren-
lexikon/paul_maar/ (08.08.2018)*

Klappentext: Miles & Niles   S. 127
*zu: Jory John/Mac Barnet: Miles & Niles. Hirnzellen
im Hinterhalt. Übersetzt von Alexandra Ernst.
München: ctb 2015*

Sams ist komisch ...   S. 152
*Verlag Friedrich Oetinger GmbH, Hamburg, htt-
ps://www.dassams.de/figuren/ (10.09.2018)*

Sicheres Internet   S. 111
*https://www.seitenstark.de/kinder/sicheres-
internet (08.08.2018)*

Stachelsöhnchen   S. 122
*https://hekaya.de/maerchen/stachelsoehnchen-
-europa_610.html (10.09.2018)*

Bildquellenverzeichnis

|Alamy Stock Photo (RMB), Abingdon/Oxfordshire: Arco Images 162.1; Art Collection 2 119.1; Blaine Harrington III 188.2; Cindy Hopkins 156.2; Hackenberg-Photo-Cologne 17.3, 17.4; Handmade Pictures 90.4; Jose Luis Stephens 28.2; Kumar Sriskandan 17.1; Mircea Costina 157.1; Scott Bairstow 156.3. |Allwetterzoo Münster, Münster: 18.2. |Arena Verlag GmbH, Würzburg: aus: Rainer M. Schröder / Die wundersame Weltreise des Jonathan Blum Coverillustration von: Jonas Hassibi © 2017 Arena Verlag GmbH, Würzburg 124.3. |Beltz & Gelberg in der Verlagsgruppe Beltz, Weinheim: Martin Auer: Herr Balaban und seine Tochter Selda. 222 Geschichten. Weinheim: Beltz & Gelberg 2002. Illustrationen von Linda Wolfsgruber, ISBN 9783407798442 101.5. |Bicker, Kathrin, Hannover: 5.1, 5.2, 5.3, 84.2, 84.3, 84.4, 84.5, 84.6, 84.7, 84.8, 84.9, 86.2, 86.3, 86.4, 86.5, 86.6, 88.2, 88.3, 88.4, 88.5, 88.6, 88.7, 88.8, 88.9, 91.2, 91.3, 91.4, 91.5, 91.6, 91.7. |Blanke, Annika, Oldenburg: 3.4, 21.1, 21.2, 21.3, 21.4, 22.1, 44.1, 44.2, 44.3, 44.4, 46.2. |Busse, August, Reken: 51.1. |Butschkow, Ralf, Berlin: aus: Birgit Neiser, Max macht Mäuse, mit Illustrationen von Ralf Butschkow, moses Verlag 2000 242.2. |Carl Hanser Verlag GmbH & Co. KG, München: Michael Gerard Bauer: „Mein Hund Mister Matti", Illustriert von Erlbruch, Leonard; Übersetzt von Mihr, Ute, Carl Hanser Verlag 2012 182.2, 183.2, 183.3. |Carlsen Verlag GmbH, München: Andreas Steinhöfel: Rico, Oskar und die Tieferschatten, mit Illustrationen von Peter Schössow © Hamburg 2014 56.2. |Caro Fotoagentur, Berlin: Eckelt, Christoph 96.1. |Christian J. Ahlers Foto & Video, Oldenburg: 136.1, 136.2, 136.3, 136.4, 136.5, 136.6, 136.7, 136.8. |CLAAS KGaA mbh, Harsewinkel: 191.1. |Colourbox.com, Odense: 126.4. |Contumax GmbH & Co.KG, Berlin: 177.2. |ddp images GmbH, Hamburg: interTOPICS/Picturelux 201.2. |Diaz, Danae, Stuttgart: 4.2, 8.1, 9.1, 10.1, 10.2, 11.1, 12.1, 37.1, 39.1, 41.1, 43.1, 50.1, 50.2, 52.1, 53.2, 55.4, 55.5, 56.5, 57.1, 62.1, 71.1, 81.2, 87.1, 87.2, 190.2, 195.1, 199.2, 200.1, 200.2, 200.3, 200.4, 200.5, 200.6, 200.7, 200.8, 208.1, 208.2, 208.3, 208.4, 208.5, 208.6, 208.7, 208.8, 213.1, 214.1, 217.1, 220.1, 224.1, 233.1, 237.1, 245.1, 245.2, 245.3, 246.1, 246.2, 246.3, 247.1, 247.2, 247.3. |Dölling, Andrea, Berlin: 77.1, 77.10. |Fabian, Michael, Hannover: Vorsatz links.2, 126.3. |fotolia.com, New York: ARochau 196.1; Christian Schwier 175.1; eyetronic 76.1; Fleurine 15.2; Isselée, Eric 159.2; michaeljung 63.4; pictureperfect 166.2; Przemek Klos 168.5; RTimages 238.1; Sergey Ryzhov 168.1. |fragFINN e.V., Berlin: 108.2. |Franckh-Kosmos Verlags-GmbH & Co. KG, Stuttgart: Pfeiffer, Boris: Die drei ???-Kids 34. Falsches Gold (drei Fragezeichen), mit freundlicher Genehmigung des Kosmos Verlags © 2008, 2009 Franckh-Kosmos Verlags-GmbH & Co.KG, Stuttgart 124.5. |Getty Images, München: Altrendo 28.3, 31.2. |HÖRCOMPANY GmbH, Hamburg: unter Verwendung der Illustration von Leonhard Erlbruch 7.1, 178.1. |i.m.a - information.medien.agrar e.V., Berlin: 191.2. |ICESTORM Entertainment GmbH, Berlin: DVD erschienen bei ICESTORM Entertainment GmbH, erhältlich bei spondo.de 112.4. |Interfoto, München: 202.3. |iStockphoto.com, Calgary: (Kinder) Titel, Shutterstock.com, New York: (Muskelarme) Titel; Arthur Braunstein 190.1; GlobalP 158.1; jimkruger 160.2; kall9 168.2; Kirillm 15.5; Mo-Jo-Lo 238.2; new lady 193.2; panom73 97.4. |JUMBO Neue Medien & Verlag GmbH, Hamburg: Cover zu Aladin und die Wunderlampe 112.3. |juniors@wildlife Bildagentur GmbH, Hamburg: G. Czepluh 194.1. |Lappan Verlag GmbH, Oldenburg: Die schönsten Märchen der Gebrüder Grimm /Svend Otto S. 112.1. |Magellan GmbH & Co. KG, Bamberg: Uticha Marmon: Mein Freund Salim. 2015 124.4. |Marckwort, Ulf, Kassel: 164.8. |mauritius images GmbH, Mittenwald: Mitterer, Markus 28.1. |MOODMOOD.de, Braunschweig: Florian Koch 172.2; Foto: Florian Röske 6.2, 54.2, 54.3, 168.6, 172.5. |Müller, Klaus, Berlin: 82.1. |NDR, Hamburg: Fotograf Boris Laewen 201.4. |OKAPIA KG - Michael Grzimek & Co., Frankfurt/M.: Reinhard 165.2. |PantherMedia GmbH (panthermedia.net), München: 97.5; Walter, Ingrid 177.4. |Penguin Random House Verlagsgruppe GmbH, München: 6.1, 127.1; Christopher Paolini: Eragon. Das Vermächtnis der Drachenreiter, cbj 2014 124.2; Miles & Niles, Illustrations: copyright © 2015 Kevin Cornell, Published by Arrangement with Jory John, Mac Barnett and Kevin Cornell. Dieses Werk wurde vermittelt durch die Literarische Agentur Thomas Schlück GmbH, 30161 Hannover. 128.3, 128.4, 130.2, 131.3, 133.3. |Picture-Alliance GmbH, Frankfurt/M.: David Tanecek 188.1; dpa/ Gentsch, Friso 106.1; Sueddeutsche Zeitung Photo 126.1; Susanne Kupke 72.1; Uli Deck/dpa 42.3. |Rheinisches Landesmuseum, Trier: H. Thöring 241.2. |Schokoladenmuseum Köln GmbH, Köln: Wohlmann, Klaus 17.2. |Schwarzstein, Yaroslav, Hannover: 1.1, 4.3, 5.6, 26.1, 26.2, 26.3, 27.1, 27.2, 27.6, 27.7, 27.8, 27.9, 32.1, 33.1, 47.1, 49.1, 49.2, 49.3, 49.4, 49.5, 49.6, 66.2, 66.3, 68.1, 69.1, 70.1, 73.1, 73.2, 73.3, 77.2, 77.3, 77.4, 77.5, 77.6, 77.7, 77.8, 77.9, 100.1, 101.2, 101.3, 102.3, 105.2, 113.1, 113.2, 113.3, 113.4, 113.5, 114.1, 116.1, 117.1, 118.1, 118.2, 118.3, 118.4, 121.1, 121.2, 121.3, 121.4, 122.2, 123.2, 123.3, 123.4, 139.2, 140.2, 141.2, 142.2, 145.1, 146.1, 148.1, 149.1, 154.2, 164.1, 164.2, 164.3, 164.4, 164.5, 164.6, 164.7, 231.1, 232.1, 243.2. |Seitenstark e. V., Köln: 111.2. |Shutterstock.com, New York: 41.2, 41.3, 59.3, 59.4, 59.5, 59.6, 93.1, 93.2, 93.3, 93.4, 95.3, 95.4, 95.5; Abeselom Zerit 78.3; Artram 189.1; donatas1205 94.1; Eric Isselee 74.2, 193.3; gillmar 75.2; javarman 83.4; Kanate 9.2, 11.2, 12.2, 13.1, 13.2, 15.3, 16.2, 16.4, 19.1, 26.4, 26.5, 26.6, 27.3, 27.4, 27.5, 30.3, 32.2, 38.1, 38.2, 38.3, 38.4, 42.1, 42.2, 43.2, 43.3, 43.4, 45.1, 45.2, 45.3, 45.4, 46.1, 46.3, 51.2, 53.1, 54.4, 55.2, 55.3, 57.2, 57.3, 57.4, 59.1, 60.1, 60.2, 60.3, 60.4, 61.2, 62.2, 62.3, 63.1, 63.2, 63.3, 64.3, 64.4, 65.1, 65.3, 65.4, 65.5, 65.6, 65.7, 65.8, 74.3, 75.1, 75.3, 75.4, 75.5, 75.6, 75.7, 75.8, 75.9, 76.2, 76.3, 76.4, 76.5, 76.6, 76.7, 78.1, 78.4, 79.1, 80.2, 81.1, 83.1, 83.3, 84.1, 86.1, 87.2, 87.3, 88.1, 89.1, 90.2, 90.3, 91.1, 95.2, 96.2, 97.2, 100.2, 101.1, 101.4, 101.6, 101.7, 101.8, 101.9, 101.10, 101.11, 102.1, 102.2, 103.1, 103.3, 105.1, 105.3, 124.1, 125.1, 128.1, 128.2, 129.1, 130.1, 131.1, 131.2, 132.1, 132.2, 133.1, 133.2, 134.1, 134.2, 134.3, 135.1, 135.2, 137.1, 137.2, 137.3, 138.1, 139.1, 140.1, 141.1, 141.3, 142.1, 147.1, 148.2, 150.2, 152.1, 152.3, 152.4, 152.5, 153.2, 153.3, 156.1, 158.2, 159.1, 159.3, 160.1, 162.2, 164.9, 165.1, 166.3, 167.2, 167.3, 169.1, 172.3, 172.4, 173.1, 174.2, 178.2, 179.2, 184.1, 187.3, 189.2, 193.1, 197.1, 197.3, 199.1, 201.1, 201.3, 202.2, 203.3, 205.2, 209.1, 219.1, 236.1, 236.2, 239.1, 240.2, 241.1, 242.1, 243.1; nrey 80.1; OmniArt 56.3; Popova Valeriya 4.4, 74.1; Quick Shot 78.2; Rebius 79.2; sam100 190.3; Sergio Monti Photography 16.3; Valentyna Chukhlyebova 74.4. |Sievers, Andrea: 3.3, 30.2. |Simper, Manfred, Wennigsen: 89.2. |stock.adobe.com, Dublin: BillionPhotos.com 64.1; Birgit Reitz-Hofmann 15.4; Catmando 198.1; FotoRequest 83.2; govindji 87.4; GraphicsRF 90.1; JackF 126.2; Pokrovsky, Ekaterina 56.4, 97.3; Popov, Andrey 177.3; Ricochet64 97.1; Schuppich, M. 64.2; sonne_fleckl 56.1; vilisov 197.2. |StockFood, München: Cato-Symonds, Shaun 189.3. |Studio Schmidt-Lohmann, Gießen: 168.3. |Superbild - Your Photo Today, Ottobrunn: 165.3. |thom bahr GRAFIK, Mainz: 14.1, 14.2, 14.3, 24.1, 25.1, 25.2, 58.1, 58.2, 59.2, 61.1, 65.2, 66.1, 66.4, 96.3, 170.2, 171.2, 192.1, 202.1, 203.1, 203.2, 219.2. |toonpool.com, Berlin, Castrop-Rauxel: 153.1. |vario images, Bonn: 168.4; Stefan Kiefer 239.2. |Verlag Friedrich Oetinger GmbH, Hamburg: Paul Maar: Am Samstag kam das Sams zurück 152.2; Paul Maar: Das fliegende Kamel 103.2. |Verlagshaus Jacoby & Stuart GmbH, Berlin: Cover zu Rotraut Susanne Berner: Märchen Comics 112.2. |Wefringhaus, Klaus, Braunschweig: 3.2, 5.5, 7.3, 20.1, 20.2, 36.1, 40.1, 40.2, 100.3, 104.1, 150.1, 186.1, 204.1, 205.1, 207.1, 210.1, 234.1, 244.1, 244.2, 244.3. |Werner, Anna, Wuppertal: 85.1, 85.2, 85.3. |www.hanisauland.de, Bonn: 109.1, 110.1. |Zoonar.com, Hamburg: Petra Wegner 161.1. |© 2018 Radiofüchse / Kinderglück e.V., Hamburg: 29.2, 34.2, 34.3. |© dtv Verlagsgesellschaft mbH & Co. KG, München: 240.1.

Textsortenverzeichnis

Anleitungen

84 Faltanleitung „Buddy-Book"
86 Ein einfaches Leporello basteln
87 Getrocknete Bananen
88 Faltanleitung: Briefumschlag
90 Zombie-Ball
90 Zombie-Shake

Anzeigen

165 Nemi aus Landshut entlaufen

Erzählungen, Geschichten

22 Mündlich erzählen (Video)
105 G. Ruck-Pauquèt: Ein kleiner Eisbär
146 F. Hohler: Eine kurze Geschichte
149, 151 E. van de Vendel: Soscha und Elmer
154 I. Korschunow: Ich heiße Jörg ...

Grafiken, Schaubilder

175 Freizeitaktivitäten von Kindern und Jugendlichen (6 – 13 Jahre)

Gedichte

100 P. Maar: Einen König und ...
137 Unsinngedichte
138 A. Könner: Das leise Gedicht
139 G. Bydlinski; Die Dinge reden
140 M. Lobe: Der verdrehte Schmetterling
141 P. Maar: Ohne Zweifel!
142 H. Manz: Abenteuer in der Nacht
145 F. Senft: Die Fliege
145 J. Guggenmos: Hauchte, wellerte ...
164 J. Spohn: Manchmal
219 J. Guggenmos: Wenn Riesen niesen

Informationstexte/Sachtexte

16 Schokoladenmuseum in Köln (Audio)
17 Führung durch das Schokoladenmuseum (Audio)
19 Rundgang durch den Zoo (Audio)
75 Eisbären
76 Elefanten
78 Kamele
83 Hermeline
106 Was ist eigentlich das Internet?
109 Paul Maar
111 Sicheres Internet
158 Füchse
159 Eichhörnchen

160 Wölfe
162 Von Beruf: Hund
166 Zebras
170 Medien
177 Ansichtssache
239 Was ist ein Archäologe?
241 Ein Grabstein, der eine Geschichte ...
242 In frühen Zeiten ...
243 Kinder im Mittelalter

Interviews

29 Was macht eigentlich ein Assistenzhund? (Audio)
34 Interview mit einem Tierfilmer (Audio)

Kinder- und Jugendbuchausschnitte

101 – 105 M. Auer: Herr Balaban und seine Tochter Selda
103 P. Maar: Das fliegende Kamel
127 – 133 J. John, M. Barnett: Miles & Niles
147 S. Joanniez: Ein Zwilling für Leo
179 – 185 M. G. Bauer: Mein Hund Mister Matti (Audio)

Lieder/Raps

14 Abc-Rap (Audio)
14 Das Lied von den seltsamen Einkaufszetteln (Audio)

Märchen

49 Schneeweißchen und Rosenrot
102 Der Mensch und der Igel
103 Der Froschkönig
113 Die Bremer Stadtmusikanten (Audio)
115 Prinzessin Mäusehaut
119 Sterntaler
120 Die drei Wünsche (Schluss als Audio)
122 Stachelsöhnchen

Witze

153 Leon sitzt schon ...
153 Der Vater fragt ...
203 Beim Essen spricht man nicht!
203 Lena macht mit ihren Eltern Ferien ...

Zeitungs- und Zeitschriftentexte

156 Ein Tier mit Sammelleidenschaft: ...
157 Der schlechteste Jagdhund der Welt

Stichwortverzeichnis

ä/äu **222 – 223**
Abbildungen/Diagramme untersuchen 18, 157, 170, **174 – 175**
ableiten **222 – 223**
abschreiben **53**, 54
Adjektiv 72, 78, 152, **165**, **193**, 232
Akkusativobjekt **199 – 200**
Anführungszeichen **153**
Anleitungen **84 – 91**
Anredepronomen **63**
Artikel **187 – 188**
aus der Sicht von (Buch)Figuren erzählen/schreiben 146, 148, 150, 157, 182 184
Ausrufezeichen **202**
auswendig lernen **144**
Autor/in 138

b, d, g am Wortende 215, **224 – 225**
Begleiter **187 – 188**
begründen 108, 134, 155, 176, 225, 227, 231, **242**
beschreiben 20, 36, 44, **74 – 83**, **240**
betont vortragen 139
Brief 35, **56 – 65**, 95, 134, 167, 192
Bücherei/Bibliothek 96, **126**
Buchstabe 205, 206, 211, 212, 220 – 221, 226, 229
Buchtipp 135

Cluster 37, **38**, 67

darstellen 44 – 45, **46**, 47 – 49, 55, 85, 150, 185
Dativobjekt **199 – 200**
Dehnungs-h **229**
Demonstrativpronomen **187**
doppelter Konsonant 215, **220 – 221**
diskutieren **12 – 13**, 173

erzählen 20 – 21, **22 – 23**, 24, 25, 26 – 27
Erzählpantomime 47
Erzähltheater 48

fragen und antworten 33, 92 – 93, 156, 185
Fragezeichen **202**

Gedichte untersuchen **137 – 145**, 164, 219
Geschichten untersuchen 115 – 117, 134, 135, 154 – 155, 179, 185
Gesprächsregeln 10 – 11, **12 – 13**
Großschreibung **230 – 233**

Hörbuch **178 – 185**
Hörmedien 14 – 15, 16 – 17, 19, 28 – 29, 30, 34 – 35, 113, 121

i/ie **218 – 219**
Infinitiv (Grundform) 87, 190, 191, 209
informieren 16 – 17, 18 – 19, 30, 31, 34 – 35, **75 – 79**, 106 – 111, 135, 158 – 159, 161
Interjektion **25**
Internet 80, 82, 90 – 91, **106 – 111**, 118, 164
Interview **28 – 29**, 30, 31, 32, 33 34 – 35, 156

konjugieren **190**
Konsonant (Mitlaut) 211, 212, 220 – 221
Kopf- oder Leitwort **207**

Laut 211, 218 – 219, 224, 227
Lesemappe **127**
lesen mit Gefühl 137, 140
Lesetandem **104**

Merkwort **228**, 229

nacherzählen 26 – 27, 45, 113 – 114, 115 – 117, **180 – 181**, 183 – 184
nachschlagen 42, 192, 204 – 209, **248 – 249**
Name 55
Nomen 89, 97, **187 – 188**, 189
Notizen anfertigen 19, 30, 110, 127 – 133

Objekt **199 – 200**

Perfekt **192**
Personalform **190**
Personalpronomen 62, **194**
Plakat **40 – 41**, 96, 99, 110, 111, 118, 40 – 41, 135, **178 – 179**, 184
Plural (Mehrzahl) 187, 209
Poetry-Slam 136
Possessivpronomen **187**
Prädikat **198**
Präsens (Gegenwartsform) **191**
präsentieren 40 – 41, 81, 90, 135
Präteritum 119, **191**
Pronomen 62, 63, 194
Punkt **201**, 202

Rechtschreibgespräch 217, 222, **237**
Redensart 24
Reim, Reimwörter 138, 139, 142, 221, 229

Sachtexte untersuchen 158 – 159, 160 – 161, **162 – 163**, 166 – 167
Satzglied **195**, 196, **197**, 198, 199 – 200
Satzzeichen 201, **202**, 203
Schattentheater **185**
Silbe **210 – 213**, 217, 218 – 219, 220, 222, 226 – 227, 228, 229, 233

Silbenbogen **210 – 213**, 218, 220, 226, 228
silbentrennendes h **217**
Singular (Einzahl) 187, 209
Situationsspiel 46, 47
s-Laute **226 – 227**
Sprechpausen machen 139
Standbild **44 – 49**, 149 – 150
Steckbrief 54, 79, 82, 83, 129, 147, 150, 159, 167
Stellung nehmen 35, 116, 150, 155, 163, 170
Strophe 138, 139
Subjekt **197**
Suchmaschine **107**, 108

üben 52, 53, 100 – 101, 104, 228, 232
überarbeiten 59, 65, 80, 93
Umfrage 175
Umlaut 211, 228
Umstellprobe **196**

Verb 43, 72, 89, 98, **190**, 191, 192
vergleichen 41, 51, 90, 124, **172 – 173**, 193, **243**
verlängern 213, 218, 220, 224, 226
Vers/Zeile 138, 139
Vokal (Selbstlaut) 211, 212
vorlesen 102, 103, 104 – 105, 137, 201
Vorlesezeichen **143**
vortragen 31, 36 – 38, 39, 41, 43, 110, **136-145**

weiterschreiben 68 – 70, 73, 120 – 123
W-Fragen/Ergänzungsfragen 57, 158 – 159, 163, 167
Wortart 189, 190, 193, 194, 198
Wortbaustein 210, **214 – 215**
Wortbildung 72, 89, 97, 189, 190
Wörter sammeln und ordnen 24, 32, 42, 64, 72, 77, 89, 97, 118, 138, 152, 164, 169
Wörterbuch 42, 192, **205 – 209**, 217, 218, 225, 227, 228, 235
Wortfamilie 214 – 215, 225, 229
Wortfeld 71, 72, 89, 169
wörtliche Rede **153**, **203**
Wortstamm 214 – 215

Zeichensetzung **201 – 203**
zerlegen 210, 214 – 215
Zeilensprung **141**
zuhören **10 – 11**, 14 – 15, 16 – 17, 22 – 23, 26, 28 – 29, 30, 34 – 35, 113, 178 – 179, 181
zusammengesetztes Wort 97, **189**, 209, 217, 227, 228
Zwielaut 211
Zwischendurch-Gespräch 67 – 70, **247**

wortstark!

Knifflige Verbformen zum Nachschlagen

Infinitiv	Präsens	Präteritum	Perfekt
beginnen	du beginnst	sie begann	sie hat begonnen
beißen	du beißt	er biss	er hat gebissen
bekommen	du bekommst	er bekam	er hat bekommen
bieten	du bietest	sie bot	sie hat geboten
bitten	du bittest	er bat	er hat gebeten
bleiben	du bleibst	sie blieb	sie ist geblieben
bringen	du bringst	er brachte	er hat gebracht
denken	du denkst	sie dachte	sie hat gedacht
dürfen	du darfst	er durfte	er hat gedurft
essen	du isst	sie aß	sie hat gegessen
fahren	du fährst	er fuhr	er ist gefahren
fallen	du fällst	sie fiel	sie ist gefallen
fangen	du fängst	er fing	er hat gefangen
finden	du findest	sie fand	sie hat gefunden
fliegen	du fliegst	er flog	er ist geflogen
geben	du gibst	sie gab	sie hat gegeben
gehen	du gehst	er ging	er ist gegangen
gelten	es gilt	es galt	es hat gegolten
geschehen	es geschieht	es geschah	es ist geschehen
gewinnen	du gewinnst	er gewann	er hat gewonnen
haben	du hast	sie hatte	sie hat gehabt
halten	du hältst	sie hielt	sie hat gehalten
heben	du hebst	er hob	er hat gehoben
heißen	du heißt	sie hieß	sie hat geheißen
helfen	du hilfst	er half	er hat geholfen
kennen	du kennst	sie kannte	sie hat gekannt
kommen	du kommst	er kam	er ist gekommen
können	du kannst	sie konnte	sie hat gekonnt
laden	du lädst	er lud	er hat geladen
lassen	du lässt	sie ließ	sie hat gelassen
laufen	du läufst	er lief	er ist gelaufen
lesen	du liest	sie las	sie hat gelesen
liegen	du liegst	er lag	er hat gelegen
lügen	du lügst	sie log	sie hat gelogen
mögen	du magst	er mochte	er hat gemocht